AD

Hefyd ar gael gan yr un awdur:

Dan yr Wyneb

Dan Ddylanwad

Dan Ewyn y Don

Dan Gwmwl Du

Dan Amheuaeth

Dan ei Adain

Dan Bwysau

Dan Law'r Diafol

Pleserau'r Plismon
(Cyfrol o atgofion)

www.carreg-gwalch.cymru

Dan Fygythiad

nofel dditectif gan

John Alwyn Griffiths

Hoffwn ddiolch eto i Myrddin ap Dafydd am ei ddiddordeb ac am gyhoeddi'r nofel hon. Hefyd i Nia Roberts am ei gwaith campus yn golygu'r testun a phawb arall yng Ngwasg Carreg Gwalch sy'n gweithio'n ddibynadwy yn y cefndir.

Argraffiad cyntaf: 2020

ⓗ John Alwyn Griffiths/Gwasg Carreg Gwalch

Rhif rhyngwladol: 978-1-84527-781-9

Mae'r cyhoeddwyr yn cydnabod cefnogaeth ariannol
Cyngor Llyfrau Cymru

Cynllun clawr: Tanwen Haf

Cyhoeddwyd gan Wasg Carreg Gwalch,
12 Iard yr Orsaf, Llanrwst, Conwy, LL26 0EH.
Ffôn: 01492 642031 Ffacs: 01492 641502
e-bost: llyfrau@carreg-gwalch.cymru
lle ar y we: www.carreg-gwalch.cymru

I Bethan, Gareth
a'm ŵyr ac wyres,
Nathan ac Imogen

Pennod 1

Gwrandawodd Enid Powell ar gloc y silff ben tân yn taro un ar ddeg, ac wrth reddf, edrychodd ar ei watsh i gadarnhau'r amser. Roedd wedi gwneud hynny droeon yn ystod yr hanner awr ddiwethaf. Cododd o'i chadair er mwyn edrych allan trwy'r ffenestr – nid bod llawer i'w weld yng ngolau gwan y lamp oedd y tu allan i'r ffermdy. Byddai'r ysgolion yn cau ar gyfer gwyliau'r haf cyn bo hir, ac amser prysuraf y flwyddyn ar fin cyrraedd y parc gwersylla roedd Enid a Morgan, ei gŵr, yn ei redeg ar eu fferm.

Er bod y dydd ar ei hwyaf, roedd haul cynnes yr haf wedi hen fachlud. Uwchben y cloddiau gallai Enid weld goleuadau gwan yn dod o gyfeiriad y pebyll a'r carafanau, ond doedd dim golwg o Morgan.

Doedd dim rheswm i ddyn o'i oed o, a oedd fel hithau yn ei saithdegau hwyr, fod allan yr adeg yma o'r nos, ond mynnai Morgan fynd â'r ci bach, Jet, am dro bob nos. Dyna'r peth olaf a wnâi cyn mynd i'w wely. Gwyddai Enid fod rheswm penodol ganddo dros wneud hynny mor hwyr y dyddiau hyn – teimlai Morgan fod yn rhaid iddo fodloni'i hun fod popeth fel y dylai fod yn y parc gwersylla, yn enwedig ar ôl y miri a fu yno ychydig wythnosau ynghynt pan ddechreuodd nifer o lanciau ifanc gadw reiat un nos Wener. Duw a ŵyr o ble daethon nhw, a wyddai Enid ddim chwaith i ble'r aethon nhw mor sydyn ar ôl creu'r fath ddifrod. Diolch i'r nefoedd, pur anaml y byddai rhywbeth felly'n digwydd, er bod cannoedd yn aros ar eu caeau yn Adwy'r Nant bob blwyddyn. Roedd bron i ddeugain mlynedd ers i Morgan ddechrau trawsnewid peth o'r pedwar can acer o dir fferm yn faes gwersylla, ac ni allai gofio unrhyw firi cynddrwg â hynny erioed o'r blaen.

Doedd dim diben i Morgan fynd i wneud ei rownds, ym marn Enid – beth yn y byd allai dyn o'i oed o ei wneud petai'n dod ar draws ciwed a'u bryd ar godi twrw? Roedd hi'n poeni digon amdano yn barod, yn brwydro i ddal i weithio er gwaetha'i wendid corfforol. Ond doedd gollwng yr awenau a meddwl am ymddeol ddim wedi croesi ei feddwl. Beth ddigwyddai i'r fferm a'r busnes wedyn?

Roedd Enid hithau wedi torri yn ddiweddar, ac wedi colli dipyn o bwysau. Gwneud gormod oedd hi, yn ôl Morgan, ac yn ddistaw bach gwyddai Enid ei fod yn iawn – roedd hi wedi ceisio gwneud cymaint ag y gallai o waith ei gŵr ar ôl iddo ddechrau cael problemau efo'i galon. Ar y llaw arall, efallai mai henaint oedd yn dal i fyny efo hi. Beth bynnag y rheswm, roedd hi wedi sefyll ochr yn ochr â'i gŵr ers dros hanner can mlynedd a doedd hi ddim yn bwriadu cymryd cam yn ôl rŵan.

Dyn byrdew o fewn ychydig fisoedd i'w ben blwydd yn bedwar ugain oedd Morgan. Bu'n glamp o ddyn cadarn yn ei amser, yn llawn syniadau a'i feddwl sawl cam o flaen pawb arall mewn pwyllgorau a chyfarfodydd. Ond ers iddo gael ei daro'n wael roedd wedi arafu, mewn mwy nag un ffordd.

Edrychodd Enid ar ei watsh eto. Deng munud wedi un ar ddeg. Roedd Morgan wedi bod allan o'r tŷ am ymhell dros awr bellach – byddai'n dychwelyd ymhen ugain munud fel arfer. Ceisiodd unwaith yn rhagor i'w darbwyllo'i hun mai wedi oedi i siarad â rhywun yr oedd o. Meddyliodd am alw ei ffôn symudol, ond roedd hwnnw yn ei le arferol ar y bwrdd bychan ger ei gadair freichiau. Fyddai o byth yn ei roi yn ei boced os nad oedd o'n mynd oddi cartref – hynny ydi, oddi ar dir Adwy'r Nant – waeth faint o swnian wnâi ei wraig.

Cododd Enid ffôn y tŷ a phwysodd fotwm i ddeialu'r rhif cyfarwydd. Pan atebwyd yr alwad, roedd llais Enid yn nerfus a chrynedig.

'Tegid, fedri di ddod draw 'ma? Mae dy dad wedi bod allan am dros awr, a dwi'n poeni f'enaid amdano fo. Fydd o byth allan mor hwyr â hyn nac am gyhyd.'

Ddeng munud yn ddiweddarach clywodd Enid sŵn car ei mab yn taranu tuag at y tŷ gan sgrialu i stop ar y graean. Brasgamodd Tegid yn sigledig i mewn i'r lolfa.

'Ydi o adra eto?' gofynnodd. 'Ers pryd mae o allan?'

'Tua chwarter i ddeg ffor'no.'

'Be ddiawl sy haru'r dyn, yn mynd i stwna 'radeg yma o'r nos? Dyma'r peth dwytha dwi angen ar noson fel heno.'

'Rargian, Tegid, ti'n simsan ar dy draed ac yn drewi o wisgi – wnest ti ddim gyrru yma yn y fath gyflwr? A chditha'n dwrnai, mi ddylsat ti fod yn gwybod yn well!'

'Wel, chi alwodd fi yma, ddynes. Be oeddach chi'n ddisgwyl imi wneud? A pheidiwch â dechrau gweld bai arna i neu mi fydda i'n troi o 'ma ar fy sawdl. Dwi 'di cael digon o'ch herian chi. Jyst deudwch lle 'dach chi'n meddwl mae o wedi mynd, ac mi a' i i chwilio amdano fo.'

Nid hwn oedd y tro cyntaf i Enid gael ei siomi yn ei hunig fab.

'Wn i ddim,' atebodd. Nid hwn oedd yr amser i ddechrau ffrae arall. 'Draw am y pebyll efo Jet, am wn i,' meddai drwy ei dagrau. 'Mae gen ti gymaint o syniad â fi.'

Ochneidiodd Tegid yn uchel ac anghwrtais. Heb ddangos math o gonsýrn, na chymryd sylw o ddagrau ei fam, rhuthrodd i'r gegin i chwilio am dortsh cyn gwthio heibio i Enid ar ei ffordd allan drwy'r drws ffrynt.

Safodd Enid yn ei hunfan, yn gwylio'i mab yn diflannu i'r gwyll.

Roedd hi'n dechrau pigo bwrw erbyn hyn, a chododd Tegid goler ei gôt ysgafn wrth frasgamu oddi wrth y tŷ. Roedd y carafanau a'r pebyll yn ddistaw, yn union fel y dylent fod yr adeg honno o'r nos. Dyna, dychmygodd, lle fyddai ei dad wedi troedio petai eisiau darbwyllo'i hun fod popeth mewn trefn, a phenderfynodd yntau ddechrau cerdded i'r un cyfeiriad. Bu'n cerdded am hanner awr dda o gwmpas cyrion y gwersyll heb weld golwg o'i dad na Jet y ci – cawsai ei demtio i ddychwelyd i'r tŷ, ond gwyddai na allai wynebu ei fam heb fod ganddo unrhyw newydd iddi, waeth pa mor ddiamynedd oedd o.

Yna, yn nistawrwydd a düwch y nos, clywodd sŵn distaw yn dod o gyfeiriad un o adeiladau'r fferm. Camodd yn ofalus tuag at y sŵn, sŵn tebyg i gi yn swnian, yng ngolau egwan y dortsh at un o'r hen siediau. Roedd ei dad yn ei defnyddio i gadw ac atgyweirio peirianwaith y fferm pan oedd Tegid yn blentyn, ond ers sefydlu'r parc gwyliau roedd yn fwy o storfa bellach.

Gwelodd Tegid lygaid ci ei dad yn sgleinio yng ngolau'r dortsh, a dechreuodd Jet gyfarth o'i weld. Ymestynnodd ei fraich i mewn drwy gil y dorau mawr i chwilota am switsh y golau, ond doedd o ddim yn gweithio. Pwyntiodd ei dortsh i fyny at y nenfwd – doedd dim bwlb yn y soced.

'Cau dy geg, Jet,' dwrdiodd Tegid cyn sylweddoli bod y ci yn cyfarth tuag at dwll yn y llawr – yr hen bydew a ddefnyddiwyd ers talwm i weithio o dan y peiriannau i'w trwsio. Flynyddoedd yn ôl, gosodwyd stanciau trwchus, trwm o bren yn daclus dros y twll i'w orchuddio'n ddiogel, ond heno, roedd nifer ohonynt wedi'u symud i ddinoethi'r gwagle, a gadawyd nhw blith draphlith fel y byddai'n hawdd i rywun faglu trostynt yn y tywyllwch.

Daeth teimlad rhyfedd drosto, a phan drodd belydr y dortsh i'r pydew, aeth ias drwyddo. Roedd ei dad yn gorwedd oddi tano yn anymwybodol, ei gap wrth ei ochr a gwaed du wedi dechrau sychu o amgylch ei gorun. Dringodd Tegid yn ofalus i lawr yr ystol i'r pydew. Chwiliodd am bŷls ar ochr gwddf ei dad – roedd yn fyw, o leiaf. Ceisiodd ei ddeffro. Dim lwc. Sylwodd Tegid fod dillad ei dad yn sych, roedd hynny'n golygu ei fod yn y sied cyn iddi ddechrau bwrw. Gan benderfynu peidio ceisio'i symud, galwodd am ambiwlans. Doedd dim arall y gallai ei wneud – dim ond disgwyl. Roedd ei feddwl ar chwâl a'i galon yn curo'n drwm.

Ar ôl ffonio am gymorth, rhoddodd ganiad i'w fam yn y tŷ i egluro'r sefyllfa rhag iddi fynd i banig pan ddeuai'r goleuadau glas. Dewisodd beidio â rhoi'r holl fanylion iddi – doedd dim diben sôn am y pydew a'r gwaed, a'i fod yn anymwybodol, felly y cyfan a ddywedodd oedd bod Morgan wedi cael codwm. Dywedodd wrthi am ffonio Meic, oedd yn gweithio i'w dad ar y fferm, i ofyn iddo ddod draw i'r sied a dod â bwlb golau efo fo.

Cyrhaeddodd Meic o flaen yr ambiwlans, ac ymhen

ychydig funudau roedd wedi gosod y bwlb newydd yn ei le. Roedd Meic, a fu'n gweithio i Morgan ers iddo adael yr ysgol, bellach yn ganol oed, a thipyn yn ddiniwed ym marn Tegid. Roedd o a Morgan wedi deall ei gilydd erioed, ac roedd y gwewyr i'w weld yn glir ar ei wyneb pan welodd gyflwr yr hen fachgen.

Bu Meic yn hapus iawn yn Adwy'r Nant dros y blynyddoedd, a fu neb ffyddlonach i Morgan nag ef dros y deugain mlynedd y bu'r ddau yn gweithio ochr yn ochr. Ond doedd pethau ddim yr un fath ers i Tegid ddechrau rhoi ei big i mewn rai blynyddoedd ynghynt. Dechreuodd Meic anesmwytho pan welodd fod y stanciau pren a ddylai fod yn gorchuddio'r pydew wedi eu symud, a bod ffon Morgan ar y llawr hanner ffordd rhwng y pydew a'r drws. Wnaeth Jet ddim symud oddi wrth ffon ei meistr hyd nes i'r ambiwlans gyrraedd dri chwarter awr yn ddiweddarach.

Ar ôl i'r parafeddygon dreulio awr arall yn archwilio Morgan a'i godi o'r pydew ar stretsier, rhoddwyd ef yn yr ambiwlans er mwyn ei hebrwng i Ysbyty Gwynedd ym Mangor, yn dal yn anymwybodol. Roedd hi'n tynnu am ddau y bore pan gyrhaeddodd Tegid yn ôl i'r tŷ, a'r peth cyntaf wnaeth o oedd estyn am wydryn o gwpwrdd diod ei dad a gwagio dogn sylweddol o wisgi iddo.

'Ei di â Mam ar ôl yr ambiwlans i Fangor, plis, Meic?' gofynnodd.

Pennod 2

Rhedai afon fechan Dôl Rhyd o'r ucheldir yn y gogledd tua'r môr, ei dŵr gloyw yn sisial yn hamddenol wrth iddi agor allan drwy gaeau glas, ffrwythlon a heibio twyni'r traeth cyn ymagor allan i'r môr. Roedd yr aber wedi'i amgylchynu gan dir uchel oedd yn gysgod rhag y rhan helaethaf o wyntoedd y tymhorau. Dros y twyni gorweddai bae tywodlyd, tlws gyda chreigiau bob ochr iddo, creigiau a oedd yn torri nerth tonnau Môr Iwerddon gan ei wneud yn braf a diogel i blant chwarae a nofio.

Bu Morgan Powell yn ffermio'r tir am ddegawdau, yn magu defaid ac ŵyn a chadw gwartheg godro, yn union fel y gwnaethai ei dad a'i daid o'i flaen. Roedd hon wedi bod yn fferm eithaf llwyddiannus erioed, ond dechreuodd yr amseroedd newid yn chwe a saithdegau'r ganrif flaenorol pan sylweddolodd Morgan, fel nifer o ffermwyr tebyg iddo, fod mwy nag un ffordd o ennill arian drwy'r tir, yn enwedig tir mor brydferth ac mor agos i lan y môr. Nid darparu maeth i'r anifeiliaid oedd dyfodol y caeau, penderfynodd, ond cynhaliaeth i'w gyfrif banc, a fyddai'n sicrhau dyfodol y fferm a'i deulu am flynyddoedd i ddod. Ond nid oedd ei dad o'r un farn. Un o'r hen drefn oedd o, a doedd dim gobaith newid ei feddwl. Yn ei farn o, gwaith ffermydd oedd ffermio a dim byd arall, waeth pa mor galed a chaethiwus oedd godro ddwywaith y dydd.

Yn 1979, pan fu farw'r hen Mr Powell yn chwe deg dwy

oed yn dilyn trawiad ar ei galon, roedd ei fab, Morgan, yn dri deg saith oed – digon ifanc i ehangu ei orwelion, yn enwedig gan mai ei ddwylo fo oedd bellach wrth y llyw. Ond roedd Morgan yn ddyn busnes craff a gofalus hefyd, ac wedi dysgu o brofiadau ffermwyr lleol eraill a geisiodd drawsnewid eu ffermydd yn rhy gyflym a phrofi methiant. Yn araf bach, dros sawl blwyddyn, trawsnewidiwyd Adwy'r Nant. Gwnaeth gais cynllunio – a chafodd ganiatâd – i osod dau ddwsin o garafanau ar ei dir, rhai statig i ddechrau. Adeiladodd y cyfleusterau toiled ac ymolchi, a gosod y system garthffosiaeth a'r cyflenwad dŵr i gyd ei hun. Profodd y blynyddoedd cyntaf yn llwyddiannus iawn, a dechreuodd y ffermio traddodiadol leihau fel y cynyddodd y busnes gwyliau. Gwerthodd rai o'r carafanau a chadw'r gweddill i'w rhentu allan ei hun, ac ymhen amser cafodd ganiatâd i osod mwy a mwy o garafanau statig a chreu safle i garafanau teithiol, yn ogystal â thrwydded i osod pebyll yn ystod tymor yr haf. Un fantais fawr i Morgan oedd na ellid gweld y tir a ddatblygwyd o unman heblaw o gyfeiriad y môr, felly nid oedd ei ddatblygiad yn amharu ar brydferthwch amlwg yr ardal.

Erbyn hyn roedd tri chant o garafanau statig ar dir Morgan Powell, a'r rhan fwyaf o'u perchnogion yn talu rhent sylweddol iddo bob blwyddyn. Ei fusnes o, Adwy'r Nant Cyf. erbyn hyn, oedd berchen gweddill y carafanau, a'r rheiny'n llawn o ymwelwyr yn talu'n wythnosol iddo o fis Ebrill hyd yr hydref. Deuai incwm ychwanegol reit ddel gan berchnogion y pebyll hefyd, ac wrth i'r parc gwyliau dyfu, codwyd archfarchnad fechan ar y safle a brofodd yn hwylus i'r ymwelwyr ac yn llewyrchus i Morgan ei hun. Maes o law, ehangwyd y siop. Bellach, doedd dim rhaid iddo odro ddwywaith y dydd fel ei dad a'i daid o'i flaen.

Yn aml, dringai Morgan i ben bryn ar dir Adwy'r Nant i edrych yn fodlon i lawr ar yr holl ymwelwyr – y plant yn chwifio'u barcutiaid yn y gwynt, yn ymdrochi yn y môr a chwarae pêl yn y tywod, a'r rhieni'n ymlacio ac yn coginio ar farbeciws fin nos. Yn aml hefyd, edrychai i fyny i'r awyr las, yn sicr y byddai ei dad yn cytuno â'r datblygiad petai yno i'w weld.

Ond er ei holl lwyddiant, byddai bywyd wedi medru bod yn fwy caredig. Ar ddechrau 2011 dechreuodd Morgan gael poenau ciaidd ar draws ei frest, ac ofnai y byddai'n dod i ddiwedd ei ddyddiau yn yr un ffordd â'i dad. Diolchodd fod gwyddoniaeth feddygol wedi symud ymlaen gymaint yn y cyfamser, a bu'n ddigon ffodus i gael triniaeth beipas driphlyg ar ei galon mewn ysbyty ym Manceinion. Bu'r llawdriniaeth yn llwyddiannus, ond rhoddwyd cyngor iddo arafu, a stopio gwneud gwaith corfforol. Ategai Enid gyngor y meddygon ar bob cyfle.

O ganlyniad i'w salwch bu'n rhaid i Morgan ddechrau meddwl am ddyfodol Adwy'r Nant yn llawer cynt nag yr oedd o wedi disgwyl gorfod gwneud. Dim ond un plentyn a anwyd i Enid ac yntau, ac roedd Tegid yn ei ddeugeiniau cynnar pan drawyd Morgan yn wael. Deuai teimlad anghyfforddus dros Morgan bob tro y meddyliai am ei unig fab yn rhedeg Adwy'r Nant. Yn fachgen clyfar yn ei ffordd ei hun, fu ganddo erioed, hyd yn oed pan oedd yn fachgen ifanc, unrhyw ddiddordeb yn y fferm na ffermio. Talwyd iddo dderbyn yr addysg orau posib mewn ysgol breifat yn Amwythig, ac o'r fan honno fe'i derbyniwyd i'r Coleg yn Aberystwyth. Graddiodd yn y Gyfraith yno, a pharatôdd Morgan i'w gefnogi'n ariannol i gyrraedd gyrfa ddisglair yn fargyfreithiwr. Roedd yn fodlon talu beth bynnag oedd ei angen er mwyn iddo gael y fraint o'i dderbyn i un o siambrau gorau Caer.

Fodd bynnag, daeth yn amlwg i Morgan cyn hir nad oedd Tegid yn addas ar gyfer y fath waith. Bywyd haws, llai trafferthus oedd ei ddewis o, a chafodd swydd gyda chwmni o gyfreithwyr yn Lerpwl oedd yn gwneud gwaith masnachol ar ran cleientiaid llewyrchus ym myd busnes y ddinas a'i chyffiniau. Gan nad oedd ganddo'r diddordeb lleiaf mewn dadlau achosion yn y llysoedd barn, roedd y gwaith yn ei siwtio i'r dim.

Anaml y deuai Tegid adref i Adwy'r Nant, na hyd yn oed ffonio, ond pan fyddai'n ymweld â'r aelwyd roedd yn llawn straeon, a'r rheini i gyd yn brolio pa mor hawdd oedd hi i wneud arian mawr o gael gwybodaeth ddefnyddiol o'r llefydd iawn.

Un diwrnod gofynnodd i'w dad am gael benthyca pum mil o bunnau yn fuddsoddiad tuag at ryw ddêl a oedd yn sicr o wneud arian mawr iddo. Wedi gwrando ar y stori liwgar a'r holl ddarbwyllo, a chael ar ddeall fod brys mawr am yr arian er mwyn gwneud y ddêl, perswadiwyd Morgan gan Enid y dylai roi'r arian iddo. Trodd yr wythnosau'n fisoedd, ac oherwydd nad oedd Tegid wedi sôn gair am ganlyniad y fenter, gofynnodd Morgan i'w fab am ddiweddariad. Yn siomedig, dysgodd fod y cynllun wedi mynd yn ffliwt, a'r arian wedi'i golli. Ychydig wyddai Morgan ac Enid bod y fasnach wedi methu'n llwyr cyn i Tegid hyd yn oed ofyn am fenthyca'r arian ganddynt, ac mai angen y pum mil oedd o i dalu'n ôl am ei fenthyca gan rywun arall, fisoedd ynghynt.

Daeth y methiant hwnnw'n ôl i feddwl Morgan droeon dros y blynyddoedd pan soniai Tegid am ei syniad o adeiladu bragdy neu ddistyllfa ar ran o dir Adwy'r Nant. Roedd dŵr pur afon Dôl Rhyd yn addas ar gyfer cynhyrchu gwirod neu gwrw, meddai. Roedd yn rhaid i Morgan gyfaddef fod rhesymeg i'w ddadl, a bod nifer o fragdai wedi'u sefydlu'n llwyddiannus yng Nghymru yn ystod y blynyddoedd diweddar. Ond ar y llaw arall, beth fyddai canlyniad codi bragdy mawr mor agos i safle gwyliau Adwy'r Nant? A pheth arall, roedd Morgan, yn mynd yn hŷn, a byddai gadael Tegid wrth lyw prosiect ariannol anferth o'r fath yn gamgymeriad mawr.

Priododd Tegid â geneth brydferth iawn o deulu cefnog yn swydd Caer, a ganwyd dwy ferch iddynt. Ymhen hir a hwyr penderfynodd agor ei swyddfa ei hun yng Nglan Morfa, a hynny i ganolbwyntio ar waith yn ymwneud â chyfraith fasnachol. Rhyfeddodd ei dad fod digon o waith yn yr ardal i gynnal y fath fusnes – roedd nifer o gwmnïau o gyfreithwyr yn y cyffiniau eisoes oedd yn cynrychioli cleientiaid masnachol yn ogystal â gwneud gwaith llys, yn sifil a throseddol.

Wedi i Tegid benderfynu ar ei gynllun a symud yn ôl i'w hen gynefin, prynodd ei dad yng nghyfraith dŷ i'r teulu ar gyrion tref Glan Morfa, lle bu'r pedwar yn byw'n braf am y pum mlynedd nesaf. Ond yn raddol ar ôl geni'r merched, dechreuodd Tegid dreulio mwy o amser yn y clwb golff na gartref, a gwario mwy o arian nag yr oedd o'n ei ennill. Pan aeth pethau o ddrwg i waeth, a phawb yn trafod y merched roedd Tegid yn cael ei weld yn eu cwmni, cafodd ei wraig ddigon a dychwelyd i swydd Caer at ei rhieni, gan fynd â'i dwy ferch efo hi. Rhyfeddodd y rhai oedd yn adnabod y teulu, ac yn gwybod am yr amgylchiadau a arweiniodd at yr ysgariad, fod Tegid wedi medru dal ei afael ar y tŷ, ond y gwir oedd bod ei wraig – a'i rhieni – eisiau cyn lleied o gysylltiad â phosib efo fo ar ôl iddi ei adael. Doedd gwerth y tŷ yn ddim iddyn nhw o'i gymharu â chael gwared ar Tegid cyn gynted ac mor daclus â phosib.

Ar ôl yr ysgariad, cymerodd Tegid fwy fyth o ddiddordeb mewn merched, ceffylau rasio a cheir moethus, a threuliai ddyddiau ar hyd a lled Prydain yn mynychu digwyddiadau chwaraeon yn ogystal ag yfed ei hochr hi yn y clwb golff – er nad oedd wedi cyffwrdd mewn clwb na phêl golff erioed. Ac er siom i'w dad, roedd y syniad o adeiladu bragdy yn dal ar flaen ei feddwl, er bod ei ffocws wedi newid o gynhyrchu cwrw i ddistyllu jin. Roedd y gwirod yn dod yn fwyfwy poblogaidd, a doedd dim angen cymaint o amser i'w gynhyrchu ag yr oedd ei angen ar wisgi. Gwneud arian yn gyflym oedd ei fwriad.

Doedd Morgan ddim yn cymeradwyo ffordd o fyw ei fab. Sut oedd o'n ariannu ei fywyd moethus? Ceisiodd feddwl beth allai o ac Enid fod wedi ei wneud yn wahanol wrth ei fagu. Oedden nhw ar fai am ei ddiffygion moesol a'i ddiffyg parch? Wnaeth Morgan erioed drafod ei farn â'i wraig, ond roedd o'n siŵr ei bod hithau o'r un farn ag yntau.

Roedd yn gas ganddo feddwl sut ddyfodol fyddai i Adwy'r Nant dan ofal Tegid. Bu'n rhaid iddo achub ei enw da – neu yn hytrach, enw da'r teulu – unwaith yn barod. Dechreuodd Tegid gymryd mwy o gyfrifoldeb am gyfrifon busnes Adwy'r Nant ar ôl trawiad ei dad, ac roedd Morgan wedi sylwi nad oedd yn cael gweld cymaint ar y gwaith papur yn ddiweddar. Roedd Tegid yn mynnu fod popeth fel y dylai fod, ond allai Morgan ddim peidio â theimlo'n anesmwyth.

Pennod 3

Roedd Ditectif Sarjant Jeff Evans, Glan Morfa, yn adnabod Morgan ac Enid Powell yn dda, ond doedd hynny ddim yn syndod o ystyried ei fod wedi plismona'r ardal cyhyd. Hoffai feddwl ei fod yn adnabod pawb. Wel, cymuned wreiddiol y dref a'r cylch, beth bynnag. Roedd yr ardal wedi newid a thyfu cymaint yn ystod y blynyddoedd diwethaf – deuai llawer mwy o ymwelwyr yno bellach, ar ôl i'r marina gael ei adeiladu ac i ganolfannau gwyliau gael eu sefydlu yn rhesi ar hyd yr arfordir. Gwenodd wrth feddwl fod Morgan Powell a'i debyg wedi achub y blaen ar y datblygwyr estron mwy diweddar.

Ar ben hynny i gyd, wrth gwrs, roedd y gwaith o adeiladu pwerdy newydd ar gyffiniau'r dref wedi chwyddo poblogaeth yr ardal yn enfawr, gan ddod â da a drygioni yn ei sgil. Bu trafferthion dybryd yn y dref yn ystod cyfnod y gwaith adeiladu – meddwi, cyffuriau ac ymladd cyson yn y tafarnau bob penwythnos. Diolchodd i'r nefoedd fod y dref wedi dechrau, ond dim ond dechrau, ddod yn ôl i rywbeth tebyg i sut fyddai hi yno ers talwm, er y gwyddai fod yr hen Glan Morfa wedi mynd am byth. Dyna oedd cynnydd, meddan nhw, er byddai rhai o hynafiaid y dref yn fodlon dadlau'n groes.

Roedd y plant, Twm a Mair, wedi mynd i'w gwlâu, a Jeff newydd orffen ei swper ac yn edrych ymlaen at noson hamddenol yng nghwmni Meira, ei wraig.

'Wyt ti wedi clywed fod Morgan Powell yn yr ysbyty yn dilyn damwain?' gofynnodd Meira iddo ar ôl i'r ddau orffen clirio'r bwrdd bwyd.

'Rargian, naddo wir. Be ddigwyddodd?'

'Wedi disgyn, dyna glywais i. Anafu ei ben, a doedd 'na ddim golwg rhy dda arno fo fel dwi'n dallt.'

'Morgan druan, ac Enid hefyd, wrth gwrs. Well i mi roi caniad iddi.' Edrychodd Jeff ar ei watsh. Roedd hi'n tynnu am naw. Petai hi wedi bod yn ymweld â'i gŵr yn yr ysbyty, byddai gartref erbyn hyn, a doedd hi ddim rhy hwyr i ffonio.

'Mrs Powell?' gofynnodd wedi iddi ateb. 'Jeff Evans sy 'ma. Newydd glywed am Morgan ydw i.'

'O, Sarjant Evans bach, dwi'n falch o glywed eich llais chi. Ro'n i'n ofni mai'r ysbyty oedd yn galw i ddeud ei fod o wedi gwaethygu.'

Roedd yr anaf a ddioddefodd Morgan yn un pur ddifrifol felly. 'Be ddigwyddodd, Mrs Powell?'

'Allan oedd o yn hwyr neithiwr, ac mi ddisgynnodd i mewn i bydew'r mecanics yn un o'r shedia 'ma. Tegid gafodd hyd iddo fo, ac roedd hi'n agos i ddau y bore cyn i'r ambiwlans fynd â fo o 'ma.'

Rhyfeddodd Jeff fod Tegid mewn cyflwr i fynd i chwilio am ei dad yr adeg honno o'r nos. 'Sut mae o erbyn hyn?' gofynnodd.

'Newydd gyrraedd adra ydw i, ac mae'n anodd dweud, i fod yn berffaith onest. Chydig mae'r doctoriaid yn fodlon 'i ddeud, a phrin mae o'n medru siarad.'

'Be fedra i wneud i'ch helpu chi, Mrs Powell? Mi wyddoch chi fod gen i barch mawr tuag at Morgan. Rwbath,' ychwanegodd.

'Fedra i ddim meddwl ar hyn o bryd, ond diolch i chi.'

'Ylwch, mae gen i ddiwrnod i ffwrdd o 'ngwaith fory. Be am i Meira a finna fynd â chi i Fangor?' Tarodd gipolwg ar Meira a nodiodd hithau yn ôl arno mewn cytundeb. 'Mi ddown ni draw ar ôl i ni fynd â'r plant i'r ysgol. Tua'r deg 'ma. Ydi hynny'n iawn?'

'Siort orau,' atebodd Jeff ar ôl i Enid gytuno, 'a chofiwch, peidiwch â bod ofn fy ffonio i'n gynt, hyd yn oed yn ystod y nos os oes angen.'

'Dwi'n gwerthfawrogi hynny'n fawr iawn, Sarjant Evans. Mi fydda i'n barod erbyn y deg 'ma felly.'

Wedi iddo roi'r ffôn yn ôl yn ei grud trodd at Meira. 'Mae'r ddynes druan yn swnio fel petai wedi cynhyrfu'n lân, ond fyswn i ddim yn disgwyl dim gwahanol. Maen nhw wedi bod yn briod ers hanner can mlynedd a mwy.'

'Mi sylwis i na wnest ti holi am Tegid,' sylwodd Meira.

'Hmm,' atebodd Jeff heb ymhelaethu. 'Mae'n ddrwg gen i na wnes i ofyn i ti gynta, cyn cynnig ein hamser ni'n dau fory.'

'Ti'n fy nabod i'n ddigon da bellach, 'nghariad i, i wybod nad oes gen i unrhyw wrthwynebiad.'

Ychydig wedi deg o'r gloch y bore canlynol cyrhaeddodd Jeff a Meira dir Adwy'r Nant, gan ryfeddu at y nifer o ymwelwyr oedd yn mynd a dod o gwmpas y gwersyll. Roedd rhai yn eistedd o flaen eu pebyll a'u carafanau'n darllen yn yr haul, rhai yn paratoi eu taclau ar gyfer diwrnod ar y traeth ac eraill yn mwynhau brecwast hwyr yn yr awyr agored. Byddai'n brysurach fyth mewn ychydig dros bythefnos, tybiodd, pan fyddai'r ysgolion yn cau am yr haf. Ceisiodd Jeff ddychmygu beth oedd gwerth y busnes –

mae'n rhaid bod Morgan yn ei gwneud hi'n iawn. Ond beth oedd gwerth ariannol i rywun oedd yn gorwedd mewn gwely yn Ysbyty Gwynedd?

Roedd Enid Powell yn disgwyl amdanynt yn nrws ffrynt yr hen ffermdy, yr unig ran o'r fferm nad oedd wedi newid fawr ddim ers canrif. Er hynny, edrychai'r waliau cerrig trwchus a'r drws derw cadarn yn urddasol dros ben – beth oedd diben newid rhywbeth nad oedd angen ei wella?

Pan eisteddodd Enid yng nghefn y car, trodd Jeff i'w hwynebu ac estyn ei fraich tuag ati. Cymerodd hithau ei law.

'Oes rhyfaint o newydd bore 'ma, Mrs Powell?' gofynnodd Jeff.

'Nag oes, Sarjant Evans. Ro'n i ofn ffonio a deud y gwir, a chlywais i ddim byd ganddyn nhw chwaith.'

'Galwch fi'n Jeff, os gwelwch yn dda, Mrs Powell. Wel,' parhaodd, 'mi gymrwn ni mai arwydd o newydd da ydi hynny.'

Ni ddywedwyd fawr ddim yn ystod y daith i Fangor. Doedd dim pwynt sgwrsio er mwyn sgwrsio.

Cerddodd y tri i'r ward lle'r oedd Morgan mewn ystafell ar ei ben ei hun. Cyn iddynt gyrraedd y drws daeth tîm o bedwar o feddygon atynt, yr arbenigwr oedd yn gyfrifol am ofal Morgan yn eu plith. Roedd hwn yn ddyn awdurdodol yr olwg yn ei bumdegau, a'r lleill dipyn yn iau. Ar ôl i Enid gadarnhau pwy oedd Jeff a Meira a rhoi ei chaniatâd i'r meddygon drafod cyflwr ei gŵr o'u blaenau, dechreuodd yr arbenigwr esbonio'r sefyllfa.

'Mae eich gŵr wedi dioddef niwed difrifol i'w ben mae gen i ofn, Mrs Powell. Torrwyd ei benglog wrth iddo ddisgyn, ac mae 'na waed rhwng asgwrn ei benglog a'i ymennydd. Mae o'n anymwybodol ac yn effro am yn ail ac yn ceisio siarad pan all o, ond mae hi bron yn amhosib deall yr hyn mae o'n ceisio'i ddweud. Y peth pwysicaf ar hyn o bryd ydi ein bod ni'n monitro unrhyw waedu a gobeithio fod hwnnw wedi stopio, neu arafu o leiaf. Dwi wedi penderfynu peidio rhoi llawdriniaeth iddo ar hyn o bryd rhag ofn y bydd hynny'n gwneud petha'n waeth, ond mae'n cael sganiau cyson er mwyn darganfod yn union beth sy'n mynd ymlaen.'

'Beth ydi'i jansys o?' gofynnodd Enid, gan edrych yn syth i lygaid yr arbenigwr.

'Hanner cant y cant. Fedra i ddim rhoi mwy o obaith i chi na hynny ar hyn o bryd mae gen i ofn, Mrs Powell, ond mae 'na siawns y bydd newid yn ei gyflwr yn ystod y dyddiau nesaf, a bryd hynny mi fydda i mewn sefyllfa i ddweud mwy wrthoch chi. Ond rŵan, Mrs Powell, oherwydd ei gyflwr, mae'n rhaid i mi fynnu mai dim ond chi gaiff fynd i mewn ato fo.'

Nodiodd Enid, a gwnaeth Jeff a Meira'r un peth.

'Mi fyddwn ni'n eistedd tu allan yn fama yn aros amdanoch chi,' cadarnhaodd Jeff. 'Cymerwch eich amser.'

Gwyddai Meira nad oedd Jeff yn un i eistedd yn hir yn gwneud dim, ond gwelodd ei fod yn gwneud ei orau. Diflannodd ddwywaith yn ystod yr awr a hanner nesaf gan ddychwelyd y tro cyntaf yn cario cwpaned o de iddo fo a Meira, a'r ail dro efo un i Enid Powell hefyd. Ar ôl iddyn nhw fod yn eistedd yno am ddwyawr daeth Enid allan o ystafell ei gŵr, ei llygaid yn llaith.

'Ewch â fi adra os gwelwch yn dda, Mr Evans. Fedra i wneud dim mwy yma.'

Cerddodd y tri at y lifft ac yna allan i'r maes parcio, a

Meira'n gafael ym mraich Enid yr holl ffordd er mwyn ei chysuro. Eisteddodd Meira yn y sedd gefn wrth ochr Enid ar y ffordd adref. Bu tawelwch wrth i'r car adael tir yr ysbyty, ond yn fuan wedyn dechreuodd Enid siarad drwy ei dagrau.

'Fedra i ddim deall sut y bu Morgan mor ddiofal i syrthio i mewn i'r twll 'na yn y llawr. Mae o mor gyfarwydd â'r sied, ac wedi bod yn ddyn mor ofalus ar hyd ei oes. A dyma fo yn gwneud rhywbeth mor annodweddiadol â'i gymeriad. Dwi'n poeni mai hyn fydd ei ddiwedd o.' Roedd fel petai Enid wedi derbyn eisoes fod Morgan ar ei wely angau. 'Mae hi'n rhy hwyr rŵan iddo fo a Tegid gymodi,' ychwanegodd trwy ei dagrau.

'Be 'dach chi'n feddwl?' gofynnodd Meira'n garedig. Gwelodd Jeff yn gwenu'n wan arni yn y drych.

'Tydi petha ddim wedi bod yn dda rhyngddyn nhw ers i Morgan ddechra diodda efo'i galon rai blynyddoedd yn ôl. Mi wydda' fo bod raid iddo wneud lot llai o waith corfforol o hynny allan, er bod derbyn hynny wedi bod yn anodd iddo. Ond mwy o fyrdwn byth oedd gweld Tegid yn dechrau cymryd mwy a mwy o ddiddordeb yn rheolaeth busnes Adwy'r Nant.'

'Ym mha ffordd?' gofynnodd Meira.

'Yn ara deg ddigwyddodd o, cofiwch, ac mi fu'n gyfrwys iawn hefyd, o sbio'n ôl, ond ddeudodd Morgan mo'r cwbwl wrtha i, ddim ar y pryd beth bynnag. Wn i ddim ydi Morgan druan yn gwybod y cwbl hyd heddiw.'

'Dwi ddim yn siŵr 'mod i'n eich deall chi,' pwmpiodd Meira eto, yn gwybod bod rhywbeth ar feddwl Enid.

Ddywedodd Jeff ddim gair, dim ond gyrru'r car yn ofalus. Bron nad oedd o wedi anghofio cystal plismones oedd Meira yn Lerpwl pan wnaethon nhw gyfarfod am y tro cyntaf, a pha mor arbennig oedd ei sgiliau cyfweld. Edrychai'n debyg nad oedd hi wedi colli dim o'r ddawn i gaffael gwybodaeth heb wneud hynny'n amlwg. Roedd hi'n amlwg i Jeff fod Meira wedi sylweddoli pa mor bwysig oedd cael cymaint o fanylion cefndir â phosib, er nad oedd unrhyw awgrym hyd yma nad damwain ddaeth i ran Morgan.

'Cadw petha iddo'i hun ddaru Morgan,' parhaodd Enid. 'A tydi hynny ddim yn beth da o gwbl, 'chi, i ddyn o'i oed o sy'n diodda efo'i galon. Dydyn nhw erioed wedi dallt ei gilydd ... Morgan a Tegid. Ddim ers talwm iawn, ac ma' petha rhyngddyn nhw wedi gwaethygu yn y blynyddoedd dwytha, ac yn enwedig yn yr wsnosau dwytha 'ma.'

Cododd Jeff ei glustiau ond wnaeth o ddim cyfrannu at y sgwrs, gan wybod fod y cyfweliad – a dyna'n union oedd yn digwydd yn sedd ôl y car – mewn dwylo medrus.

'Ynglŷn â busnes Adwy'r Nant, 'dach chi'n feddwl?' gofynnodd Meira.

'Ia, ond wn i ddim mwy na hynny. A hyd y gwn i, tydi Morgan ddim yn gwybod yn iawn be sy'n mynd ymlaen chwaith.'

'O?'

'Bragdy, dyna'r cwbwl sy wedi bod ar feddwl Tegid ers blynyddoedd. Bragdy, ia. Mae o wedi rhoi ei fryd ar adeiladu bragdy acw ers blynyddoedd – defnyddio dŵr pur yr afon i wneud jin neu gwrw neu beth bynnag, ac mae Morgan wedi bod yn erbyn y syniad ers y dechra un. Ond er hynny, mi glywodd Morgan ei fod o wedi bod i lawr yn y De 'na yn rwla yn gwneud ymholiadau ynglŷn â'r peth y tu ôl i'w gefn o. Mi aeth hi'n ffrae rhwng y ddau, yn union fel y bysach chi'n disgwyl. Yr holl helynt, a sbiwch ar y sefyllfa rŵan! A tydi Tegid ddim hyd yn oed wedi bod yn ei weld o ers y ddamwain, ddim wedi bod ar gyfyl yr ysbyty, nac ar fy nghyfyl inna chwaith.' Dechreuodd yr hen wraig wylo.

Rhoddodd Meira ei braich o amgylch Enid. 'O, Mrs Powell bach, peidiwch â chynhyrfu'ch hun fwy na sydd raid. Mi fydd bob dim yn iawn, gewch chi weld.'

Gwelodd Meira fod Jeff yn cytuno â hi – gwyddai'r ddau fod popeth ymhell o fod yn iawn.

Mynnodd Enid Powell, ar ôl i Jeff a Meira ei danfon adref, eu bod yn ei gadael ar ei phen ei hun yn Adwy'r Nant, a dyna fu.

'Oeddat ti'n gwybod cymaint â hynna am Tegid, Jeff?' gofynnodd Meira ar ôl iddynt droi'r car am Lan Morfa.

'Am y bragdy ti'n feddwl? Nag oeddwn, ond tydi hynny ddim yn fy synnu fi o gwbl. Dwi ddim wedi'i gyfarfod o fwy na hanner dwsin o weithiau, a hynny efo'i rieni. Does gan neb air da i'w ddeud amdano fo – yn gleientiaid a chyfreithwyr eraill y dre.'

'Ym mha ffordd?'

'Mae ei waith o bob amser yn hwyr ac yn anhrefnus, a'i wynt o'n drewi o ddiod ar ôl cinio bob dydd. Ac mae 'na un neu ddwy o straeon reit amheus o gwmpas amdano fo.'

'O?'

'Rai blynyddoedd yn ôl mi brynwyd Gwesty Glyndŵr gan ddyn o'r tu allan i'r ardal o'r enw Bertie Smart, a bu bron i'r pryniant fethu oherwydd rhyw ddiffyg neu'i gilydd. Arian ar goll, yn ôl y sôn. Mi oedd 'na bob math o siarad ar y pryd – ti'n cofio? – ond ŵyr neb be oedd y gwir.'

'Ydw, dwi'n cofio rhyw si.'

'Ia, stori ddaeth i'r wyneb chydig yn ddiweddarach oedd mai Morgan Powell ddaru achub y sefyllfa, beth bynnag oedd wedi mynd o'i le, ond does neb yn gwybod y ffeithiau'n iawn.'

Cyn dilyn Meira i'r tŷ safodd Jeff y tu allan i'w cartref, Rhandir Newydd, am rai eiliadau i fyfyrio dros y ddamwain a yrrodd Morgan Powell i'r ysbyty, a'r amgylchiadau poenus oedd yn pwyso cymaint ar ysgwyddau Enid. Nid oedd yn disgwyl dod o hyd i ateb. Oedd 'na gwestiwn i'w ofyn yn y lle cyntaf? Oedd rhywbeth i'w dynnu o i'r achos? Ni wyddai'r ateb i hynny chwaith. Edrychodd allan dros y bae o flaen y tŷ, y môr yn ddistaw o dan yr awyr las a'r haul yn danbaid. Dyma'n union oedd yn tynnu ymwelwyr i'r ardal ac i wersylloedd gwyliau campus fel Adwy'r Nant.

Pennod 4

Doedd yr haul ddim yn tywynnu ar ddiwrnod genedigaeth Anita Hughes yn 1966. Doedd dim awyr las na phelydrau cynnes i'w chynhesu.

Roedd tîm pêl-droed Lloegr newydd ennill Cwpan y Byd a phawb yn dathlu'r digwyddiad. Dathlu hynny oedd Kevin Hughes, tad Anita, hefyd, yn feddw gaib mewn tafarn yng nghanol Wrecsam yng nghwmni nifer o'i gyfeillion. Roedd pawb yno yn yr un cyflwr – yn llawn diod ac yn gwisgo crysau gwyn. Byddai'n syndod petai unrhyw un ohonyn nhw wedi sylwi mai crysau coch roedd tîm Lloegr yn eu gwisgo'r diwrnod hwnnw – roedd yr hwyl a'r sbort yn llawer pwysicach na dim arall, yn ôl pob golwg. Parhaodd y meddwi am dridiau cyn i Kevin ddechrau sobri, neu'n hytrach sylweddoli fod yr arian yn ei boced wedi darfod. Byddai'n rhaid iddo ddwyn o rywle eto cyn bo hir er mwyn parhau i ddiota, meddyliodd, ond adref amdani am rŵan. Drwy'r tridiau hynny o feddwi doedd ei feddwl ddim wedi troi unwaith at enedigaeth ei blentyn cyntaf. Plentyn cyntaf i ŵr a oedd yn bump ar hugain oed, yn ddi-waith a heb uchelgais. Nes iddo gyrraedd ei fflat fechan ar gyrion un o stadau mawr y dref, yn drewi o alcohol a chwys, ni wyddai hyd yn oed prun ai mab neu ferch oedd ganddo. A doedd o ddim yn malio llawer chwaith – nid y bore hwnnw.

Roedd ei wraig, Sulwen, yn bwydo Anita ar y fron pan agorwyd y drws yn glep yn erbyn wal ystafell fyw'r fflat.

Edrychodd Kevin o'i gwmpas ar y llanast – roedd llestri budur wedi'u pentyrru yn y sinc, yn union fel yr oedd o wedi'u gadael nhw ddyddiau ynghynt pan aeth Sulwen i'r ysbyty ac yntau i'r dafarn. Ni chododd Sulwen ei phen i edrych ar ei gŵr, oedd yn siglo yn ôl a blaen wrth geisio sefyll yn llonydd. Pam ddylai hi? Roedd hi'n hen gyfarwydd â'r olygfa hon.

Doedd Kevin ddim yn ddyn hynod o fawr na thal ond roedd yn gyhyrog, a'i wallt coch cyrliog wedi'i dorri'n gwta. Safai o flaen ei wraig yn syllu ar y plentyn yn sugno'n braf – y cyfan a welai dros y siôl wen oedd mop o wallt du trwchus.

'Wel,' meddai'n ffiaidd. 'Fedri di ddeud a dy law ar dy galon mai 'mhlentyn i ydi hwnna?'

Cododd Sulwen ei phen heb ddweud gair. Yn ofni'r gwaethaf, lapiodd ei breichiau'n dynnach o amgylch ei merch. Nid dyma'r tro cyntaf iddi fod ofn ei gŵr. Ochneidiodd â rhyddhad pan drodd Kevin ar ei sawdl a cherdded yn simsan drwodd i'r unig ystafell arall, lle'i clywodd yn disgyn yn swnllyd ar y gwely yn ei ddillad budron. Ymhen eiliadau daeth sŵn chwyrnu uchel i'w chlyw. Edrychodd Sulwen o'i chwmpas mewn anobaith ac yna ar y plentyn yn ei breichiau. Dim ond pedair ar bymtheg oed oedd y fam. Disgynnodd deigryn i ganol y gwallt du.

Atgof cyntaf Anita Hughes oedd y dadlau parhaus rhwng ei rhieni, a doedd trais ddim yn beth anghyffredin iddi. Roedd y ddau riant cystal â'i gilydd yn y cyswllt hwnnw, a gwaed un neu'r llall yn llifo'n aml. Cofiodd gael ei deffro un tro gan sŵn sgrechian, a chododd ei phen i weld ei mam yn rhedeg i mewn i'r ystafell wely gyda siswrn gwaedlyd yn ei llaw. Dilynwyd hi gan Kevin, yn pesychu'n drafferthus a llif coch yn rhedeg i lawr ei wddf.

Roedd bwyd bob amser yn brin, ond roedd digon o arian bob amser i fodloni syched ei thad. Gadawyd hi ar ei phen ei hun gyda'r nos yn aml, a phan ddychwelai ei mam ymhen oriau byddai'n dod â physgodyn a sglodion iddi, er i Anita fod yn ymwybodol nad oedd gan Sulwen arian cyn gadael y tŷ. Cafodd ei siarsio i beidio byth â dweud wrth ei thad ei bod hi'n cael ei bwydo yn y fath fodd, ond yn aml, pan ddeuai ei thad adref, byddai hwnnw'n tyrchu drwy'r bin sbwriel am olion unrhyw fwyd a brynwyd y tu ôl i'w gefn. Aeth blynyddoedd heibio cyn i Anita sylweddoli ffynhonnell ac arwyddocâd yr arian a ddefnyddiai ei mam i brynu'r bwyd.

Wnaeth Anita ddim sylweddoli fod ei ffordd o fyw yn un anghyffredin nes iddi ddechrau mynychu'r ysgol. Roedd y plant bach eraill yn ei dosbarth yn edrych yn hapusach na hi, rywsut, ond ni wyddai pam. Cyn hir, sylweddolodd yr athrawon nad oedd popeth fel y dylai fod, a dechrau chwilio am y rheswm pam fod Anita mor fewnblyg.

Un diwrnod daeth dyn a dynes yn gwisgo siwtiau i'r fflat ond roedd Kevin a Sulwen wedi cael gwybod ymlaen llaw fod rhywun o'r gwasanaethau cymdeithasol ar fin galw. Cawsant ddigon o amser i gydweithio i lanhau'r tŷ, gwisgo Anita mewn dillad glân a gwneud iddynt eu hunain edrych yn weddus. Dyna'r tro cyntaf i Anita fach deimlo cystal yn ei chynefin, ond wedi i'r bobl ddieithr adael, ni pharhaodd hynny'n hir.

Clywodd nifer o'r plant eraill yn sôn am waith eu tadau, ond ni wyddai Anita beth oedd ystyr hynny. Roedd gan ei thad dipyn o arian dôl yn ei boced o dro i dro, a llawer mwy ar adegau eraill – digon i'w wario yn y dafarn – ond ni soniwyd dim erioed am unrhyw waith. Deuai plismyn, rhai mewn iwnifform ac eraill yn eu dillad eu hunain, i chwilio'r fflat o dro i dro, ond doedd Anita fach ddim yn deall goblygiadau hynny. Gorfodwyd ei thad i adael y tŷ a mynd efo nhw droeon, ond deuai adref bob tro â gwên ar ei wyneb. Dywedodd wrth Sulwen nad oedd ganddynt ddigon arno fo, beth bynnag oedd hynny'n ei feddwl.

Ni wyddai Anita chwaith pam fod rhaid symud tŷ mor aml, ond doedden nhw byth yn mynd ymhell – weithiau i'r stryd nesaf, ac un tro dim ond y drws nesaf. Esboniodd ei mam un tro fod hynny'n rhywbeth i'w wneud â thalu rhent.

Erbyn i Anita gyrraedd ei chwech oed, roedd hi wedi dechrau closio at ei thad, gan eistedd ar ei lin ambell gyda'r nos. Ond roedd ei mam wedi dechrau defnyddio llaw drom arni am y peth lleiaf. Cafodd gweir iawn ganddi un diwrnod am beidio â dod â'r dillad glân oddi ar y lein wedi iddi ddechrau bwrw glaw. Doedd dim ots fod Anita yn yr ysgol ar y pryd.

Yna, digwyddodd rhywbeth na allai Anita fyth ei anghofio. Ganwyd plentyn arall i'w rhieni, a phan oedd ei brawd bach yn dri mis oed, fe'i gadawyd gan eu mam i gysgu ar y soffa yng ngofal Anita. Aeth Sulwen allan i ennill arian am awr y noson honno fel y byddai'n dal i wneud pan oedd Kevin yn y dafarn, a phan ddychwelodd, roedd y babi bychan yn llonydd – wedi mygu ac yn farw. Cofiodd Anita'r plismyn yn dod yno i holi ei rhieni, a chofiai'r cyfarwyddyd a gafodd gan ei mam i beidio â meiddio dweud ei bod hi wedi bod allan y noson honno. Roedd Anita ofn ei mam, a wnaeth gwrthod ufuddhau i'w gorchymyn ddim croesi'i meddwl. Cofiai hefyd i'r holl beth basio heb i'w rhieni ddangos fawr o deimlad o golled. Niwsans oedd ceg arall i'w fwydo yn y tŷ wedi'r cwbwl. Ond rai wythnosau ar ôl marwolaeth y bachgen bach, dechreuodd Anita deimlo euogrwydd anhygoel – emosiwn a ddeuai i'w phoeni am weddill ei hoes. Roedd ei mam yn ei beio hi am farwolaeth ei brawd bach. Hi, Anita, oedd yn gyfrifol am edrych ar ei ôl, meddai. Oedd hynny'n wir? Doedd Anita yn ddim ond saith oed ar y pryd.

Ymhen misoedd daeth Sulwen o hyd i waith y tu ôl i'r bar yn un o dafarnau'r dref. Bu cryn dipyn o drafod cyn i Kevin benderfynu gadael iddi fynd allan i weithio o saith hyd un ar ddeg, bum noson yr wythnos. Mynnodd Sulwen y byddai unrhyw arian ychwanegol yn gymorth mawr, a dyna fu. Er mai ifanc oedd Anita, synnodd o weld y newid yn ei mam ar ôl iddi ddechrau gweithio, yn ei hagwedd a'i hedrychiad. Roedd Sulwen yn llawer mwy sionc a bywiog. Gwisgai golur a wnâi iddi edrych yn iau ac yn hynod o brydferth, a phrynodd ddillad newydd addas ar gyfer y gwaith. Yr unig anfantais oedd bod adenydd Kevin wedi'u torri pan orfodid iddo warchod Anita tra byddai Sulwen yn gweithio. Dim ond dwy noson bob wythnos roedd o'n rhydd bellach i hel diod – a hel merched hefyd, fel yr oedd o wedi dod i arfer ei wneud ers amser maith. Clywsai Sulwen straeon amdano, ond ni ddywedodd air. Roedd yn ddigon hawdd i Kevin yfed caniau cwrw yn y tŷ, ond roedd colli cwmni ei gariadon, oedd yn diwallu ei anghenion rhywiol, yn anoddach i ddygymod ag ef.

Ni pharhaodd y golled honno'n hir. Erbyn hynny roedd y tri yn byw mewn tŷ cyngor ac roedd gan Anita ystafell wely iddi'i hun. Byddai ei thad yn ei gyrru i'w gwely yn gynnar weithiau pan fyddai ei mam yn y dafarn, cyn i un o'i nifer o gariadon ddod i'r tŷ – dim ond ambell waith i ddechrau, ond yn fuan iawn roedd yn ddigwyddiad cyson. Rhoddwyd gorchymyn i Anita beidio byth â gadael ei hystafell wedi iddi gael ei gyrru yno, a gwyddai'n iawn beth fyddai canlyniad brwnt diffyg ufuddhau. Gan ei bod yn ddeg oed erbyn hynny, roedd ganddi syniad reit dda o'r hyn oedd yn digwydd y tu ôl i gefn ei mam, a buan y daeth hi'n gyfarwydd â'r tuchan a glywai o'r ystafell fyw.

Roedd ymddygiad ei thad wedi dod yn arferiad cyson ac anghyfforddus i Anita, a deimlai ei bod wedi cael ei dal yn nhir neb, rywle yn y canol rhwng ei mam a'i thad. Doedd hi ddim yn teimlo unrhyw dynfa gariadus at y naill riant na'r llall, a doedd ganddi unman i droi. Doedd ganddi ddim perthnasau y gwyddai amdanynt, dim cyfeillion, neb na fyddai'n gollwng y gath o'r cwd wrth agor eu cegau i'r naill neu'r llall o'i rhieni.

Ond daeth y cwbl i ben un noson annisgwyl pan ddeffrowyd Anita o drwmgwsg gan leisiau'n gweiddi a sgrechian. Sylweddolodd fod llais ei mam yn codi uwchben y dwndwr – roedd Sulwen wedi cael digon ar glywed sïon ynglŷn â chamymddwyn Kevin, a daeth adref o'r dafarn yn gynnar. Cerddodd yn ddistaw drwy ddrws ffrynt y tŷ a chlywed yr un synau ag yr oedd Anita wedi bod yn ceisio'u hanwybyddu. Safodd Sulwen yn y tywyllwch y tu allan i ddrws y lolfa am rai eiliadau, ei chorff yn crynu â dicter. Doedd dim rhaid gofyn beth oedd yn mynd ymlaen, ond roedd yr hyn a welodd pan agorodd y drws yn fwy o sioc iddi na'r disgwyl. Roedd Kevin yng nghwmni dwy ferch ar y soffa, y tri yn hollol noeth ac ar ganol gweithred rywiol a fyddai'n gweddu mwy i ffilm bornograffig nag i stafell fyw yn Wrecsam. Rhewodd y tri ar unwaith, a dyna pryd y dechreuodd y gweiddi a'r rhegi. I rwbio halen i'r briw, sylweddolodd Sulwen fod un o'r merched yn ffrind iddi.

Dim ond ychydig funudau oedd eu hangen ar Sulwen i gipio peth o'i heiddo, ei stwffio i fag a gadael y tŷ yn llawer iawn mwy swnllyd nag y cyrhaeddodd yno ddeng munud ynghynt. Roedd y merched eisoes wedi diflannu a Kevin yn sefyll yn euog a noeth yng nghanol yr ystafell fyw.

Nid oedd Sulwen wedi ystyried mynd i chwilio am Anita hyd yn oed. Petai hi wedi edrych i ben y grisiau wrth adael, byddai wedi gweld ei merch ifanc yn sefyll yno yn ei dillad nos a dagrau'n llifo i lawr ei bochau.

Pennod 5

Ymhen rhai dyddiau, daeth yn amlwg i Anita nad oedd ei mam am ddod yn ôl adref. Ceisiodd baratoi rhywfaint o fwyd iddi ei hun, ond doedd dim llawer yn y cypyrddau felly torrodd ddarnau o hen dorth galed ac agor tun o ffa pob, a'u bwyta'n oer. Edrychai ymlaen at y pryd poeth yr oedd hi'n ei gael bob dydd yn yr ysgol, ond roedd y penwythnosau yn amser llwglyd dros ben iddi.

Penderfynodd Anita geisio dod o hyd i'w mam. Er bod effaith seicolegol ei chreulondeb cyson a'i llaw drom yn agos iawn i'r wyneb, roedd hynny, hyd yn oed, yn well na bod hebddi. Yn gynnar un noson, bythefnos wedi i Sulwen adael, safodd Anita yn nrws y dafarn lle'r oedd ei mam yn gweithio, yn edrych arni'n chwerthin ymysg y cwsmeriaid. Bu yno am rai munudau yn gwylio'i mam, a oedd wedi trawsnewid ei hedrychiad. Gwisgai flows wen o ddefnydd tebyg i sidan, a'r botymau wedi'u hagor i ddangos rhigol ei bronnau. Syrthiai ei gwallt yn gyrls dros ei hysgwyddau. Prin roedd Anita'n ei hadnabod. Roedd y dyn a oedd tu ôl i'r bar efo hi, y perchennog mae'n debyg, yn ddyn golygus yn ei dridegau cynnar ac yn gyfarwydd iawn â hi, yn ôl y ffordd roedd y ddau'n cyffwrdd ac yn edrych ar ei gilydd. Ymhen hir a hwyr, gwelodd Sulwen ei merch yn sefyll yn y drws. Ceisiodd gerdded tuag ati heb dynnu sylw'r cwsmeriaid.

'Be ti'n da yn fama?' gofynnodd, heb unrhyw arwydd o gonsýrn. 'Dydi plant ddim i fod mewn lle fel hyn.'

'Chwilio amdanoch chi, Mam,' atebodd Anita'n swil.

'Wel, dydw i ddim isio chdi yma. Dos adra, a phaid â dod yma i 'mhoeni fi eto. Dallt?'

Gafaelodd Sulwen yn ysgwyddau Anita, ei throi hi rownd a'i harwain dros stepen y drws ac i lawr ar y pafin. 'Rŵan ta, dos,' gorchymynnodd, gan wthio'r eneth yng nghanol ei chefn cyn troi'n ôl i gyfeiriad y bar yn wên i gyd.

Yn y tywyllwch cerddodd Anita y ddwy filltir yn ôl i'w chartref, a hithau'n ddim ond deg oed. Doedd ganddi unlle arall yn y byd i fynd. Pan gyrhaeddodd yno, roedd ei thad yn llawn cwrw ac yn wallgof.

'Lle ti 'di bod, y gotsan fach?'

'Chwilio am Mam.'

Roedd ei hateb gonest yn ddigon o reswm i Kevin ei churo a'i gyrru i'w gwely ar ei hunion heb damaid o fwyd.

Wnaeth bywyd Anita ddim newid ar ôl hynny. Roedd Kevin Hughes yn dal i ddod â merched i'r tŷ ond bellach, gan fod ei wraig wedi'i adael, doedd dim angen iddo guddio'r ffaith – na'r hyn oedd yn digwydd wedi iddyn nhw gyrraedd. Yn aml, deuai Anita adref ar wahanol adegau o'r dydd a'r nos i ganfod ei thad a llu o ferched yn noeth o gwmpas y tŷ, ar ganol gweithgareddau rhywiol amrywiol. O dipyn i beth daeth Anita i adnabod un o'r merched a dechreuodd honno ddangos mymryn o garedigrwydd tuag ati. Margaret oedd ei henw, a dechreuodd ddod â bwyd efo hi i Anita bob tro y deuai yno. Dechreuodd Anita edrych ymlaen at ei hymweliadau, ond buan y daeth y rheswm am ei haelioni yn amlwg.

Roedd gan Margaret gorff deniadol – yn sicr roedd Kevin yn meddwl hynny, gan na allai gadw ei ddwylo oddi ar ei bronnau, na'i geg chwaith, hyd yn oed os oedd Anita yno ai peidio. Dywedodd Margaret wrth Anita y byddai ei chorff hithau'r un mor dlws ymhen amser. Perswadiodd yr eneth i dynnu ei siwmper er mwyn iddi gael gweld a oedd ei chorff ifanc wedi dechrau datblygu. Gafaelodd Margaret ynddi'n dyner, a gofynnodd i Kevin am ei farn o. Dechreuodd yntau fodio corff ei ferch.

'Be am yn is i lawr?' gofynnodd Margaret. Tynnodd y ddynes ddillad isaf Anita, ac arwain llaw y ferch at ei mannau mwyaf dirgel. Dyna sut dechreuodd y gamdriniaeth.

Ar ôl y diwrnod hwnnw, cafodd Anita un neu ddau o anrhegion gan Margaret a'i thad, a mwy o fwyd yn rheolaidd. Ond roedd pris i'w dalu. Yn ystod y misoedd canlynol datblygodd camdriniaeth rywiol erchyll a chreulon na ddylai unrhyw blentyn ei brofi. Roedd Kevin yn rhan o bob digwyddiad, a deuai rhai o'i gyfeillion i ymuno â nhw hefyd ar adegau.

Ceisiodd Anita gau'r digwyddiadau ffiaidd o'i meddwl, a blas y cyfog fyddai'n codi yn ei gwddf bob tro y byddai ei thad a Margaret yn galw amdani, ond roedd hynny'n mynd yn anoddach bob tro.

Pan ddechreuodd yn yr ysgol uwchradd yn un ar ddeg oed, sylwodd yr athrawon Ymarfer Corff fod Anita'n gyndyn o fynd i'r gawod ar ddiwedd gwers chwaraeon. Wrth iddynt gadw golwg arni, daeth yn amlwg bod gan y ferch gleisiau, yn hen a newydd, dros ei chorff, yn cynnwys ei bronnau a'i chluniau. Ar ôl ychydig o holi tyner galwyd yr heddlu a'r gwasanaethau cymdeithasol, a oedd yn ymwybodol o hanes y teulu yn dilyn marwolaeth ei brawd bach.

Pan archwiliwyd Anita gan arbenigwyr meddygol

datgelwyd y gwir. Arestiwyd Kevin yn syth, a rhai dyddiau'n ddiweddarach, ar ôl i Anita ddweud yr holl hanes, arestiwyd Margaret a dau ddyn arall a'u cyhuddo o drais rhywiol.

Gwnaethpwyd ymdrechion i gysylltu â'i mam, ond roedd hi wedi gadael yr ardal erbyn hynny. Pan ddaethpwyd o hyd iddi yn ne Lloegr, doedd gan Sulwen Hughes ddim diddordeb yn lles ei merch. O ganlyniad, ar ôl dyfarniad y Llys Teulu, cafodd Anita ei rhoi yng ngofal y gwasanaethau cymdeithasol. Yn unig ac ofnus, doedd Anita druan ddim yn rhag-weld y byddai'r haul byth yn tywynnu arni eto.

Cafwyd ei rhoi yng ngofal cartref i blant ar gyrion Wrecsam, ymysg bechgyn a merched y byddai'n deg eu disgrifio'n 'drafferthus'. Allai hi ddim deall pam ei bod wedi cael ei rhoi yn eu mysg – fu hi erioed yn ferch ddrwg, a doedd hi erioed wedi creu trafferth i neb. Dioddefwr oedd hi, yn ddim byd tebyg i'r plant eraill oedd yn brolio am ddwyn a malurio. Dychrynwyd Anita gan sïon o gam-drin, yn gorfforol ac yn rhywiol, gan staff y cartref – roedd hi'n gwybod yn iawn sut beth oedd hynny, a llanwyd hi ag ofn.

Fel y tyfai straeon y plant eraill ynglŷn â'r gamdriniaeth yn y cartref, penderfynodd Anita redeg i ffwrdd. Ond ar ôl iddi adael, heb arian yn ei phoced nag unman i fynd, a heb neb i droi ato, doedd ganddi ddim ond un dewis. Dwyn er mwyn bwyta, a chysgu ar y strydoedd. Ymhen tridiau roedd hi wedi cael ei dal mewn archfarchnad yn dwyn pastai a photel o ddiod, ac ymhen dwyawr, roedd hi'n ôl yn y cartref gofal. Diolchodd na chafodd ei chyhuddo o ddwyn, ond roedd y grasfa a gafodd wedi iddi gael ei hebrwng yn ôl yn un gofiadwy. Penderfynodd beidio â rhedeg i ffwrdd eto, a gobeithio am y gorau.

Ymhen sbel clywodd fod ei thad wedi pledio'n euog i gyhuddiadau o'i threisio a'i garcharu am bymtheng mlynedd. Cafodd Margaret, yn ogystal â'r ddau ddyn arall, cyfeillion ei thad, ddedfryd dipyn llai. Ceisiodd deimlo rhyddhad neu hapusrwydd pan glywodd am eu dedfrydau, ond allai hi ddim. Allai hi ddim teimlo dim o gwbl.

Erbyn iddi fod yn byw yn y cartref am bedwar mis, roedd y tiwtoriaid wedi sylwi fod Anita yn eneth llawer mwy galluog na'r mwyafrif o'r trigolion eraill. Roedd hi'n fodlon dysgu, ac yn glyfar. Clywodd un diwrnod fod cyfle wedi codi iddi gael mynd i fyw gyda theulu maeth yn yr Wyddgrug, ond o gofio fod pob newid yn ei bywyd hyd yma wedi bod er gwaeth, ni wyddai'r ferch sut i dderbyn y newyddion.

Roedd Anita'n hynod o bryderus wrth gyrraedd y tŷ yn yr Wyddgrug, er bod gwên groesawgar ar wynebau'r dyn a'r ddynes a safai yn y drws i'w chroesawu. Mr a Mrs Ross oedd eu henwau, y ddau yn eu pedwardegau ac wedi maethu nifer o blant dros y blynyddoedd. Roedd y tŷ yn sefyll ar ei ben ei hun mewn ardal braf ar gyrion y dref, ac yn lân heb fod yn rhy daclus. Dangoswyd ei hystafell iddi, ac wrth i Anita edrych o'i chwmpas, cododd ei chalon. Roedd hon yn ystafell lawer mwy cyfforddus nag a welodd erioed yn ei bywyd o'r blaen. Aeth at y ffenestr, lle gallai weld caeau glas a choedwigoedd helaeth.

'Mi adawa i i chi ymgartrefu,' meddai Mrs Ross yn nrws y llofft. 'Gwnewch eich hun yn gyfforddus. Bydd cinio am un o'r gloch, ar y dot. Nid pum munud i na phum munud wedi. Ydach chi'n deall?'

'Ydw. Diolch,' atebodd Anita, gan sylweddoli y byddai disgyblaeth lem yn ei chartref newydd.

Cerddodd i lawr y grisiau am un o'r gloch ar ei ben, a gwelodd fod Mr Ross yn sefyll yn nrws y gegin yn edrych yn awyddus ar ei watsh. Hebryngwyd hi i'r ystafell fwyta a dangoswyd iddi yn union ble i eistedd.

'Hon fydd eich sedd chi ar gyfer bob pryd o hyn allan, Anita,' meddai Mr Ross. 'A tydi Mrs Ross a finnau ddim yn caniatáu siarad wrth y bwrdd bwyd. Lle i fwyta ydi hwn, nid i sgwrsio.'

Wedi i Mrs Ross roi'r bwyd ar y bwrdd, cododd Mr Ross ar ei draed i ddweud gras, gan egluro mor bwysig oedd yr arferiad iddynt cyn bob pryd. Doedd Anita ddim yn deall, gan nad oedd hi erioed wedi gweld y fath beth o'r blaen.

O dipyn i beth, dysgodd fwy am ei theulu maeth. Gweithio yn swyddfeydd y cyngor sir oedd Mr Ross, a doedd ganddyn nhw ddim plant eu hunain. Eglurwyd wrthi y byddai'n cael bywyd braf ar yr amod ei bod hithau'n gwneud ei rhan, drwy ymddwyn yn foneddigaidd ac ufudd bob amser.

Yn ystod y blynyddoedd canlynol, bu'n byw ei bywyd fel petai yn y fyddin. Doedd Mr a Mrs Ross ddim yn rhoi'r argraff eu bod nhw'n hoff iawn ohoni, a wnaeth Anita hithau ddim dod yn ffond iawn ohonyn nhw chwaith. Teimlai fel petai'r ddau yn ystyried gofalu amdani fel job o waith, a dyna'r cyfan. Ond er nad oedd Anita yn eneth hapus, o bell ffordd, roedd yn benderfynol o wneud ei gorau i'w plesio nhw hyd y gallai. Wedi'r cwbl, roedd bywyd ar yr aelwyd hon yn llawer gwell na'r hyn a brofodd hyd yma. Byddai'n cyfri'r blynyddoedd nes y byddai'n ddeunaw oed, pan fyddai hawl ganddi i adael yn gyfreithlon.

Roedd trefniadau wedi'u gwneud iddi fynychu'r ysgol uwchradd leol, Ysgol Alun, a gwnaeth ffrindiau yno, ond dim ond un neu ddwy. Edrychai gweddill y disgyblion i lawr eu trwynau arni, ac roedd un neu ddau yn falch iawn o'i hatgoffa'n rheolaidd mai plentyn maeth oedd hi. Gwyddai fod hynny'n wir, ond doedd hynny ddim yn gysur pan fyddai eu geiriau'n brathu. Un diwrnod cyrhaeddodd Anita ben ei thennyn a tharo un o'r genethod oedd yn ei herio. Ymunodd dwy arall i ochri efo honno a throdd y sefyllfa'n sgarmes hyll. Bu'n rhaid i'r prifathro ddisgyblu Anita a'r genethod eraill, a chafodd fwy o gosb gan ei rhieni maeth ar ôl iddi gyrraedd adref. Daeth yr herio a'r cwffio'n ddigwyddiad rheolaidd dros y blynyddoedd, a dechreuodd ei gwaith ysgol ddioddef.

Gadawodd Anita'r ysgol yn un ar bymtheg oed, heb basio yr un pwnc. Yr unig ddewis a oedd yn agored iddi oedd canfod gwaith mewn siop yn y dref. Roedd yn amlwg bellach fod Mr a Mrs Ross yn siomedig ynddi. Yn ystod y flwyddyn a hanner y bu'n gweithio yn y siop, fe dreuliai oriau bob wythnos yn synfyfyrio ynglŷn â'r dyfodol: am ei phen blwydd yn ddeunaw oed ar y degfed ar hugain o Orffennaf, 1984, a'r rhyddid yr awchai hi amdano. Am y tro cyntaf yn ei bywyd, roedd ganddi obaith.

Pennod 6

Ni wastraffodd yr eneth ifanc frwdfrydig yr un eiliad. Wythnos ar ôl ei phen blwydd safai Anita Hughes ar blatfform yng ngorsaf drenau New Street yn Birmingham, yn cario dau ges trwm oedd yn cynnwys ei holl eiddo. Pam Birmingham? Ni wyddai i sicrwydd. Doedd dim tynfa neilltuol i'r ddinas honno.

Erbyn hyn roedd Anita wedi tyfu'n ddynes ifanc ddeniadol. Nid oedd yn eithriadol o dal, ond roedd ei chorff yn ddigon siapus i atynnu unrhyw ddyn ifanc. Pan oedd hi'n gweithio yn y siop, ac yn gweini mewn gwesty lleol, ar ôl gadael yr ysgol yn yr Wyddgrug, roedd hi wedi sylwi ar fechgyn, a dynion hŷn hefyd, yn syllu arni, a dysgodd yn gyflym sut i ymateb i hynny. Buan y daeth i ddysgu sut i ddefnyddio ei rhywioldeb er ei budd ei hun; dysgodd hefyd sut i ddelio ag unrhyw sylw annymunol.

Ond nid mewn siop ar Stryd Fawr yr Wyddgrug yr oedd hi erbyn hyn ond yng nghanol Birmingham, dinas fawr anghyfarwydd yn llawn pobl o bob lliw a llun yn siarad mewn acen a oedd yn gwbl ddieithr iddi. Roedd wedi cynilo rhywfaint o arian yn ystod y deunaw mis blaenorol, ond gwyddai nad oedd ganddi ddigon i dalu am lety a bwyd am lawer mwy nag wythnos mewn lle fel hyn. Ni wyddai ble i fynd, ond roedd yn ffyddiog y gallai ddod o hyd i ryw fath o swydd.

Stryffagliodd Anita efo'i chesys trwm i gyfeiriad

allanfa'r orsaf, a daeth porthor o rywle i gynnig eu cario iddi. Dyn du bychan yn ei ganol oed oedd o a'i wallt cyrliog cwta wedi britho, yn gwisgo iwnifform y cwmni rheilffordd. Meddyliodd Anita ddwywaith cyn rhoi ei holl eiddo yn ei ofal, ond ymlaciodd wrth sylwi ar ei wên lydan a'i wyneb caredig.

'Isio help?' gofynnodd. 'Lle 'dach chi'n mynd?'

'Wn i ddim, a deud y gwir,' cyfaddefodd. 'Dwi'n chwilio am le i aros am noson neu ddwy, a joban,' atebodd. 'Gwaith y tu ôl i far neu mewn siop fysa'n fy siwtio i, ond dydw i ddim yn nabod y ddinas 'ma o gwbl.'

Rhoddodd y dyn ei chesys i lawr. 'Wel, 'dach chi wedi taro ar y person cywir,' meddai. 'Dwi wedi fy ngeni a'm magu yma, ac yn nabod y ddinas fel cefn fy llaw. Tasa fy merch i, sydd tua'r un oed â chi, yn yr un sefyllfa, mi fyswn i'n awgrymu iddi fynd i gyfeiriad Edgbaston. Mae 'na lawer o fynd a dŵad yn y fan honno, digon o lefydd rhad i aros nes cewch chi waith, a digon o lefydd sy'n cynnig y math o waith 'dach chi isio hefyd. Dydi Edgbaston 'mond ychydig dros ddwy filltir o'r fan hyn, a fydd tacsi ddim yn rhy ddrud.'

'Siort orau.'

Aeth y porthor â hi allan o'r orsaf, gan sefyll ar y palmant a chwifio'i law i gyfeiriad y ffordd fawr. Daeth tacsi o rywle ac roedd yn amlwg bod y gyrrwr yn adnabod y porthor. Ar ôl i'r porthor roi ei chesys ym mŵt y car rhoddodd gyfarwyddiadau i'r gyrrwr. Nodiodd yntau ei ben ar Anita, ac i ffwrdd â nhw. Cymerodd y daith bron i ugain munud mewn traffig trwm. Wrth deithio, gwelodd Anita dai â gerddi, blociau uchel o fflatiau a nifer o safleoedd adeiladu yn tystio i boblogrwydd yr ardal. Pasiodd gae criced Edgbaston, ac yn fuan wedyn daeth y tacsi i stop ar stryd brysur yr olwg oedd â nifer o arwyddion gwely a brecwast ar ei hyd. Wrth iddo ddadlwytho'i bagiau, addawodd y gyrrwr y byddai rhywun yn siŵr o'i chynghori ynglŷn â chanfod gwaith. Talodd Anita, a diolch iddo, gan obeithio na fyddai gweddill y dydd yn gwagio'i phwrs mor gyflym.

Roedd y cesys yn rhy drwm i'w cario ymhell, a dewisodd Anita gerdded tuag at un o'r tai llety llai llewyrchus yr olwg, gan obeithio y byddai'n rhatach na'r llefydd mwy smart.

Dynes fawr drom yn ei chwedegau agorodd y drws, ac edrychodd i lawr ar yr eneth ifanc gyda'i bagiau un bob ochr iddi.

'Be ga' i wneud i chi?' gofynnodd y ddynes mewn acen Wyddelig drom, er bod yr ateb yn un reit amlwg.

'Isio lle i aros tra bydda i'n chwilio am waith yn yr ardal hon ydw i,' atebodd Anita.

'Pa fath o waith?' gofynnodd y Wyddeles yn amheus. 'Fydda i ddim yn cymryd pob merch oddi ar y stryd, coeliwch chi fi.'

'Na fyddwch, siŵr gen i. Dwi'n falch o glywed hynny, wedi i mi fynd i'r fath drafferth i ddod yma. Gweini, neu weithio tu ôl i far 'swn i'n licio, ac mi glywais i fod yr ardal yma'n un barchus, a bod digon o gyfleoedd gwaith gan fod y lle mor agos i'r maes criced.'

'Reit,' meddai'r Wyddeles ar ôl ystyried yn ddwys, 'dewch i mewn i gael golwg os liciwch chi. Ond i chi gael dallt rŵan, cyn i ni fynd ddim pellach – dim dynion, reit?'

'Nid hwran ydw i, coeliwch chi fi. Dangoswch y ffordd,' atebodd Anita, ychydig yn swta. Os oedd hi am wneud ei ffordd ei hun yn y ddinas hon, byddai'n rhaid iddi fod yn blwmp ac yn blaen o dro i dro. Waeth iddi ddechrau rŵan ddim!

Dilynodd Anita'r ddynes i fyny'r grisiau a dangoswyd sawl ystafell wely iddi. Nid hwn oedd y tŷ brafiaf yn y byd, ond roedd yn dwt ac yn lân. Wedi iddi dderbyn y telerau, dewisodd un o'r ystafelloedd. Wrthi'n dadbacio oedd hi pan ddaeth cnoc ar y drws.

'Fydda i ddim yn gwneud bwyd fin nos i 'ngwesteion, ond mae croeso i chi gael paned o de. Mae 'na gaffi ar draws y lôn os ydach chi isio bwyd heno.'

Yn y parlwr, eisteddodd y ddwy i lawr dros gwpaned o de bob un a dysgodd Anita mai gwraig weddw oedd perchennog y tŷ. Dywedodd Anita, hithau, mai wedi cael ei mabwysiadu yr oedd hi, a'i bod wedi gadael gogledd Cymru i ddilyn ei chŵys ei hun. Y noson honno, gorweddodd Anita yn ei gwely newydd yn ceisio dychmygu beth fyddai gan y dyfodol i'w gynnig iddi. Roedd y ffenestr yn gilagored a sŵn y traffig yn hymian yn y cefndir, hyd yn oed yr adeg honno o'r nos. Sut fyddai hi'n cynefino, tybed? Roedd hi ar ei phen ei hun unwaith eto, ond ei dewis hi ei hun oedd hynny y tro hwn, ac roedd yn benderfynol o ganfod gwaith gynted ag y gallai er mwyn cael ei thraed 'dani.

Wrthi'n gorffen ei brecwast oedd Anita y bore trannoeth pan ddaeth y Wyddeles i glirio'r platiau. 'Ar ôl i ni sgwrsio neithiwr,' meddai, 'mi ffoniais rywun sy'n cadw tafarn lawr y lôn. Fel mae'n digwydd bod, mae o'n chwilio am rywun i weithio tu ôl i'r bar. Oes ganddoch chi brofiad?'

'Dipyn,' oedd ateb celwyddog Anita.

Y Shamrock ydi enw'r lle, tafarn Wyddelig. Tydi o ddim yn un o'r llefydd neisia yn yr ardal 'ma, cofiwch, ond un fantais fawr i hogan ifanc fel chi ydi bod 'na stafell yn mynd efo'r job. Mi fysa'n iawn i chi i gychwyn, nes y cewch chi afael ar le gwell.'

Gwenodd Anita o glust i glust ac allai hi ddim peidio â chodi a gwasgu'r ddynes druan yn dynn.

Yn ddiweddarach y bore hwnnw, ymhell cyn i'r dafarn agor, safai Anita y tu allan i'r Shamrock, yn gwisgo jîns glas a siwmper ddu lac. Adeilad tri llawr ar gongl oedd o, wedi'i beintio dipyn yn rhy lliwgar yn ei barn hi, mewn du, gwyrdd a gwyn. Roedd dau ddrws, un ym mhob stryd, ac arwydd mawr yn hongian o gongl yr adeilad lle'r oedd y ddwy stryd yn cyfarfod. Ar un drws roedd arwydd yn dynodi Bar Cyhoeddus, ac ar y llall, Lolfa. Curodd Anita ar ddrws y Lolfa. Ni chafodd ateb, ond dim ond hanner awr wedi naw oedd hi, ystyriodd. Gwthiodd y drws a'i gael heb ei gloi, felly camodd i mewn i ystafell fawr. Gwenodd pan welodd y drws arall ym mhen draw'r ystafell, yr un oedd yn arwain i'r Bar Cyhoeddus. Un ystafell oedd y dafarn, heb ddim i rannu'r bar a'r lolfa, ac roedd arogl cwrw stêl yn llenwi'i ffroenau.

Roedd bar hir yn ymestyn ar hyd un wal gyda phympiau cwrw ar ei hyd. Cwrw Gwyddelig oedd yn cael ei weini o'r rhan fwyaf ohonyn nhw, ac roedd canran helaeth o'r poteli gwirod ar y silff y tu cefn i'r bar yn frandiau Gwyddelig hefyd. Doedd dim amheuaeth pwy oedd prif gwsmeriaid y dafarn. I'r chwith iddi gwelodd nifer o fyrddau, rhai ohonynt mewn cilfachau oedd yn sicrhau preifatrwydd cwsmeriaid a oedd yn dymuno hynny. Ar ambell un o'r byrddau a'r bar safai gwydrau a llestri budron oedd yn amlwg wedi'u gadael yno oddi ar y noson cynt. Sylwodd Anita nad oedd y llawr wedi'i lanhau chwaith.

'A phwy wyt ti?' Daeth llais Gwyddelig o'r tu ôl iddi.

Trodd Anita rownd a gwelodd ŵr tenau, byr yn ei bumdegau. Gwisgai drowsus melfaréd brown, crys siec â'i lewys wedi'u torchi, a choler agored dros wasgod o frethyn trwchus.

'Anita ydw i. Mi glywais i gan y wraig dwi'n aros efo hi eich bod chi'n chwilio am rywun i weithio tu ôl i'r bar ... a bod llety yn mynd efo'r job.'

'O, ia. Mi ddeudodd Claire y dylwn i ddisgwyl rhywun, yn ddigon siŵr. Oes gen ti brofiad?'

'Yn gweini, oes, ond dim llawer o brofiad o dynnu peintiau. Ond dwi'n awyddus i ddysgu.' Doedd ganddi hi ddim profiad o fod y tu ôl i unrhyw far mewn gwirionedd, ond ceisiodd swnio mor hyderus ag y gallai, gan edrych yn ddiffuant i lygaid y dyn. 'Faint o gyflog 'dach chi'n ei dalu?'

'Deg punt ar hugain yr wythnos, ond mae hynny'n cynnwys ystafell wely a dy fwyd yn y fargen.'

'Ga i weld yr ystafell?'

'Dilyna fi.'

Wedi dringo grisiau tywyll i'r ail lawr, arweiniwyd Anita i ystafell eitha helaeth oedd â soffa a basn ymolchi mewn un cornel a gwely dwbl yr ochr arall. Roedd y ffenestr fawr yn gadael faint fynnir o olau i mewn, er mai golygfa o doeon tai eraill a welai. Roedd hwn yn ddechrau newydd iddi – roedd yn rhaid iddi ddechrau yn rhywle, doedd?

'Mae hyn yn dderbyniol,' meddai Anita.

'Reit, mi gei di dreial am bythefnos ac mi wna i benderfyniad wedi hynny gei di joban barhaol ai peidio. Mi fydda i'n disgwyl i ti weithio drwy'r dydd, bob dydd heblaw dydd Sul. Brendan ydi fy enw fi a Mary ydi enw fy ngwraig i. Mi gei di ddefnyddio'r bath yn y stafell molchi ar y llawr cyntaf.'

'Iawn, Brendan,' atebodd gan estyn ei llaw ato gyda gwên. 'Faint o'r gloch ydach chi'n agor?'

'Hanner awr wedi un ar ddeg,' atebodd Brendan, gan ysgwyd ei llaw.

'Iawn. Mae 'na dipyn o waith clirio i'w wneud i lawr yn y bar, yn does? Mi ro' i help llaw i chi rŵan, ac mi a' i i nôl fy mhethau o le Claire yn nes ymlaen. Dewch.'

Ni allai Brendan beidio â gwenu wrth ei dilyn hi i lawr y grisiau. Torchodd Anita ei llewys ac ymhen dim, roedd y bar wedi'i glirio a'r llawr wedi'i lanhau, yn barod am gwsmeriaid y bore – a hynny cyn i Mary, gwraig y tŷ, godi o'i gwely.

Ar ôl iddi gael ei chyflwyno i Anita dechreuodd Mary roi tasgau i'r ferch ifanc, ac erbyn i'r dafarn ailagor am hanner awr wedi pump y diwrnod hwnnw roedd y ddwy yn dallt ei gilydd i'r dim. Cawsai Anita gyfle hefyd i gasglu ei heiddo o'r llety gwely a brecwast a'u dadbacio yn ei chartref newydd.

Am chwarter i chwech y noson honno, gwaeddodd Brendan arni o'r bar. 'Ty'd yn dy flaen, Anita. Ma' hi'n dechra llenwi yma'n barod.'

Cafodd Brendan a Mary, a holl gwsmeriaid y dafarn, andros o sioc pan ymddangosodd Anita o'r cefn. Gwisgai sgert ddu dynn a blows las golau oedd â digon o'i botymau'n agored i ddatgelu rhigol ei bronnau llawn. Roedd ei gwallt tywyll cyrliog wedi'i steilio'n llac dros ei hysgwyddau, a'i cholur yn berffaith. Gwenodd, gan geisio dal llygaid pob un o'r dwsin o ddynion oedd wedi dod i'r dafarn ar ôl eu gwaith. O leiaf roedd hi wedi dysgu rhywbeth gan ei mam. Aeth yr ystafell yn ddistaw am sawl eiliad hir.

Yn ystod wythnos gyntaf Anita yn y Shamrock, gwelodd Brendan nifer ei gwsmeriaid yn cynyddu. Roedd y til yn llenwi mwy nag arfer, yn sicr. Roedd ei phrydferthwch a'i chymeriad hwyliog yn atyniad i'r dynion, a rhai o'r merched hefyd, ond yr hyn a blesiai Brendan fwy na dim oedd y ffaith fod y ferch ifanc wedi dysgu enwau'r selogion mor sydyn.

Yna, ar ei nos Sadwrn gyntaf yno, daeth dyn tal, smart, nad oedd Anita wedi'i weld yno o'r blaen, i mewn i'r dafarn a cherddde yn araf trwy weddill y dorf. Dilynwyd ef gan dri o ddynion eraill. Symudodd gweddill y cwsmeriaid allan o'i ffordd wrth ei gyfarch ac ysgwyd ei law. Roedd hyd yn oed y rhai na wnaeth ei gyfarch yn amlwg yn gwybod pwy oedd o, a phawb yn y bar yn ymwybodol o'i bresenoldeb. Tybiodd Anita ei fod yn ei ugeiniau hwyr ac roedd wedi'i wisgo'n smart mewn siwt dywyll dri darn, ei wallt du yn cyrlio dros ei goler. Roedd yn amlwg iddi fod y dyn golygus hwn yn rhywun o bwys yn y gymuned. Ni thynnodd ei lygaid oddi ar Anita wrth iddo nesáu at y bar.

Cliriodd Brendan y bar o'i flaen. 'Be gymerwch chi a'ch cyfeillion, Mr Murtagh? Rwbath liciwch chi. Am ddim, wrth gwrs.'

'Dim byd gen ti heno, diolch, Brendan,' atebodd y dyn mewn llais tawel oedd ag acen leol. 'Ond petai'r eneth brydferth yma'n fy syrfio i ...'

Camodd Brendan yn ôl i wneud lle i Anita, gan roi ei law dde ar ei chefn i roi hwb ymlaen iddi.

'Be gymerwch chi a'ch cyfeillion, Mr Murtagh?' gofynnodd Anita'n gyfeillgar.

'Francis Murtagh ydw i,' meddai, 'ond Frank i fy ffrindiau.'

'Be gymerwch chi a'ch ffrindiau, Frank? Mae'r rownd am ddim, yn ôl pob golwg.' Gwenodd ac edrych yn syth i ddyfnderoedd ei lygaid.

O fewn dyddiau i gyrraedd Edgbaston, roedd Anita wedi sefydlu ei hun yn ei chymuned newydd ac yn dechrau mwynhau ei hannibyniaeth am y tro cyntaf yn ei bywyd. Oedd yr haul am ddechrau tywynnu arni o'r diwedd?

Pennod 7

Dirywiodd cyflwr Morgan Powell yn gyflym. Datguddiodd sgan fod y gwaedu yn ei ymennydd wedi gwaethygu ac y byddai'n rhaid iddo gael llawdriniaeth. Penderfynwyd ei symud ar unwaith i Ysbyty Stoke er mwyn ei drin dan arolygiaeth llawfeddyg oedd yn arbenigo yn y maes hwnnw. Dilynodd Tegid yr ambiwlans o Fangor i ganolbarth Lloegr, a'i fam bryderus yn eistedd wrth ei ochr yn y car. Roedd Enid yn dawel ddiolchgar fod ei mab yn ddigon sobr i wneud y siwrnai.

Yn ddiweddarach y diwrnod hwnnw, aethpwyd â Morgan i'r theatr, lle bu i'r tîm meddygol wneud pob ymdrech i achub ei fywyd.

Dair awr yn ddiweddarach, daeth y llawfeddyg i weld Enid a Tegid. Roedd yn dal i wisgo'i sgrybs theatr, a gafaelai yn ei gap a'i fwgwd. Eisteddodd i lawr wrth eu hochrau.

'Mae'n ddrwg gen i,' meddai. 'Mi wnaethom ni'n gorau, ond mi oedd y niwed i'w ymennydd yn ddifrifol. Doedd dim mwy allen ni fod wedi'i wneud, coeliwch fi. Bu Mr Powell farw ychydig funudau yn ôl. Mae'n wir ddrwg gen i.'

Yn ei dagrau, trodd Enid yn grynedig i freichiau Tegid. Doedd unlle arall iddi droi. Gafaelodd Tegid yn ei fam yn dynn, am y tro cyntaf ers blynyddoedd.

Roedd y daith yn ôl i Lan Morfa yn un hir. Ni siaradodd yr un o'r ddau nes cyrraedd Adwy'r Nant. Sylweddolodd y fam a'r mab fod y gwagle rhyngddynt yn enfawr, ac nad eu profedigaeth yn unig oedd yn gyfrifol am hynny.

Y diwrnod canlynol aeth Jeff Evans i gydymdeimlo ag Enid. Roedd codwm Morgan yn fater i'r heddlu bellach, gan fod pob marwolaeth sydyn, yn enwedig un a oedd yn dilyn damwain, yn cael ei chyfeirio at y crwner, a dyletswydd yr heddlu oedd ymchwilio i'r achos ar ei ran. Nid cyfrifoldeb Jeff oedd hynny – mater i'r plismyn mewn iwnifform oedd o – ymweliad personol oedd hwn heddiw.

'Sut ydach chi, Mrs Powell?' gofynnodd iddi pan agorodd y drws, er y gwyddai ei fod yn gwestiwn hurt.

'Dewch i mewn, plis, Sarjant Evans. Ar fy mhen fy hun ydw i. Gymerwch chi banad?'

'Wel, gwnaf, os ydi hynny'n gyfleus. Dwi ddim isio tarfu ...'

'Rhaid i mi drio dal i fynd, yn does? Pa ddewis arall sydd gen i?'

'Lle mae Tegid?' gofynnodd Jeff.

'Wedi mynd i ddechrau gwneud y trefniadau, medda fo.' Cerddodd Enid i gyfeiriad y gegin. 'Llefrith a siwgr?' gofynnodd dros ei hysgwydd. 'Steddwch. Ddo' i â hi trwodd mewn munud.'

Daeth Mrs Powell â'r lluniaeth i'r lolfa. 'Dwi'n ffeindio hyn yn anodd iawn, wyddoch chi, Sarj– ... o, mi ddeudoch chi wrtha i am eich galw chi'n Jeff, do?'

'Siŵr iawn.' Gwenodd Jeff arni.

'Dim ond os wnewch chitha 'ngalw fi'n Enid.' Oedodd. 'Dwi'n teimlo'r angen i siarad efo rhywun, w'chi. Does gen i fawr o ffrindiau i droi atyn nhw – Morgan a'r fferm oedd fy mywyd i ar hyd yr adeg.'

'Mi fedra i ddychmygu pa mor anodd ydi hi i chi, Enid, fel rhywun sydd wedi colli cymar.'

'Wrth gwrs – mi golloch chi'ch gwraig gynta, yn do, y beth fach. O leia mi gafodd Morgan a finna fywyd hir a bodlon efo'n gilydd. Mi oeddan ni'n trafod weithiau, 'chi – pa un ohonon ni fysa'n mynd gynta a sut y bysa'r llall yn ymdopi. Ond wnes i 'rioed ddychmygu mai fel hyn fysa hi, mor sydyn.'

Wnaeth Jeff ddim ymateb.

'Mi fuon ni'n hapus iawn dros y blynyddoedd,' meddai, ar ôl cymryd llymaid o'i the. 'Teimlo ydw i na chafodd Morgan fynd i'w fedd yn dawel ei feddwl wedi'r cwbwl wnaeth o'i gyflawni ar hyd ei fywyd, a hynny mor llwyddiannus hefyd. A sut aflwydd ddigwyddodd y fath ddamwain? Dda gen i ddim meddwl am y peth, Jeff, ond fedra i ddim meddwl am ddim arall ar hyn o bryd.'

'Pam fod y pydew wedi'i adael yn agored – hynny 'dach chi'n feddwl?'

'Ia,' atebodd. 'A bod y golau ddim yn gweithio yno hefyd.'

'Oes rhywun yn gwybod pryd tynnwyd y bylb golau, 'sgwn i ?'

'Meic, y gwas, fysa'n gwybod hynny, am wn i.'

Penderfynodd Jeff sicrhau fod swyddog y crwner yn gofyn y cwestiwn hwnnw i'r gwas yn ystod ei ymholiad. Wrth weld bod llygaid Enid yn llenwi, symudodd yn nes ati a rhoi ei law ar ei hysgwydd heb ddweud gair.

'Does gen i neb rŵan nag oes, dim ond Tegid, a fedra i ddim dibynnu arno fo fel ro'n i'n medru dibynnu ar Morgan.'

'Mi ddeudoch chi yn y car ar y ffordd adra o Fangor

echdoe fod Tegid a Morgan yn anghytuno ynglŷn â rhai agweddau o fusnes Adwy'r Nant. Ga i ofyn be yn union oeddach chi'n cyfeirio ato?'

'Doedd Morgan ddim yn lecio'r ffordd roedd Tegid yn stwffio'i drwyn i mewn i'r busnes. Mae o'n meddwl ei fod o'n ddyn busnes gwych, 'chi, ond doedd o ddim hanner cystal â'i dad. Ac mae ganddo fo gymaint o syniadau i wneud hyn a'r llall efo'r busnes – does 'na neb all roi stop arno fo bellach.'

'A dyna oedd y prif reswm am y dadlau rhyngddyn nhw, ia? Oes 'na le i feddwl mai trio helpu'i dad oedd Tegid wrth ei weld yn gwanhau – gwneud yr hyn fysa unrhyw fab gwerth ei halen yn ei wneud?'

'Wn i ddim wir. Roedd iechyd Morgan wedi dirywio yn ystod y blynyddoedd dwytha, mae hynny'n ddigon gwir, ac mae'n siŵr gen i fod 'na ddadlau o fewn pob busnes, 'does? Pawb yn meddwl mai ei ffordd o ydi'r gorau. Ond mi ddaeth petha i benllanw tua phythefnos neu dair wythnos yn ôl pan gymerodd Tegid fwy o gyfrifoldebau oddi ar Gwyneth, a doedd Morgan yn licio dim ar hynny. Doedd 'na ddim diben gwneud y fath beth, medda fo, a hitha yn un mor dda.'

'Gwyneth?'

'Ia, hi sy'n gweithio yn y swyddfa. Ma' hi wedi bod efo ni ers blynyddoedd, ac mi ddaeth yn llawn amser ar ôl i Morgan gael y pwl 'na efo'i galon. Un dda ydi hi hefyd, mae bob dim fel pin mewn papur ganddi hi bob amser. Roedd Morgan yn meddwl y byd ohoni, ac yn teimlo'n ddrwg fod Tegid wedi cymryd rhai o'i chyfrifoldebau oddi arni hi. Doedd o ddim hyd yn oed yn gadael iddi weld gwaith papur roedd hi wedi bod yn gyfrifol amdano fo ers blynyddoedd.'

'Pam hynny, tybed?'

'Wn i ddim wir, Jeff. Wn i ddim oedd Morgan yn gwbod y cwbl chwaith. Tegid, am wn i, ydi'r unig un all ateb y cwestiwn hwnnw i chi.'

Meddyliodd Jeff faint o bwys ddylai o ei roi ar yr wybodaeth hon. Efallai y dylai gael sgwrs â phwy bynnag oedd wedi'i benodi i fod yn swyddog y crwner, neu arolygu'r ymchwiliad ei hun. A ddylai fynd i weld Gwyneth? Na, meddyliodd, roedd o'n gwneud môr a mynydd o rywbeth oedd yn ddim mwy na damwain anffodus.

'Biti garw na fyswn i wedi medru cyfathrebu'n well efo Morgan cyn iddo farw,' myfyriodd Enid.

'Ynglŷn â'i berthynas efo Tegid?'

'Wel, ia, ond yn bwysicach na hynny, ei holi am yr hyn ddigwyddodd yn y sied, pan oedd o yn yr ysbyty ym Mangor. Doedd o ddim yn gwneud llawer o synnwyr bryd hynny – yr anaf gafodd o i'w ben oedd yn gyfrifol am hynny, am wn i.'

'Dwi ddim yn siŵr 'mod i'n eich dilyn chi, Enid.'

'Mi oedd o'n sôn am rywun arall.'

'Rhywun arall?'

'Wn i ddim pwy, Jeff, ond roedd rhywun arall yno, medda fo.'

'Yn lle?'

'Does gen i ddim syniad. Roedd hi mor anodd ei ddeall o, a'i lais o mor wan. Ond mi oedd o'n deud yr un peth drosodd a throsodd, dro ar ôl tro. Bod 'na rywun arall yno.'

Pennod 8

Yn fuan wedi iddynt gyfarfod yn 1984, dechreuodd Frank Murtagh gymryd mwy a mwy o ddiddordeb yn y ferch newydd oedd y tu ôl i far y Shamrock. Doedd o ddim yn un i wastraffu amser os oedd o eisiau rhywbeth. Dyna oedd ei natur.

'Dwi'n gweld bod Frank Murtagh yn cymryd dipyn o sylw ohonat ti, Anita,' meddai Brendan wrthi un gyda'r nos wedi i'r bar lenwi.

Gwenodd Anita. 'Mi fydd o yma cyn hir, ac mae o wedi gofyn i mi fynd allan efo fo ar ôl i ni gau heno.'

'Ac mi wyt titha wedi cytuno, mae'n siŵr.' Gwenodd Anita eto. 'Dyna o'n i'n feddwl. Does neb yn gwrthod Frank Murtagh,' atebodd Brendan. 'Ond bydda'n ofalus. Dyna'r cwbwl ddeuda i. Bydd yn ofalus.'

Cymylodd wyneb Anita. 'Dwi ddim yn dallt. Mae o'n ymddwyn fel gŵr bonheddig bob amser. Byth yn rhegi, yn wahanol i amryw o'r cwsmeriaid eraill.'

'Dwi wedi deud, a wna i ddim deud eto, Anita. Mae o i fyny i ti be wnei di efo'r cyngor.'

Doedd Anita ddim yn siŵr ei bod hi'n deall, er ei bod hi'n amau mai am ryw roedd Brendan yn sôn.

Ar hynny, cerddodd Frank i mewn drwy'r drws yr un mor hyderus ag arfer. Roedd y ddau ddyn arall gam y tu ôl iddo, un bob ochr, a chyfarchodd Frank y cwsmeriaid eraill yn ôl ei arfer.

'Noswaith dda, Anita,' meddai pan gyrhaeddodd y bar. 'Wyt ti'n barod?'

'Ond Frank, ti'n rhy gynnar,' mynnodd. 'Fydda i ddim wedi gorffen yn fama tan un ar ddeg.'

'O, dwi'n siŵr y gall Brendan wneud hebddat ti am awr neu ddwy,' gwenodd Frank. 'Dwi'n iawn, Brendan?' gofynnodd, gan godi ei lais a throi i gyfeiriad y tafarnwr.

'Medraf, tad, Mr Murtagh. Popeth yn iawn, Anita,' cadarnhaodd Brendan.

Doedd neb yn gwrthod Frank Murtagh.

'Well i mi fynd i newid felly,' meddai Anita.

'Mae'r hyn ti'n wisgo rŵan i'r dim ar gyfer be dwi wedi'i drefnu ar ein cyfer ni heno,' mynnodd Frank.

Cydiodd Anita ym mraich gref Frank, a hebryngwyd hi i'r stryd lle'r oedd Jaguar XJS du yn aros amdanynt. Sylwodd Anita ar y rhif cofrestru, FM 100, wrth i ddyn ddod allan o sedd y gyrrwr i agor y drws cefn iddynt. Helpodd Frank hi i eistedd cyn mynd o amgylch y car i eistedd wrth ei hochr. Aeth y ddau ddyn arall i mewn i Ford Granada a oedd wedi'i barcio tu ôl i'r Jaguar, ac i ffwrdd â nhw, y Jag yn arwain a'r Granada yn dilyn.

'Lle 'dan ni'n mynd?' gofynnodd Anita.

'Mi gei di weld cyn bo hir,' atebodd Frank. 'Am ddiod bach, pryd neis o fwyd a dipyn o hwyl.'

Gafaelodd Frank yn ei harddwrn yn dyner a rhoi ei llaw i orffwys ar ei ben-glin. Ddaru hi ddim gwrthwynebu. Doedd neb yn gwrthod Frank.

Dim ond tair wythnos oedd wedi mynd heibio ers iddi gyrraedd y ddinas, a dyma hi, meddyliodd, yn eistedd mewn car moethus, yng nghwmni dyn golygus ac ar y ffordd i gael ei sbwylio am y tro cyntaf yn ei bywyd.

Stopiodd y Jaguar o flaen clwb o'r enw The Falconer a cherddodd Frank ac Anita i mewn, fraich ym mraich. Ar unwaith, daeth dynion wedi'u gwisgo mewn siwtiau tuxedo i'w cyfarch yn wresog. Sylwodd Anita fod pawb yn galw Frank yn 'Mr Murtagh', ac yntau'n eu cyfarch yn ôl wrth eu henwau cyntaf. Dyna oedd y drefn mewn dinasoedd mae'n siŵr, tybiodd. Lledodd ei gwên pan welodd fod potel o Champagne oer yn aros amdanynt.

Eu bwrdd hwy oedd yr agosaf at lwyfan gwag lle safai un meicroffon yn y gwyll. Tywalltodd weinydd Champagne i ddau wydr a gadael bwydlen bob un iddynt.

'Gobeithio dy fod ti'n hoffi Champagne, Anita,' meddai Frank.

'Wrth gwrs,' atebodd hithau, heb fath o syniad sut roedd y ddiod yn blasu. Cymerodd gegaid fach a gwirioni wrth deimlo'r swigod yn cosi'i thafod.

Sylwodd Anita fod cyfeillion Frank, y ddau a'u dilynodd yn y Granada, yn sefyll wrth y bar ugain llath i ffwrdd yng nghwmni gyrrwr y Jaguar.

'Fyddan nhw'n dy ddilyn di i bob man, Frank?' gofynnodd yn ddiniwed.

'Ddim i *bob* man,' cadarnhaodd Frank gan wenu'n awgrymog. 'Ond paid â gadael iddyn nhw dy boeni di. Anghofia eu bod nhw yma.'

Gwenodd hithau'n ôl arno heb wir ddeall.

Edrychodd Frank i lawr ar y fwydlen a chodi'i ben drachefn heb ei darllen. 'Mi fedra i argymell y cimwch,' meddai. 'Mae'n cyrraedd yma'n ffres bob dydd o rywle, ond paid â gofyn i mi o ble.'

Dyma beth arall oedd yn hollol newydd i Anita. 'Mi gymera i beth bynnag wyt ti'n 'i gael,' meddai. Wrth i'r

Champagne gynhesu ei gwddf, penderfynodd holi ychydig ar Frank amdano'i hun – roedd rhybudd Brendan wedi codi'i chwilfrydedd.

'Mi wyt ti i weld yn ddyn poblogaidd, Frank, ac yn nabod pawb.'

'Ydw, dwi wedi dod i nabod llawer o bobl yn y ddinas 'ma, mae hynny'n wir.'

'Sut fath o waith wyt ti'n ei wneud? Mae beth bynnag ydi o i weld yn llwyddiannus iawn.'

'Dyn busnes ydw i, Anita. Dwi'n rhan o nifer fawr o fusnesau – er enghraifft, dwi'n berchen ar ran o'r clwb yma, a rhan o'r Shamrock hefyd, fel ma' hi'n digwydd bod, ymysg nifer o fusnesau eraill ar hyd a lled y ddinas.'

'Wn i ddim ddylwn i ofyn hyn,' meddai Anita, ei llais yn datgelu mwy na thipyn o bryder, 'ond pam mae'r dynion 'na efo chdi bob amser?'

'Na, ddylet ti ddim gofyn, Anita, ond mi wna i egluro rhywfaint i ti, gan 'mod i'n sicr ein bod ni'n mynd i fod yn gweld llawer mwy o'n gilydd o hyn ymlaen. Dwi am fod mor agored ag y medra i efo ti, ti'n dallt?'

Nodiodd Anita ei phen, yn hanner difaru ei bod hi wedi gofyn y cwestiwn.

Aeth Frank yn ei flaen. 'Yn ystod fy ngyrfa fel dyn busnes yn y ddinas 'ma, dwi wedi gwneud llawer o ffrindiau. Ond, fel sy'n digwydd bob hyn a hyn, dwi wedi gorfod croesi ambell un hefyd, ac mae'n hawdd gwneud gelynion mewn dinas fel hon. Ond,' meddai, gan estyn ei ddwylo ar draws y bwrdd a gafael yn ei dwylo hi, 'tydi hynny ddim yn rwbath ddylai dy boeni di. Mi fedra i edrych ar ôl fy hun, ac edrych ar d'ôl dithau hefyd. Yswiriant ychwanegol ydi'r hogia 'ma. Ty'd, gad i ni archebu bwyd.'

Ymhen chwarter awr roedd y ddau yn gwledda ar gimwch ac yn yfed digon o Champagne i wneud i ben Anita droi. Cyn iddo ofyn, dewisodd Anita ddweud rhywfaint o'i hanes hithau – dim ond rhywfaint, a dewisodd ymestyn ychydig ar y gwir. Soniodd fod ei bywyd diweddar wedi'i dreulio gyda theulu maeth ar ôl i'w rhieni gael eu lladd mewn damwain car, a'i bod wedi dod i Birmingham i chwilio am fywyd newydd.

'Mi wnest ti benderfyniad call yn dod yma, Anita. A dwi'n falch dy fod ti wedi gwneud y dewis hwnnw. Mi edrycha i ar dy ôl di.' Gwenodd arni, a dechreuodd Anita ymlacio yn ei gwmni.

Cyn iddynt orffen eu pryd, goleuwyd y llwyfan a daeth comedïwr ymlaen. Clywodd Anita'r jôcs doniolaf iddi eu clywed erioed – ac iaith fwy lliwgar nac a glywsai yn ei bywyd hefyd. Wrth iddi chwerthin yn uchel, gwelodd fod Frank yn gwerthfawrogi ei mwynhad.

Ar ôl iddynt adael y clwb, yn sedd ôl y Jaguar, rhoddodd Frank ei fraich gref o'i hamgylch a phwysodd hithau yn fodlon i'w gesail. Cyn hir, stopiodd y car tu allan i floc o fflatiau uchel. Roedd hi'n tynnu am ddau o'r gloch y bore erbyn hyn, a doedd gan Anita ddim syniad lle'r oedd hi. Esboniodd Frank mai yno roedd o'n byw, a'i fod yn awyddus i ddangos ei fflat iddi. Roedd gan Anita syniad go dda beth fyddai'n digwydd petai'n derbyn ei wahoddiad, ond cofiodd hefyd nad oedd neb yn gwrthod Frank Murtagh. Doedd gwrthod ddim ar ei meddwl, a gwnaeth sioe o afael yn ei fraich i gadarnhau ei bodlonrwydd.

Aethant i fyny yn y lifft, ac agorodd Frank ddrws ei fflat a oedd yn gorchuddio llawr uchaf yr adeilad i gyd. Roedd nifer o ystafelloedd, i gyd wedi'u dodrefnu'n foethus, ac arweiniodd hi drwy'r cyfan, gan orffen yn ei ystafell wely.

'Mae gen i rywbeth i'w ddangos i ti,' meddai Frank. Aeth â hi at y ffenestr fawr ac agor y cyrten. Yna, diffoddodd y golau. Safodd Anita yn syfrdan wrth edrych ar yr olygfa drawiadol o'i blaen. Yn nüwch y nos roedd cannoedd o oleuadau bychain i'w gweld o un pen y ddinas i'r llall, fel petai'r sêr wedi disgyn i'r ddaear. Safodd Frank y tu ôl iddi a gafael yn dyner am ei hysgwyddau. Teimlodd Anita gynhesrwydd ei gorff yn erbyn ei chefn.

'Wnes i erioed ddychmygu'r fath harddwch mewn dinas,' meddai Anita.

'Mi fydda i'n gorwedd yn fy ngwely yn aml,' atebodd Frank, 'yn gwneud dim ond syllu ar y prydferthwch am oriau.'

'Mae 'na rywbeth reit ramantus yn dy gylch di, Frank, yn does?'

'Siŵr iawn.'

Trodd Anita rownd yn y tywyllwch i'w wynebu. Dim ond amlinell ei wyneb a welai ond teimlai ei gynhesrwydd fwy nag erioed. Agorodd ei gwefusau a theimlodd ei rai yntau'n disgyn yn boeth ac yn llaith arnynt, a'i freichiau'n anwesu ei chorff yn dyner. Symudodd y ddau tuag at y gwely a disgyn arno. Dechreuodd ei ddwylo mawr chwilio ymhellach, a gadawodd Anita i'w fysedd grwydro am sbel, cyn i'w chorff rewi.

'Be sy'n bod?' gofynnodd Frank.

Yn ddiarwybod iddo, roedd delweddau anghynnes wedi fflachio drwy feddwl Anita. Roedd hi'n hollol ddibrofiad cyn belled ag yr oedd rhyw yn y cwestiwn – heblaw, wrth gwrs, am y gamdriniaeth y bu'n rhaid iddi ei ddioddef, a dyna ysgogodd ei hymateb corfforol. Ceisiodd chwalu'r atgofion, ond roedd ambell beth yn dal i loetran yn ei hisymwybod ... roedd ei phrofiad atgas wedi dysgu iddi beth roedd dynion yn ei hoffi, a sut roedden nhw'n hoffi cael eu cyffwrdd. Manteisiodd ar hynny er mwyn rhoi pleser i Frank Murtagh.

'Dim byd,' oedd ei hateb i gwestiwn Frank, a gadawodd i'w bysedd redeg a gwasgu, rhedeg a gwasgu, rhedeg a gwasgu ar hyd pob rhan o'i gorff noeth tra oedd yntau'n darganfod pob rhan o'i chorff hithau.

Yn ddiweddarach, gorweddai'r ddau yn chwyslyd ac yn fyr eu hanadl. Drwy'r ffenestr, syllodd Anita ar oleuadau'r nos yn fflachio yn y pellter, yn adleisio'r wefr newydd yr oedd hi newydd ei phrofi.

Cyn pen yr wythnos roedd Anita wedi gadael ei swydd a'i hystafell fechan yn y Shamrock ac wedi symud i mewn i fflat Frank, lle'r oedd y sêr yn tywynnu ar noson glir a'r haul yn llewyrchu arni, beth bynnag oedd y tywydd.

Yn y dyddiau a'r wythnosau canlynol, trawsnewidiwyd bywyd Anita yn llwyr. Roedd ei realiti newydd yn well nag unrhyw un o'r breuddwydion roedd hi wedi dianc iddynt yn yr Wyddgrug. Gwariodd Frank arian mawr arni – bellach, roedd ganddi lond wardrob o ddillad smart, ffasiynol a phob math o emwaith, llawn cymaint â'r Frenhines, dychmygodd.

Pennod 9

Roedd bywyd newydd Anita Hughes yn Birmingham yn braf. Nid oedd angen iddi weithio gan ei bod yn cael popeth roedd hi'n ei ddymuno gan Frank. Dechreuodd gael blas ar ei bywyd rhywiol newydd – dechreuodd Frank ei galw hi'n 'Bwni' ar ôl yr hysbysebion am fatris gyda'r gwningen oedd yn dal i redeg yn hwy na phob un arall, ac roedd hi'n ymfalchïo yn y llysenw. Teimlai Anita fod y ddau yn mwynhau cwmni ei gilydd yn ogystal â chyrff ei gilydd – doedd ganddi ddim profiad blaenorol o wir gariad, er ei bod hi wedi clywed y gair yn cael ei ddefnyddio, ond roedd hi'n amau ei bod yn dechrau deall sut deimlad oedd o.

Er ei bod wrth ei bodd â'i bywyd breintiedig, dechreuodd Anita sylwi ar fân bethau oedd yn ymddangos yn anghyffredin. Doedd oriau gwaith Frank ddim yn cyd-fynd â bywyd dyn busnes arferol – doedd o'n sicr ddim yn gweithio o naw tan bump. Weithiau byddai allan o'r fflat o fore gwyn tan berfeddion nos; dro arall byddai adref am ddyddiau. Deuai â rhyw fath o waith adref efo fo weithiau, ac ar yr achlysuron hynny byddai hanner dwsin o ddynion eraill yn dod i'r fflat am yr hyn y byddai Frank yn ei alw'n 'gyfarfod busnes', a hynny'n cymryd awr neu ddwy. Ond welodd hi ddim tamaid o bapur yn unlle – sut gyfarfodydd busnes oedden nhw heb rywfaint o waith papur? Roedd y dynion a ddeuai i'r fflat â golwg arw arnynt, rhai tua'r un oed â Frank ac eraill yn hŷn, a phob un yn ffit a chyhyrog yr olwg. Ni fyddai Frank yn ei chyflwyno i'r dynion hyn, a byddai'r cyfarfodydd bob amser yn cymryd lle tu ôl i ddrws caeedig. Ei dyletswydd hi ar yr achlysuron hynny oedd sicrhau fod digon o wisgi a chwrw ar gael, yna diflannu – nid yn unig allan o'r ystafell ond allan o'r fflat hefyd. Doedd ganddi hi ddim gwrthwynebiad, gan ei fod yn rhoi swp go helaeth o arian parod iddi i'w wario bob tro yr âi allan o'u ffordd.

Sylwodd Anita hefyd fod Frank ar binnau ambell ddiwrnod, yn enwedig ar ôl ei gyfarfodydd busnes maith, fel petai'n llawn adrenalin. Byddai'n gwneud a derbyn galwadau ffôn drwy'r dydd, a dysgodd mai'r peth gorau oedd gadael llonydd iddo. Yn aml, byddai'n diflannu drwy'r dydd ar ôl ymddwyn fel hyn, ond pan ddychwelai yn hwyr y nos, byddai'n ddyn hollol wahanol, yn dawel ei natur, ac ar ei orau. Pwysau busnes, dychmygodd Anita. Penderfynodd beidio cwestiynu ei ymddygiad, na holi ynglŷn â'i fusnes. Roedd well ganddi ei gadw'n hapus fel y gallai, a derbyn yr anrhegion amrywiol yn ddiolchgar.

Ar ddiwrnod ei phen blwydd yn bedair ar bymtheg, aeth Frank allan o'r fflat heb ddweud gair, gan adael Anita'n ddigalon. Ond ymhen yr awr canodd y ffôn, a phan atebodd Anita'r alwad, synnodd o glywed llais Frank yn siarad o giosg cyfagos. Gofynnodd iddi ddod allan i ddrws ffrynt yr adeilad, ac yn ddryslyd, ufuddhaodd. Y tu allan, gwelodd Frank yn cerdded tuag ati ag amlen fechan yn ei law.

'Pen blwydd hapus,' meddai, a rhoi'r amlen iddi.

Agorodd Anita hi a gweld bod ynddi drwydded yrru dros dro yn ei henw hi.

'Ro'n i'n meddwl ei bod hi'n hen bryd i ti ddysgu gyrru car,' meddai Frank.

'Pwy sydd am fy nysgu fi?'

'Wel fi, siŵr iawn,' atebodd Frank, 'ond bydd yn rhaid i ti gael y rhain.' Tynnodd amlen arall allan o'i boced a rhoi honno hefyd yn ei llaw.

Agorodd Anita'r ail amlen: roedd yn cynnwys allwedd car, a 'Ford' wedi'i sgwennu ar y label. Gafaelodd Frank yn ei hysgwyddau a'i throi i wynebu'r stryd – roedd Ford Capri coch newydd sbon wedi'i barcio yno, a hwnnw'n sgleinio'n ddisglair yn yr haul. Roedd yr olwg ar wyneb Anita yn bictiwr. Neidiodd i fyny ac i lawr fel plentyn, nes y bu'n rhaid i Frank ei thawelu.

'Gwranda, Anita,' meddai, 'mi fydd rhaid i ti fod yn ddiawledig o ofalus efo'r car 'ma. Nid unrhyw gar ydi o – Capri Injection 3 litr efo injan V6 ydi o, car hynod o bwerus a chyflym. Dyna pam rydw i wedi'i gofrestru o yn fy enw i, a bydd yr yswiriant yn fy enw innau hefyd, ond ym mhob ystyr arall, chdi bia fo.'

Dysgodd Anita sut i yrru'r car mewn amser byr iawn – tybiai Frank ei bod wedi cael ei geni i eistedd tu ôl i'r llyw. Treuliodd ddyddiau lawer yn ystod y ddau fis nesaf yn dysgu dan oruchwyliaeth Frank, yn gyrru o amgylch canolbarth Lloegr, drwy drefi ac allan yn y wlad. Wedi iddo ddysgu'r sgil sylfaenol iddi, ychydig iawn oedd yn rhaid iddo'i wneud, dim ond ei rhybuddio hi i arafu bob hyn a hyn, yn enwedig ar y lonydd gwledig culion. Synnodd sut yr oedd hi wedi gallu cadw rheolaeth ar y car wrth yrru'n gyflym, a'r modd y gallai rag-weld pob amgylchiad.

Ychydig ddyddiau cyn iddi gymryd ei phrawf, roedd Anita'n gyrru ar y lôn fawr rhwng Bridgnorth a Stourbridge, a Frank wrth ei hochr. Fel arfer roedd ei throed dde ychydig yn nes at y llawr nag y dylai fod, gan olygu ei bod yn teithio'n gyflymach o lawer nag y dylai. Wedi'i guddio mewn lôn gul wrth ochr y ffordd fawr roedd car patrôl yr heddlu.

'Anita bach, mi fyddi di wedi cael ticed cyn i ti basio dy dest! Tria dy orau i wenu yn rhywiol ar y plismon pan fydd o'n dy stopio di, gan obeithio y gwnaiff hynny y tric.'

'Damia,' atebodd hithau, gan edrych yn y drych ôl. 'Wyt ti'n meddwl ei fod o wedi gweld rhif y car?'

'Amhosib,' atebodd Frank. 'Dim o lle'r oedd o wedi parcio.'

'Dal dy wynt, 'ta!'

Newidiodd Anita i lawr i'r trydydd gêr, a phan roddodd ei throed i lawr, rhuodd injan tri litr y Capri. Trodd Frank i edrych yn ôl, a gwelodd y car patrôl yn ymuno â'r ffordd fawr er mwyn eu dilyn, ei olau glas yn amlwg yn y pellter.

'Mae o tua dau neu dri chan llath tu ôl i ni,' meddai.

Erbyn hyn roedd y Capri wedi cyrraedd wyth deg milltir yn awr ac yn dal i gyflymu. Roedd y ffordd yn eitha troellog a phrysur, ond pasiodd Anita ddau gar ar gorneli reit hegar. Fuasai Frank erioed wedi ceisio gwneud y fath beth.

'Wyt ti'n ei weld o? Deud rŵan,' gorchmynnodd Anita. 'Deud rŵan.'

'Na, mae o allan o'n golwg ni rownd y gornel ddwytha na,' atebodd Frank.

Prin oedd o wedi gorffen ateb pan sathrodd Anita ar y brêc, newid i lawr i'r ail gêr a throi i'r chwith i lawr lôn gul ac allan o'r golwg. Petai Frank wedi gorfod disgrifio'r peth, byddai wedi dweud bod Anita wedi taflu'r car rownd y gongl. Tarodd ei throed ar y sbardun eto a chyflymu rhwng y cloddiau gwledig. Ymhen tair neu bedair milltir, roedd hi'n ddigon sicr fod y car patrôl ymhell i ffwrdd ar y lôn i

Stourbridge, a daeth â'r Capri i stop ar damaid o laswellt wrth ochr y lôn. Anadlodd Frank yn drwm. Roedd ei galon yn dal i rasio yn dilyn y cyffro. Chwarddodd y ddau, a neidiodd Anita o sedd y gyrrwr er mwyn gafael yn Frank a'i gusanu'n wyllt, ac ymatebodd yntau'n awchus.

Ymhen eiliadau, roedd pen-ôl noeth Anita ar foned poeth y Capri a throwsus Frank o amgylch ei fferau, a welson nhw mo'r beiciwr yn agosáu nes yr oedd hi'n rhy hwyr. Wrth weld yr olwg o ddychryn pur ar wyneb y dyn druan, ni allai'r ddau wneud dim ond chwerthin nes oedd y dagrau'n llifo i lawr eu bochau.

'Wel, mi wyt ti'n haeddu dy lysenw heddiw, Bwni fach,' meddai Frank o'r diwedd.

'Mi fedra i gadw i fyny efo chdi unrhyw bryd,' atebodd hithau wrth i'r ddau eistedd yn grynedig yn ôl yn y car.

'Welais i neb erioed yn trin car cystal ag y gwnest ti gynna,' meddai Frank ar ôl iddo gael ei wynt ato. 'Ond well i ti beidio â gwneud dim byd fel'na yn ystod dy brawf!'

'Be ti'n feddwl?' atebodd Anita. 'Gyrru fel coblyn neu gael jymp ar y boned?'

Yn ôl y disgwyl, pasiodd Anita ei phrawf gyrru y tro cyntaf.

Ond cyn hir, daeth digwyddiad a newidiodd berthynas Anita Hughes a Frank Murtagh am byth. Yng nghegin y fflat roedd Anita pan glywodd hi Frank yn dod i mewn, a rhuthro'n syth at y ffôn i wneud un o'i alwadau busnes. Roedd Frank wedi bod allan ers oriau mân y bore ac edrychai'n debyg nad oedd o wedi sylweddoli fod Anita adref ac o fewn clyw. Nid oedd Anita'n deall pob manylyn, ond deallodd fod Frank yn flin fel cacwn am fod gwn wedi disgyn o afael rhywun, ac y gellid cysylltu'r gwn hwnnw â nifer o ddigwyddiadau treisgar. Clywodd Frank yn codi ei lais, o'i gof yn lân.

'Ti adre?' gwaeddodd Anita o'r gegin wedi iddo roi'r ffôn i lawr. Cerddodd allan i'r lolfa a chusanu ei chariad fel y byddai'n gwneud bob tro y deuai adref. Roedd yn amlwg nad oedd Frank wedi sylweddoli ei bod hi yn y fflat.

'Gwranda, cariad,' atebodd, 'rhaid i mi fynd allan eto, mae gen i ofn, ond mi fydda i'n ôl ymhen yr awr, dwi'n addo. Awn ni allan am bryd heno, reit?'

Iawn,' cytunodd hithau.

Ni allai Anita gael testun sgwrs Frank allan o'i meddwl, waeth faint y ceisiai wneud hynny. Penderfynodd droi'r teledu ymlaen er mwyn cael rhywbeth arall i ganolbwyntio arno. Roedd prif raglen newyddion cenedlaethol y dydd yn dod i ben – doedd ganddi ddim llawer o ddiddordeb yn y newyddion, ac roedd ar fin newid y sianel pan ailadroddwyd y penawdau ar ddiwedd y rhaglen. I'w syndod, clywodd adroddiad am ladrad arfog ar fan ddiogelwch oedd yn cludo arian i fanc yn Coventry y bore hwnnw. Roedd y lladron wedi dianc gyda thros gan mil o bunnau, ond wrth ffoi mewn Mercedes a oedd wedi'i ddwyn y diwrnod cynt, gollyngodd un o'r lladron wn ar y lôn. Datgelwyd hefyd fod un o staff y cwmni diogelwch wedi'i saethu yn ystod y lladrad, a'i fod yn bur wael.

Disgwyliodd Anita am y rhaglen nesaf, sef y newyddion rhanbarthol, a gwrandawodd ar yr un hanes eto. Dysgodd ble yn union yr oedd y banc, a chafodd fwy o hanes y swyddog a anafwyd wrth geisio atal y lladrad. Dywedodd y ditectif a oedd yn arwain yr ymchwiliad fod y lladrad, fwy na thebyg, yn rhan o gyfres o droseddau a gyflawnwyd gan yr un criw yng nghanolbarth Lloegr dros y blynyddoedd diwethaf. Ychwanegodd fod cael gafael ar y gwn a ollyngwyd gan y lladron yn debygol o fod o gymorth mawr i'r heddlu, a'i fod ar ei ffordd i gael ei archwilio mewn labordy fforensig.

Suddodd calon Anita a daeth cyfog drosti. Mae'n rhaid mai dyma oedd testun sgwrs Frank ar y ffôn yn gynharach, a mwy na thebyg y rheswm pam y bu iddo orfod gadael y fflat drachefn. Eisteddodd Anita yn llonydd. Ni wyddai ble i droi. Ai dyma ffynhonnell ei holl arian – yr holl arian yr oedd o'n ei wario mor afradlon arni hi? Beth fyddai ei sefyllfa hi petai Frank yn cael ei arestio a'i garcharu? Ai at hyn y cyfeiriai Brendan yn y Shamrock flwyddyn a hanner yn ôl, pan ddywedodd wrthi am fod yn wyliadwrus?

Dal i fyfyrio dros y sefyllfa yr oedd hi pan gerddodd Frank yn ôl i mewn i'r fflat. Edrychai fel petai wedi ymlacio'n llwyr erbyn hyn, a dechreuodd Anita amau ei hun. Efallai nad oedd y lladradau yn ddim i'w wneud â Frank ... ond roedd y cyfog yn dal i bwyso yng ngwaelod ei stumog.

'Lle fysat ti'n lecio mynd allan am fwyd heno?' gofynnodd Frank iddi. Oedodd Anita ddigon i Frank sylwi bod rhywbeth o'i le. 'Wyt ti'n iawn?' gofynnodd.

'Mi fysa'n well gen i beidio mynd allan heno,' atebodd o'r diwedd.

'Mae 'na rwbath o'i le, yn does.'

'Frank, ty'd i eistedd yn fama am funud bach, plis.' Ufuddhaodd Frank. Roedd Anita wedi penderfynu nad oedd ganddi ddewis ond lleisio'i hamheuon. Gafaelodd yn ei law ac edrych yn syth i'w wyneb. Gwelodd Frank ddagrau yn ei llygaid am y tro cyntaf erioed, a sylwodd ei bod yn crynu.

'Do'n i ddim yn clustfeinio, wir rŵan, Frank, ond ro'n i yn y gegin pan oeddat ti ar y ffôn gynna, ac mi glywais i ran o dy sgwrs di, pan oeddet i'n sôn am ryw wn yn cael ei golli. Wnes i ddim cymryd llawer o sylw, ddim tan i mi weld y newyddion ar y teledu heno. Paid â deud dy fod ti'n un o'r lladron, Frank, a plis paid â deud mai chdi saethodd y swyddog diogelwch 'na.'

Roedd y gath wirioneddol allan o'r cwd, sylweddolodd Frank. Ystyriodd yr amgylchiadau. Am y tro cyntaf erioed, roedd rhywun y tu allan i'w griw yn gwybod mai fo oedd yn gyfrifol am y lladradau arfog ar hyd a lled canolbarth Lloegr. Byddai'n rhaid iddo benderfynu sut i daclo'r sefyllfa, a gwneud hynny'n sydyn.

Pennod 10

Roedd gorffennol Frank Murtagh yn llawer mwy lliwgar nag y gallai Anita ei ddychmygu.

Ganwyd ef i deulu Gwyddelig yn ardal Sparkbrook o Birmingham yn 1958. Daethai ei gyndeidiau i'r ddinas o Iwerddon ganrif a mwy ynghynt i weithio ar adeiladu system gamlesi canolbarth Prydain ar ddiwedd y chwyldro diwydiannol. Er bod sawl cenhedlaeth bellach wedi'u geni yn Lloegr, nid anghofiodd y teulu eu gwreiddiau Gwyddelig. Erbyn y pumdegau roedd poblogaeth Wyddelig Birmingham yn uwch nag un unrhyw ddinas arall yn Lloegr.

Chafodd y teulu Murtagh ddim llawer o lwyddiant, yn byw fel yr oeddynt ar ffiniau byd troseddol y ddinas. Bywyd caled oedd un Frank Murtagh o'r dechrau'n deg, a'r heddlu'n cadw llygad barcud ar y cartref a'r strydoedd cyfagos.

Cafodd Frank ei ddiarddel o'r ysgol pan oedd yn bymtheg oed, a hynny am nad oedd modd cadw unrhyw fath o reolaeth arno, yn ôl yr ysgol. Ond roedd y gwir yn llawer gwaeth na hynny. Byth ers iddo ddechrau mynychu'r ysgol gynradd, cafodd ei gosbi'n rheolaidd am ymladd efo bechgyn eraill. Gan mai fo oedd y bachgen mwyaf yn ei ddosbarth – a'r mwyaf garw hefyd – Frank oedd yn ennill y brwydrau gan amlaf, a dysgodd yn gyflym mai'r buddugwr oedd yn derbyn y gosb fwyaf, waeth pwy oedd wedi dechrau'r ffrae. Aeth ei ymddygiad o ddrwg i waeth wedi iddo gyrraedd yr ysgol uwchradd mewn rhan dlawd o Sparkbrook. Dechreuodd ddod ag arfau, cyllyll ac ati, i'r ysgol, a'u defnyddio i ddwyn gan blant nad oedd ganddynt y gallu na'r ewyllys i'w wrthwynebu. Gwelodd yn fuan iawn pa mor hawdd oedd ennill arian ac eiddo, ac o dipyn i beth dechreuodd fynnu arian gan blant y tu allan i'r ysgol hefyd. Erbyn iddo gyrraedd ei bedair ar ddeg oed, roedd ei enw, heb sôn am ei bresenoldeb, yn ddigon i godi ofn ar ieuenctid yr ardal. Dechreuodd recriwtio bechgyn eraill i fynnu arian ar ei ran, gan roi canran fach iddyn nhw am eu trafferth. Dyma oedd dechrau ymerodraeth dreisiol Frank Murtagh. O dipyn i beth, darganfu nad oedd yn rhaid iddo faeddu ei ddwylo ei hun i ennill ysbail anrhydeddus.

Daeth ei amser yn yr ysgol i ben pan geisiodd un o'r athrawon roi stop ar ei ddrygioni. Gwelodd yr athro hwnnw Frank yn derbyn rhywbeth gan blentyn arall oedd wedi bod yn dwyn o siop nid nepell o giatiau'r ysgol. Roedd perchennog y siop wedi gwneud cwyn i'r prifathro, gan enwi Frank fel pen-bandit. Pan geisiodd yr athro chwilio'i ddillad a'i bocedi, rhoddodd Frank gweir dda iddo nes i'r athro ddisgyn yn swp gwaedlyd i'r llawr. Dechreuodd Frank ei gicio'n ddidrugaredd, a galwyd yr heddlu i ddelio ag ef, ond pan honnodd Frank fod yr athro wedi ceisio ymosod yn rhywiol arno, nid aeth y mater ymhellach.

O ganlyniad i ddigwyddiadau'r diwrnod hwnnw penderfynodd y prifathro ddiarddel Frank o'r ysgol – nid bod ots gan Frank un ffordd neu'r llall. Roedd y byd mawr y tu allan i giatiau'r ysgol yn disgwyl amdano.

Allan ar strydoedd Sparkbrook a Sparkhill aeth pethau o ddrwg i waeth – neu o dda i well, o safbwynt Frank.

Dysgodd yn gyflym ei fod bellach ar waelod isaf ysgol is-fyd troseddol Birmingham, a bod nifer o droseddwyr llawer iawn mwy profiadol yn barod i'w roi yn ei le petai'n mynd yn erbyn y drefn. Ond buan y cafodd ei dderbyn i wneud negeseuon bychain fel cludo cyffuriau o un lle i'r llall a'u gwerthu i ddelwyr eraill yn rhai o glybiau'r ddinas.

Daeth cyfrifoldebau eraill iddo yn annisgwyl. Canol y saithdegau oedd hi, a'r IRA wedi dechrau ar ei hymgyrch ffrwydrol ar hyd a lled Prydain. Daliwyd rhai aelodau o'r mudiad mewn porthladdoedd wrth geisio dianc yn ôl i Iwerddon yn fuan ar ôl ffrwydradau, a sylweddolodd eu penaethiaid mai camgymeriad oedd iddynt geisio gadael Lloegr yn syth ar ôl achosi cymaint o ddinistr. Gwell fyddai canfod llochesi diogel iddynt ym Mhrydain am sbel. Doedd unman gwell nag ardaloedd Gwyddelig Birmingham.

Er mai bachgen gweddol ifanc oedd Frank o hyd, roedd yn adnabod strydoedd Sparkbrook a Sparkhill cystal â neb. Heb wybod i sicrwydd o ble'r oedd y cyfarwyddiadau'n dod, cafodd ei ddewis a'i ddefnyddio i ganfod tai addas i'r bomwyr guddio, ac yna i gludo negeseuon o un man i'r llall. Wedi'r cyfan, pwy fyddai'n meddwl fod bachgen mor ifanc ynghlwm â'r fath erchyllterau? Roedd yr ymddiriedaeth a roddwyd ynddo yn arwydd bod ei safle ym myd troseddol Gwyddelig yr ardal yn codi. Bu i Frank blesio'i gyflogwyr, ond daeth tro ar fyd ar 21 Tachwedd 1974, pan osodwyd ffrwydron mewn tafarnau yn y ddinas. Trodd nifer fawr o'r boblogaeth yn erbyn y gymuned Wyddelig yn Birmingham wedi i 21 o bobl gael eu lladd a 182 eu hanafu. O ganlyniad, bu'n rhaid i Frank fod yn eithriadol o ofalus am sbel.

Fu o ddim yn ddigon gofalus, oherwydd ychydig yn ddiweddarach cafodd Frank ei ddal yn cario llwyth sylweddol o gyffuriau, ac wedi'i gael yn euog cafodd ei yrru i garchar ar gyfer troseddwyr ifanc am naw mis. Yn y fan honno dysgodd fwy nag y gwnaeth erioed yn yr ysgol, a ffurfiodd nifer o gysylltiadau defnyddiol. Dysgodd hefyd fod hysbysydd wedi achwyn i'r heddlu ei fod yn delio, a dyna pam y cafodd ei arestio. Yn ôl yr hyn a glywodd, Gwyddel a oedd yn delio i griw arall oedd wedi'i fradychu. Roedd gwybod bod cyd-wladwr wedi troi yn ei erbyn yn brifo. Addawodd iddo'i hun na fyddai neb byth eto mewn sefyllfa i hysbysu arno.

Fis wedi iddo gael ei ryddhau o'r carchar, yn gynnar un bore, daeth Frank o hyd i'r hysbysydd. Penderfynodd beidio â'i ladd – byddai hynny'n rhoi'r neges anghywir – felly torrodd dafod y Gwyddel allan o'i geg gyda chyllell finiog. Wnaeth o erioed siarad wedi hynny, a wnaeth neb arall feddwl achwyn ar Frank i'r heddlu.

Ar ôl y digwyddiad hwnnw, dringodd Frank Murtagh i fyny cadwyn yr is-fyd yn sydyn, a gwnaeth ei enw drwy drais. Roedd wedi tyfu'n ddyn cyhyrog, cryf, a doedd neb yn fodlon dadlau â fo. Cyn iddo droi yn ugain oed roedd sôn ei fod wedi lladd tri dyn – eu saethu am y nesaf peth i ddim – ac erbyn hynny doedd neb yn meiddio'i groesi. Ond yn bwysicach na hynny i Frank, roedd wedi dysgu sut i wneud cyfeillion a thrin pobl yn dda pan oedd angen. Câi groeso lle bynnag yr âi bellach, ac roedd pawb yn gwybod pwy oedd o.

Erbyn y saithdegau, Birmingham oedd y lle gorau ym Mhrydain am fwyd Indiaidd. Roedd cannoedd o dai bwyta Indiaidd traddodiadol a rhai Balti wedi agor, a rheini'n boblogaidd iawn gyda'r holl gymuned. Un noson roedd Frank yn mwynhau pryd o fwyd yng nghwmni un o'i gyfeillion benywaidd niferus pan ddechreuodd tri dyn yn eu tridegau oedd wrth fwrdd cyfagos greu helynt, gan godi eu lleisiau ac amharchu'r staff gweini. Ymddiheurodd y gweinydd i Frank am yr helynt, gan ychwanegu bod y tri yn dod yno i godi twrw'n rheolaidd, a chan fod un yn focsiwr proffesiynol doedd dim llawer y gallai wneud i'w hatal. Aeth eu hymddygiad o ddrwg i waeth pan ofynnodd y rheolwr iddyn nhw ddistewi – gafaelodd y paffiwr ynddo a'i daflu ar draws y bwrdd nes roedd llestri a bwyd ym mhobman.

Roedd Frank wedi cael hen ddigon. Cododd ar ei draed a cherdded i gyfeiriad y tri yn dawel, gan sychu ei geg â'i napcyn.

'Pam na wnewch chi adael fel mae'r gŵr bonheddig yma'n gofyn i chi?' gofynnodd mewn llais addfwyn. 'Mi welwch chi fod pawb arall yn ceisio mwynhau pryd mewn distawrwydd.' Plygodd i lawr at y rheolwr a chynnig ei fraich yn gymorth iddo godi.

Trodd y paffiwr ato. 'A be ddiawl wyt ti'n feddwl y medri di wneud am y peth?'

Cododd Frank o'i gwrcwd heb ddweud gair arall a tharo'r gŵr ar ochr ei ên â'i ddwrn. Clywodd y cwsmeriaid eraill asgwrn ei ên yn torri cyn iddo ddisgyn i'r llawr.

'Rhywun arall?' gofynnodd Frank, gan edrych ar y ddau gydymaith. Ysgydwodd y ddau eu pennau. 'Ewch â fo allan, a pheidiwch â dod yn ôl yma byth eto.'

Gwyrodd Frank dros gorff gwaedlyd y paffiwr a chwilio trwy ei bocedi nes iddo ddarganfod ei waled. Tynnodd hanner canpunt allan ohoni a chynnig yr arian i'r rheolwr.

'Fydd hynna'n ddigon i dalu am eu bwyd a'r difrod?' gofynnodd.

Nodiodd y rheolwr yn nerfus.

Lluchiodd Frank y waled yn ôl i gyfeiriad y dyn oedd ar lawr cyn i'w ddau gyfaill ei godi a'i gario drwy'r drws. Cerddodd yn ôl yn hamddenol i'w sedd ei hun i gymeradwyaeth gweddill y cwsmeriaid.

Fu dim rhaid i Frank dalu am ei bryd y noson honno. Deallodd gan y perchennog fod achosion fel hyn yn gyffredin, nid yn unig yn y tŷ bwyta hwnnw ond mewn tai bwyta Indiaidd eraill yn y ddinas hefyd. Gwnaeth Frank fargen â fo. Petai'r perchennog yn talu swm rhesymol iddo'n fisol, byddai'n sicrhau y byddai digwyddiadau o'r fath yn stopio. Ni allai fod yno bob awr o bob nos, cyfaddefodd, ond unwaith y byddai ei gwsmeriaid yn dod i ddeall fod y lle'n cael ei warchod, byddai'r gair yn lledaenu a'r miri yn peidio. Cytunodd y rheolwr ar unwaith ac addawodd Frank y byddai'n gyrru un o'i ddynion i gasglu'r arian cyn hir.

Yn ystod yr wythnosau a'r misoedd canlynol daeth Frank i'r un cytundeb â chant a hanner o reolwyr tai bwyta trwy'r ddinas – rhai Indiaidd yn bennaf. Wnaeth pob un ddim cytuno'n syth, wrth gwrs, ond petaent yn gwrthod, roedd yn rhyfedd sut y deuai rhyw anffawd i ran y bwyty hwnnw ymhen diwrnod neu ddau. Ymladd afreolus, ffenestri'n cael eu malu, staff yn cael eu brifo neu dân yn y gegin yn ystod y nos. Ymhen dim roedd Frank yn ennill digon drwy ei raced ddiogelwch i ddechrau buddsoddi mewn busnesau cyfreithlon. Wel, roedden nhw'n gyfreithlon cyn i Frank gael ei fachau arnyn nhw, beth bynnag. Daeth yn berchen neu yn rhannol berchen ar nifer o glybiau, ac wedi iddo sefydlu ei hun yn y gymuned fusnes gweddnewidiwyd y sefydliadau hynny. Daeth Frank â chylchoedd gamblo anghyfreithlon i'r clybiau, a merched i ddawnsio polyn a difyrru cleientiaid yn yr ystafelloedd cefn.

Drwy eu 'gwaith' roedd y merched deniadol hyn yn cael clywed llawer o wybodaeth sensitif gan eu cleientiaid. Ymysg y cleientiaid hynny roedd nifer o ddynion proffesiynol oedd yn mwynhau safleoedd parchus yn eu cymunedau ac ym mywyd cyhoeddus y ddinas. Rywsut, byddai lluniau o'r gwŷr bonheddig hynny mewn sefyllfaoedd a allai greu cryn embaras iddynt yn dod i feddiant Frank, ac roedd y dynion hynny'n fwy na bodlon talu arian sylweddol i gadw eu cyfrinachau. Câi penaethiaid heddlu'r ardal nifer o'r gwasanaethau am ddim gan Frank ... hyd nes yr oedd o angen eu cefnogaeth a'u ffyddlondeb, wrth gwrs..

Erbyn diwedd y saithdegau roedd Frank Murtagh yn ddyn busnes llwyddiannus ond teimlai fod rhywbeth ar goll yn ei fywyd. Sylweddolodd cyn hir fod y cyffro wedi mynd – y teimlad cynhyrfus hwnnw, y stŵr a'r terfysg a lifai drwy ei waed ers talwm. Dyna pryd y dechreuodd y lladrata arfog, y cynllunio a'r gweithredu, a buan y dechreuodd yr adrenalin lifo drachefn.

Pennod 11

Wedi marwolaeth Morgan Powell, a'r achos erbyn hyn yn fater i'r heddlu ymchwilio iddo ar ran y crwner, penderfynodd Jeff Evans fynd i gael golwg ar leoliad y ddamwain. Er nad oedd dim i awgrymu trosedd, roedd rhywbeth yn ei grombil yn dweud y dylai daro llygad ditectif ar y lle. Anaml roedd y teimlad hwnnw yn ei adael i lawr. Dysgodd mai'r Cwnstabl Dylan Rowlands oedd y swyddog a benodwyd i ymchwilio i'r achos.

'Dylan, wyt ti wedi bod yn Adwy'r Nant eto er mwyn archwilio'r sied lle digwyddodd damwain Morgan Powell?' gofynnodd Jeff iddo yng nghantîn gorsaf heddlu Glan Morfa pan oedd y bachgen ifanc yn cael ei ginio.

'Dim eto, Sarj,' atebodd hwnnw. 'Newydd gael fy mhenodi i'r cês bore 'ma ydw i. Dwi wedi galw John Owen, y ffotograffydd, i lawr 'ma, ac mae o ar ei ffordd. Meddwl disgwyl iddo fo gyrraedd o'n i, i ni gael mynd efo'n gilydd.'

'Da iawn, Dylan,' atebodd Jeff. 'Ond gwranda, mae gen i flys dod efo ti. Dim na fedri di wneud y gwaith yn iawn dy hun, wrth gwrs, ond dwi'n ffrindiau efo'r teulu, yli, a 'swn i'n licio cael golwg.'

'Rêl chi, Sarj. Ia, dewch efo ni â chroeso. Ro' i alwad i chi pan fydd y ffotograffydd wedi cyrraedd.'

Fel pawb arall, gwyddai PC Dylan Rowlands am ffordd unigryw Jeff o weithio, a'r teimlad anesboniadwy a gâi bob hyn a hyn – y teimlad a roddodd y llysenw 'yr Afanc' iddo.

Penderfynodd Jeff fynd i Adwy'r Nant o flaen y ddau arall er mwyn rhybuddio Enid Powell y byddai'r heddlu yn ymchwilio i achos marwolaeth ei gŵr. Pan gyrhaeddodd, roedd gan Enid gwmni yn y lolfa.

'Jeff, wn i ddim ydach chi'n nabod Gwyneth Roberts – hi sy'n gweithio yn y swyddfa yma.'

Ysgydwodd Jeff ei llaw. 'Dwi wedi clywed lot amdanoch chi, Miss Roberts, ond dyma'r tro cyntaf i ni gyfarfod, dwi'n meddwl. Dwi'n siŵr fod yr hyn sydd wedi digwydd yn golled i chitha hefyd, a chitha wedi bod yn gweithio yma cyhyd.'

'Mi ydw inna wedi clywed amdanoch chithau hefyd, Sarjant Evans, ond fyswn i ddim yn disgwyl i'n llwybrau ni groesi ... does fawr o droseddu yn digwydd ym mhwyllgorau'r capel, y Gymdeithas Lenyddol na Merched y Wawr.' Ceisiodd wenu arno.

'Mae Gwyneth yn dda iawn efo fi, Jeff,' meddai Enid.

'Siŵr iawn. Wel, mae gen i ofn 'mod i wedi dod yma er mwyn gadael i chi wybod fod gan yr heddlu gyfrifoldeb i ymchwilio i ddamwain Morgan erbyn hyn, ac y bydd 'na blismon ifanc a ffotograffydd yn dod i edrych ar leoliad y ddamwain heddiw. Isio gwneud adroddiad i'r Crwner ydan ni, dim byd mwy.'

'Wrth gwrs, Jeff. Dwi'n dallt bod angen gwneud y petha 'ma. Mi fydd 'na gwest felly?'

'Bydd, mae gen i ofn,' atebodd. 'Dyna ydi'r drefn ar ôl pob damwain lle mae rhywun yn marw. A dyna pam mae rhaid i'r heddlu ymchwilio.'

'Sut fath o ymchwiliad fydd o?' gofynnodd Gwyneth. Gallai Jeff ddweud bod rhywbeth neilltuol ar ei meddwl.

'Dim ond sicrhau ein bod ni'n gwybod cymaint â phosib am achos y ddamwain fyddwn ni,' atebodd.

'Reit,' meddai Gwyneth o'r diwedd. Cawsai Jeff yr argraff ei bod wedi penderfynu peidio rhannu beth bynnag oedd ar ei meddwl. 'Mae'n rhaid i mi fynd. Cofiwch, Enid, rhowch alwad os fedra i wneud rwbath i'ch helpu chi.'

Aeth Gwyneth allan o'r tŷ heb ddweud gair arall.

'Dwi'n siŵr bod rwbath ar ei meddwl hi,' meddai Jeff.

'Roedd Gwyneth a Morgan yn dallt ei gilydd yn iawn,' atebodd Enid. 'Lot gwell nag yr oedd o a Tegid yn cyd-dynnu. Ac mae hi'r un mor ymwybodol â fi o'r anghytuno fu rhwng y ddau.'

Wrth i Jeff adael Enid er mwyn mynd i'r sied, ystyriodd a ddylai ddilyn Gwyneth i'w holi ymhellach, ond yn y pellter gwelodd PC Dylan Rowlands yn cyrraedd yng nghwmni John Owen. Câi ymweld â Gwyneth eto.

Roedd hi'n ddiwrnod braf arall, a'r ymwelwyr yn y pebyll a'r carafanau ar dir Adwy'r Nant yn hamddena heb syniad am berwyl y tri dyn a gerddai yn eu mysg.

'Sgwn i faint o arian mae pobl fel hyn yn ei gyfrannu i'r ardal 'ma, Sarj?' gofynnodd Dylan.

'Cwestiwn da, Dylan,' atebodd Jeff, 'dipyn go lew yn fwy na pherchnogion y tai haf 'swn i'n dychmygu.'

Ymhen ychydig funudau safai'r tri tu allan i leoliad damwain Morgan Powell – adeilad carreg tuag ugain llath o hyd a deg llath ar draws gydag un ffenestr fach yn y pen draw ac un arall lai ar un ochr i'r adeilad. Agorwyd y dorau mawr pren a thywynnodd haul y prynhawn i mewn i'r adeilad tywyll. Roedd yn ddigon hawdd gweld mai rhyw fath o weithdy mecanic oedd yno flynyddoedd yn ôl gan fod nifer o daclau peirianyddol yn dal yn eu lle uwchben mainc hir ar hyd un wal, o un pen i'r llall. Erbyn hyn roedd y sied yn fwy o storfa na dim arall – roedd poteli nwy, hen ddodrefn a geriach arall yn llenwi'r lle – ond roedd y pydew arolygu yng nghanol y llawr yn dal i fod yn agored, a'r stanciau pren heb gael eu hailosod i'w orchuddio.

'Dda gen i weld fod popeth wedi'i adael lle'r oedd o, Sarj,' meddai Dylan.

'Edrycha faint o'r planciau sydd wedi'u symud,' sylwodd Jeff.

'Saith,' atebodd Dylan ar ôl eu cyfrif.

'Digon i wneud uffern o dwll yn y llawr,' ychwanegodd John Owen.

'Ac maen nhw wedi'u gadael rhwng y pydew a'r drws. Lathenni oddi wrth y pydew. Pam eu symud nhw gyn belled?' mentrodd Jeff ofyn.

'Mi fysa wedi bod mor hawdd i rywun faglu drostyn nhw,' ychwanegodd Dylan.

'Yn enwedig yn y tywyllwch. Doedd 'na ddim bylb golau yn y to pan ddigwyddodd y ddamwain, fel dwi'n dallt,' meddai Jeff. 'Pam hynny, tybed? Oedd o wedi cael ei dynnu'n unswydd fel y byddai rhywun yn baglu?'

'Rargian, 'dach chi 'rioed yn meddwl bod rhywun wedi gwneud hyn yn bwrpasol, Sarj? Symud y planciau a thynnu'r bylb?'

'Mae'n rhaid cadw meddwl agored, Dylan.'

Edrychodd y tri i lawr i'r pydew.

'Wal frics reit rownd,' meddai Dylan. 'A chwymp o bum i chwe throedfedd. Dim rhyfedd fod yr hen greadur wedi cael cymaint o anaf i'w ben.'

Dechreuodd John Owen dynnu lluniau o'r safle o bob ongl. 'Reit, hwyl i chi hogia,' meddai ar ôl iddo orffen. 'Mi yrra i'r rhain draw drwy e-bost i chi'n nes ymlaen.'

Ar ôl i'r ffotograffydd fynd drwy'r drws, clywodd Jeff a Dylan lais yn galw arno.

'Be ddiawl 'dach chi'n wneud yma?'

'Tegid Powell ydi hwn, y mab,' esboniodd Jeff, gan wincio i gyfeiriad Dylan. 'Gad i mi siarad efo fo.'

Nodiodd Dylan Rowlands ei ben.

'Be ddiawl ydach chi i gyd yn wneud yma heb ganiatâd? Tir preifat ydi hwn. Oes ganddoch chi warant? Mi fydd y prif gwnstabl yn clywed am hyn.'

Pam fod hwn mor elyniaethus, tybed, meddyliodd Jeff. 'Tegid, sut ma' hi heddiw?' meddai, gan frasgamu tuag ato ac ysgwyd ei law yn gadarn. Roedd yn ddigon agos i arogli'r alcohol ar ei wynt. Ni fyddai Jeff wedi defnyddio'i enw cyntaf i gyfarch rhywun nad oedd o'n ei nabod fel arfer, yn enwedig mewn sefyllfa broffesiynol, ond doedd o ddim yn hoff o gwbl o agwedd hwn. Roedd angen tynnu'r gwynt allan o'i hwyliau. 'Mae'n wir ddrwg gen i am dy golled di,' parhaodd heb roi cyfle i Powell, oedd yn edrych yn syfrdan arno, ymateb. 'Dwi wedi siarad efo dy fam, a hi roddodd ganiatâd i ni ddod yma. Ac fel gwyddost ti, gan dy fod di'n un o gyfreithwyr mwyaf profiadol yr ardal 'ma, pan fydd marwolaeth yn dilyn damwain, ni sy'n gyfrifol am ymchwilio ar ran y crwner cyn y cwest.'

'Wel... pam na fysach chi wedi cysylltu efo fi cyn dod?'

'Am nad oes dyletswydd arna i i wneud. Ond gwranda, Tegid, dwi ddim yn dallt pam fod ein hymweliad ni'n broblem. 'Dan ni i gyd ar yr un ochr, a'n hunig bwrpas ni am fod yma ydi i ddeall yn union be ddigwyddodd i dy dad.'

Anadlodd Tegid Powell yn drwm, heb wybod yn iawn sut i ymateb.

'Ydi wir, mae'n wir ddrwg gen i am dy golled, Tegid,'

parhaodd Jeff. 'Mi o'n i'n dipyn o ffrindiau efo dy dad fel roeddat ti'n gwybod. A dyna pam es i a Meira, y wraig 'cw, â dy fam i'r ysbyty i'w weld o y diwrnod o'r blaen. Mi ddois i draw i'w gweld hi unwaith y clywais ei fod o wedi marw hefyd. Biti na wnaethon ni gyfarfod bryd hynny, te?' Roedd Jeff yn awyddus i adael i Tegid wybod ei fod wedi bod yn ymweld ag Enid, petai ond i awgrymu ei fod o'n ymwybodol o gyn lleied roedd Tegid wedi'i wneud i'w rieni yn dilyn y ddamwain.

'Wel, ym ... diolch, Ditectif Sarjant Evans.'

'Galwa fi'n Jeff, plis, Tegid. Rŵan 'ta, gan fod y ddamwain anffodus 'ma wedi achosi marwolaeth dy dad, gad i mi dy gyflwyno di i PC Rowlands. Fo sydd wedi cael ei benodi'n swyddog y crwner, a fo fydd yn edrych ar ôl yr ymchwiliad. Paid â phoeni, Tegid, mi fydd yn ymchwiliad trwyadl... yn bydd, PC Rowlands?'

'Gallwch fod yn sicr y bydd o, Mr Powell,' meddai'r swyddog ifanc, gan gamu ymlaen ac ysgwyd llaw Powell. Roedd Dylan wedi deall y sefyllfa.

'Ond dwi ddim yn dallt,' meddai Powell. 'Ymchwiliad trwyadl?'

Jeff atebodd. 'Fel pob ymchwiliad i bob marwolaeth ddamweiniol, Tegid. Ac fel cyfaill i'r teulu dwi yma heddiw. Dyna'r cwbl. Dwi'n dallt mai chdi ddaeth o hyd iddo fo.'

'Ia, dyna chi, Sarjant ... Jeff. Wedi i Mam fy ngalw i draw y noson honno.'

'Fedri di gadarnhau, Tegid, os gweli di'n dda, oedd y planciau pren 'ma yn union yn yr un lle y noson honno ag y maen nhw rŵan?'

'Cyn belled ag y medra i gofio,' atebodd hwnnw.

'A'r golau?'

'Doedd 'na ddim bylb yn y soced golau y noson honno,' cadarnhaodd Powell.

'Gweld hynny'n beth od ydw i,' meddai Jeff. 'Pan mae bylb yn ffiwsio, fel arfer mae'n aros yn ei le nes y bydd rhywun yn ei ffeirio fo am un newydd. Neu felly fydd hi acw, beth bynnag.'

'Ia, dwi'n gweld eich pwynt chi, Jeff, ond does gen i ddim ateb i hynny, mae gen i ofn.'

'Pryd ddefnyddiwyd y pydew arolygu yma ddwytha, Tegid?'

'Wn i ddim. Flynyddoedd yn ôl, am wn i.'

'Sut, felly, oedd y planciau wedi cael eu gadael fel hyn? Pwy fysa'n gwneud y fath beth?'

'Dwi wedi gwneud dim byd ond meddwl am yr ateb i'r cwestiwn hwnnw ers y ddamwain,' atebodd Powell.

'A dy gasgliad di?'

'Yr ymwelwyr. Mae 'na blant digon direidus yn aros yma o dro i dro. Yr unig bosibilrwydd y medra i gynnig ydi bod plant wedi bod yn chwarae yma, a'u gadael nhw fel hyn.'

'Pwy arall fysa'n gallu rhoi mwy o wybodaeth i ni am gyflwr y lle 'ma cyn y ddamwain?' gofynnodd Jeff.

'Neb, am wn i.'

'Be am y dyn sydd wedi bod yn gweithio i dy dad ers blynyddoedd?'

'O, Meic? Wel ia, ella, ond dwi ddim wedi ei weld o o gwmpas y lle 'ma ers dyddiau. Mae ei absenoldeb o wedi bod yn amlwg ers y ddamwain, ac wn i ddim pam.'

'Be wyt ti'n awgrymu, Tegid? Oes 'na rwbath ynglŷn â Meic y dylen ni fod yn ymwybodol ohono?'

Oedodd Tegid Powell wrth chwilio am ateb. 'Dim byd,

dim ond deud ydw i nad ydi o wedi cael ei weld yma ers y ddamwain.'

'Ydi o'n teimlo'r golled, ella?' mentrodd Jeff.

Cododd Tegid Powell ei ysgwyddau. Roedd y gwynt yn gyfan gwbl allan o'i hwyliau bellach, sylwodd Jeff, a dyma'r amser i gynyddu'r pwysau. 'Mae'n wir ddrwg gen i am gyflwr dy fam,' meddai.

'Wel, mae o i'w ddisgwyl, a nhwtha wedi bod yn briod cyhyd.'

'Ond mae ei galar yn siŵr o fod yn waeth a hitha'n gwybod dy fod ti a dy dad wedi bod yn anghytuno cymaint.'

'Anghytuno?'

Gwelodd Jeff yr olwynion yn troi. 'Wel ia, ynglŷn â'r busnes ... a hithau'n poeni cymaint oherwydd y ffraeo.'

Tarodd y frawddeg Tegid Powell fel taran, a dechreuodd grynu trwyddo. Beth oedd ei fam wedi'i ddweud? Pa hawl oedd gan y plismon hwn i wthio'i drwyn i mewn i'w faterion personol?

'Gweld ydw i ei bod hi'n biti iddi orfod dioddef y ddau beth – marwolaeth sydyn ei gŵr, a'r anghytundeb, Mr Powell.' Roedd hi'n amser i fod yn fwy ffurfiol, tybiodd Jeff.

Gwylltiodd Tegid Powell yn gacwn. 'Does ganddoch chi ddim hawl i sôn am y berthynas rhwng fy nhad a finna ar adeg fel hwn, Sarjant Evans. Mater teuluol ydi peth fel'na.'

Ond doedd Jeff ddim yn fodlon gollwng gafael. 'Ai am fod y berthynas rhyngddoch chi â'ch tad mor sâl y dewisoch chi beidio mynd â'ch mam i'w weld o yn yr ysbyty?'

Roedd tymer Tegid Powell bron â berwi drosodd erbyn hyn. 'Mater i mi oedd hynny,' gwaeddodd. 'Mae gen i fusnes i'w redeg, wyddoch chi!'

'A beth yn union oedd yr anghytundeb rhyngoch chi

a'ch tad, Mr Powell?' Cadwodd Jeff ei lais yn isel. 'Yr anghytundeb oedd yn poeni cymaint ar eich tad?'

Gwelodd Jeff y fflamau yn ei lygaid.

'Does ganddoch chi ddim hawl i fusnesu yn y fath bethau, Sarjant Evans. Chi na 'run plismon arall. Dwi wedi cael digon o hyn. Mae'r drafodaeth 'ma wedi dod i ben. Does gan berthynas fy nhad a finna ddim byd i'w wneud â'i ddamwain o – cofiwch chi hynny.'

Dan yr amgylchiadau, roedd rhaid i Jeff gytuno, ond mynnodd danio un ergyd arall cyn gorffen. Camodd yn nes ato, yn ddigon agos i allu arogli'r alcohol ar ei wynt eto. 'Lle oeddach chi ar noson y ddamwain? Cyn i'ch mam eich ffonio chi?' Gwyddai Jeff nad oedd ganddo'r hawl i ofyn y cwestiwn wrth ei ofyn.

'Adra,' gwaeddodd Powell. 'Adra, ar fy mhen fy hun. Heb alibi,' ychwanegodd ar dop ei lais cyn troi a cherdded ymaith.

'Rargian, roeddach chi chydig yn frwnt efo fo, Sarj,' meddai PC Dylan Rowlands yn syn.

'Gawn ni weld, 'ngwas i,' atebodd Jeff. 'Amser a ddengys.'

Wrthi'n cerdded yn ôl i gyfeiriad ei gar yr oedd Jeff pan dderbyniodd neges destun.

'Ffonia fi, Jeff. Mae gen i dipyn o wybodaeth i ti. N. N.'

Roedd Dilys Hughes, neu Nansi'r Nos fel yr oedd Jeff yn ei galw, wedi bod yn hysbysu iddo ers blynyddoedd maith, ac un dda oedd hi hefyd. Roedd Nansi wedi treulio'r rhan fwyaf o'i hoes ar gyrion byd troseddol Glan Morfa, ac yn gyfarwydd â phawb y dylai unrhyw dditectif gwerth ei halen fod yn gwybod amdano. Bu'n cyflenwi canabis yn rheolaidd i Jeff pan oedd ei wraig gyntaf yn dioddef o

86

ddystroffi'r cyhyrau, er dibenion meddygol, ac erbyn hyn roedd yn rhaid iddo gyfaddef eu bod wedi dod yn dipyn o ffrindiau, er nad oedd hi wastad yn byw o fewn ffiniau'r gyfraith. Beth bynnag arall a wnâi Nansi, roedd hi'n werth y byd iddo.

'Be ti isio, Nansi bach?' gofynnodd Jeff iddi pan atebodd hi ei alwad.

'Uffar o snog fysa'n gwneud yn iawn,' atebodd, 'ond waeth mi heb â gofyn am hynny. Ryw ddiwrnod dwi am dy herwgipio di a dy gadw di yn fy ngwely ...'

'Bihafia, a deud be sy gin ti ar fy nghyfer i,' chwarddodd Jeff. Roedd o wedi hen arfer â fflyrtio Nansi, a diolchodd fod Meira yn deall natur y berthynas hefyd.

'Ma' 'na rywun newydd yn gwerthu cyffuriau yn y dre 'ma. Stwff caled, a digon ohono fo hefyd.'

'Pwy?' gofynnodd.

'Wn i ddim o lle mae o'n dŵad, Jeff, ond mae 'na un neu ddau o'r hogia lleol yn delio ar ei ran o.'

'Pwy?' gofynnodd eto.

'Hogia ifanc. Dyna'r oll dwi'n wybod, ond mi hola i o gwmpas i ti. Meddwl y byswn i'n gadael ti wybod cyn mi fynd ddim pellach.'

'Ofn bod rhywun yn sathru ar dy batsh di wyt ti, Nansi?'

'Cer o 'na, Jeff. Ti'n gwybod na fydda i byth yn twtshad y stwff caled. Ond ro'n i'n meddwl, gan fod 'na gymaint ohono fo'n hitio'r strydoedd, y bysat ti'n lecio cael gwybod yn syth.'

'Siŵr iawn. Tria dy orau i mi, wnei di? Enwau, lle a phryd maen nhw wrthi.'

'Siŵr iawn.'

Roedd Jeff yn gwerthfawrogi pob darn o wybodaeth a gâi gan Nansi, ond roedd ganddo ddigon ar ei blât heb fynd i chwilio am fwy o drwbl. Penderfynodd drosglwyddo'r wybodaeth i un o'r ditectifs ifanc yn y swyddfa.

Pennod 12

Wyddai Anita ddim ble i droi wedi iddi ddarganfod y gwir am waith Frank. Sut fath o ddyn oedd o mewn gwirionedd? Roedd hi wedi dod i ddeall fod ganddo ddiddordeb ariannol mewn nifer o glybiau oedd ag elfen amheus iddyn nhw, ac roedd hi wedi bod yn fodlon cau ei llygaid i hynny. Sylweddolodd mai dim ond un ochr o'r dyn roedd hi wedi bod yn byw efo fo roedd hi'n ei adnabod, a bod yr ochr arall yn un nad oedd hi erioed wedi'i ddychmygu. Oedd hi'n ei garu? Ni wyddai i sicrwydd bellach. Doedd hi ddim wedi profi cariad o'r blaen, felly sut allai hi ddweud? Oedd, roedd hi'n mwynhau eu bywyd carwriaethol hynod gorfforol, ac wrth ei bodd â'r anrhegion lu a gawsai ganddo. Ai cariad oedd hynny? Allai hi roi ei chalon a'i bywyd i ddyn a allai bwyntio gwn at berson arall a thynnu'r glicied gyda'r bwriad o'i ladd neu, o leiaf, ei anafu'n ddifrifol? Doedd hi ddim wedi gweld yr ochr honno iddo eto, ond beth petai o'n troi arni hi un diwrnod? Roedd hi'n 1986, ac Anita wedi profi bywyd y tu hwnt i'w holl freuddwydion efo Frank am ddwy flynedd bellach, heb wybod cyn hyn o ble y daeth yr arian oedd yn talu am yr holl foethusrwydd.

Hyd yn oed pan ofynnodd Anita iddo am y lladrad arfog ar ôl iddi weld yr adroddiad ar y teledu, wnaeth Frank ddim cyfaddef na dangos unrhyw ymateb. Ni ddywedodd yr un gair, heblaw ei gorfodi hi i aros yn y fflat, a'i siarsio i beidio â chysylltu â neb ar y ffôn. Aeth allan, gan ddweud y byddai yn ei ôl cyn hir. Eisteddodd Anita yn llonydd ar y soffa ar ôl iddo fynd ac ias oer yn rhedeg drosti. Cysylltu â neb ddywedodd o. Cysylltu â phwy, meddyliodd? Doedd ganddi hi neb arall. Yn wir, doedd ganddi unman i droi.

Yn y cyfamser, galwodd Frank Murtagh ar aelodau ei griw o ladron arfog i gyfarfod mewn ystafell ddiogel yn un o'i glybiau nos. Wedi i'r wyth arall eistedd i lawr, cododd Frank ar ei draed. Er mai fo oedd pennaeth y giwed, gwyddai fod pob un o'r dynion a eisteddai o'i flaen yn galed a threisgar ac y gallai un peth bach ddryllio eu ffyddlondeb. Edrychodd yn syth i lygaid pob un ohonyn nhw yn eu tro.

'Mae'r ddynes 'cw wedi rhoi dau a dau at ei gilydd – ar ôl gweld y newyddion ar y teledu heno, ma' hi wedi deall mai fi sy'n gyfrifol am y lladradau arfog.' Gwelodd y dynion yn aflonyddu ac edrych ar ei gilydd wrth ystyried yr ergyd. Doedd dim rhaid dweud yr un gair.

'Nid jyst chdi sydd yn y cachu, Frank, ond pob un ohonan ni,' dywedodd un ohonynt ymhen sbel. 'Mae hi wedi'n gweld ni i gyd yn dy fflat di yn paratoi ar gyfer y jobsys. Does dim angen llawer o ddychymyg arni i ddyfalu be oedd yn mynd ymlaen.'

'Y peth dwytha 'dan ni isio ydi i rywun fod mewn sefyllfa i achwyn i'r heddlu, yn enwedig rhywun mor agos aton ni,' meddai un arall. 'Sut wyt ti am ddelio efo hi, Frank? Mae pob un ohonan ni'n ymwybodol iawn o dy farn di am hysbyswyr... ma' raid i ti wneud rwbath cyn iddi achwyn.'

'Mae gen i syniad,' atebodd Frank. 'Ond bydd rhaid i ni i gyd gytuno. Dan ni'n gweithredu efo parch ac anrhydedd, fel y gwyddoch chi, a tydi'r penderfyniad hwn ddim yn eithriad. Dwi'n awgrymu ein bod ni'n ei gwneud hi yn un ohonon ni. Yn un o'r criw.'

'Be, dynas?' gofynnodd un arall. 'Wyt ti'n dechrau colli arni, Frank?'

'Aros i mi gael egluro. Mi all merch wneud cymaint o betha na fedrwn ni ddynion eu gwneud.'

'Mae hynny'n wir,' atebodd yr un dyn. 'Ond fedran nhw ddim piso allan drwy ffenest trên.'

Chwarddodd pawb.

'Ond,' parhaodd Frank, 'mi all hi stelcian y tu allan i fanc yn ystod y cyfnod cynllunio gan dynnu lot llai o sylw nag un ohonon ni. Ac ar ben hynny, Anita ydi'r gyrrwr gorau welais i erioed – ma' hi'n lot gwell nag unrhyw un ohonach chi, pob parch, a finnau hefyd. Unwaith y bydd hi wedi bod yn rhan o ladrad, mi fydd hi mor euog â'r gweddill ohonan ni – sut all rhywun yn y sefyllfa honno hysbysu arnon ni i'r heddlu? Dim ond un job o dan ei belt fydd hi ei angen ac mi fydd hi'n gaeth.'

'Ac wyt ti, Frank, yn ffyddiog bod hyn yn mynd i weithio?'

'Ydw, heb os. Oes 'na rywun yn gwrthwynebu?'

Edrychodd pawb o'u cwmpas, ond wnaeth neb ymateb.

Wnaeth Anita ddim gwrthwynebu chwaith, er ei bod hi wedi ystyried y cynnig yn fanwl. Pa ddewis arall oedd ganddi? Roedd hi wedi dod i fwynhau ei bywyd moethus, ac ar ben hynny, lle arall oedd yna iddi hi fynd? A pha mor beryglus fyddai gwrthod?

Cafodd ei hun yn wynebu'r dasg gyntaf yn llawn cynnwrf a chyffro. Rhoddwyd hi i guddio tu mewn i fŵt Ford Granada oedd â thwll bychan yn y caead, dim ond digon iddi fedru gweld trwyddo. Roedd y car wedi'i ddwyn ychydig ddyddiau ynghynt a'r platiau cofrestru wedi'u newid i gyd-fynd â char arall o'r un math a lliw oedd wedi'i gofrestru yng ngogledd Lloegr. Parciwyd y car y tu allan i fanc yn Wolverhampton a gadawyd Anita ynddo am dair awr. Er nad oedd hi'n fawr o gorffolaeth, fu hi erioed mor anghyfforddus. Roedd ganddi dortsh fechan, pensil a llyfr nodiadau, a rhyfeddodd cymaint roedd hi'n gallu ei weld drwy dwll mor fychan.

Cyn hir ymddangosodd y fan ddiogelwch fawr, a pharciodd y tu allan i'r banc, yn ddigon agos i Anita allu gweld popeth yn glir. Astudiodd bob manylyn yn fanwl fel y dywedwyd wrthi am wneud: symudiadau'r gyrrwr a'r ddau swyddog diogelwch a oedd yn cludo'r arian yn ôl ac ymlaen, edrych a oedd gan y cwmni cludo arian staff ychwanegol i arolygu'r gweddill, ac ati. Gwnaeth Anita ei nodiadau gan ysgrifennu pob symudiad a nodi'r amser i'r eiliad. Dros gyfnod o dair wythnos gwnaed yr un peth sawl gwaith, a nododd Anita fod y symudiadau a'r amserlen yn union yr un fath bob tro. Erbyn hyn, byddai'n bosib i Frank a'i griw rag-weld i'r eiliad pryd y byddai'r swyddogion diogelwch yn camu allan o'r banc gyda'r arian yn eu meddiant.

Ar ddiwrnod y lladrad, gwelodd y criw fod yr amserlen a wnaethpwyd gan Anita yn berffaith. Pan gamodd y ddau swyddog allan drwy ddrysau'r banc, ymddangosodd pum dyn – pob un yn gwisgo mwgwd ac yn cario gwn. Roedd un arall yn cario teclyn i dorri drwy gadwyn fetel. Rhuthrodd un at ddrws gyrrwr y fan a phwyntio dwy faril yn syth i wyneb y gyrrwr, a gorchymyn iddo aros yn llonydd a pheidio â chyffwrdd ei radio. Aeth un i ddrws cefn y fan a safodd yno'n fygythiol i atal ymyrraeth gan unrhyw aelod ffôl o'r cyhoedd. Yng nghanol y gweiddi a'r sgrechian, gorfodwyd y ddau a oedd yn cario'r arian i orwedd ar y pafin, a blaen y gynnau fodfedd o'u trwynau. Torrwyd y gadwyn oedd yn clymu'r bag i'w harddyrnau fel cyllell boeth trwy fenyn.

A dyna pryd y digwyddodd yr hyn nad oedd neb eisiau iddo ddigwydd. O rywle, rhedodd dyn yn ei dridegau o'r dorf i geisio atal y lladrad. Llwyddodd i afael yn un gwn dwbl baril a gwnaeth ei orau i'w dynnu o feddiant y lleidr. Yn ystod y sgarmes taniwyd y gwn, a chwalwyd clun y dyn yn ddarnau gwaedlyd ar hyd waliau'r banc tu ôl iddo. Ar yr un pryd, sgrialodd dau gar i stop wrth ymyl y fan ddiogelwch, eu teiars yn sgrechian. Agorwyd y drysau, neidiodd y lladron i mewn i'r ceir a'r arian yn eu meddiant, a diflannodd y ceir drachefn drwy'r dorf o siopwyr.

Oriau yn ddiweddarach, yn ôl yn fflat Frank ac Anita, cynhaliwyd cyfarfod rhwng y lladron, ac Anita'n rhan ohono am y tro cyntaf, gan ei bod hithau erbyn hyn yn un o'r tîm. Roedd y ceir a ddefnyddiwyd yn yr ymgyrch eisoes wedi'u llosgi filltiroedd i ffwrdd, a'r gynnau yn ôl yn eu cuddfan tan y tro nesaf. Roedd yn rhaid iddi gyfaddef ei bod wedi mwynhau'r profiad, er nad oedd hi'n hawdd dod i delerau â'r ffaith ei bod hi'n rhan o ymgyrch lle cafodd dyn ifanc ei anafu mor ddifrifol. Dywedodd Frank wrthi am beidio â phoeni, mai ei fai o'i hun oedd o am geisio atal y lladrad.

Pwrpas y cyfarfod oedd rhannu'r arian rhwng y criw a thrafod y digwyddiad o'r dechrau hyd y diwedd er mwyn gweld pa welliannau oedd angen eu gwneud ar gyfer y tro nesaf. Roedd wyth deg mil o bunnau wedi'u dwyn y diwrnod hwnnw a dyna'r tro cyntaf i Anita weld cymaint o arian parod.

Dau bwnc trafod a fu – cyfraniad Anita oedd y cyntaf, a rhoddwyd canmoliaeth iddi am ei gwaith cynllunio manwl. Yr ail oedd y dyn a anafwyd. Nid bod yr un ohonynt yn teimlo cyfrifoldeb nac euogrwydd, dim ond bod digwyddiadau o'r fath yn sicr o dynnu mwy o sylw gan y wasg, y cyhoedd, a'r heddlu. Penderfynwyd y byddai'r lladrad nesaf yn digwydd y tu mewn i'r banc yn hytrach nag ar y stryd y tu allan, gan y byddai'n haws cadw trefn ar y cwsmeriaid.

Wedi i'r gweddill fynd, trodd Anita at Frank.

'Be wnawn ni efo'r holl arian 'ma? Fedrwn ni ddim ei gadw fo yn y fflat.'

'Paid â phoeni, Anita fach. Dwi wedi bod yn defnyddio rhai o'r busnesau dwi wedi buddsoddi ynddyn nhw i guddio'r arian hyd yma, ond mae gen i ofn y bydd pobl y dreth incwm yn dechrau holi cyn bo hir, felly mae'n rhaid i ni wneud trefniant newydd. Mi gei di wybod mwy yn y dyddiau nesa 'ma.'

Y diwrnod wedyn, aeth y ddau am dro i sawl mynwent ar hyd a lled y ddinas. Cyn hir daethant o hyd i garreg fedd ac arni enw merch ifanc a fu farw'n ddyflwydd oed, merch a fyddai tua'r un oed ag Anita rŵan pe byddai wedi cael byw. Yna, gwnaeth Frank ymchwil yn yr archifau lleol er mwyn darganfod enwau ei rhieni a'u dyddiadau geni. Pan oedd ganddynt ddigon o wybodaeth, gwnaeth Anita gais am gopi o dystysgrif geni'r ferch a fu farw, gan ddweud bod yr un wreiddiol wedi'i cholli. Allai hi ddim credu pa mor hawdd oedd gwneud y fath beth. Doedd dim rhaid i Frank wneud yr un fath – roedd ganddo dystysgrif ffug eisoes. Agorwyd nifer o gyfrifon ar y cyd yn enwau'r ddau, a dechreuodd Anita dalu'r arian parod i mewn iddynt fesul tipyn. Buan y daeth clercod y banciau a'r cymdeithasau adeiladu i'w hadnabod, gan feddwl ei bod yn ddynes fusnes lwyddiannus. Doedd gan y staff ddim syniad bod rhan helaeth o'r arian oedd yn cael ei dalu i mewn i'w banciau wedi ei ddwyn o ganghennau eraill yr un banc ychydig ddyddiau ynghynt. Ni chadwyd y dogfennau oedd yn berthnasol i'r cyfrifon banc, na'r tystysgrifau ffug, yn agos i'r fflat. Cuddiwyd y cyfan, gyda rhywfaint o'r arian parod, mewn blwch diogelwch mewn banc arall, a dim ond yr allwedd i hwnnw oedd angen ei guddio.

Ymhen dim, roedd llygad Frank ar fanc arall yn West Bromwich, a dysgodd y byddai swm sylweddol o arian yn cael ei symud iddo ar ddiwrnod y farchnad leol. Y tro hwn roedd yn rhaid cadw golwg ar bethau y tu mewn i'r banc, a rhoddwyd Anita ar waith.

Ymhen tair wythnos roedd y cynllun yn barod. Roedd Anita wedi bod yn cerdded i mewn i'r banc fel cwsmer bob wythnos ychydig funudau cyn yr oedd yr arian yn cael ei symud, gan sylwi'n fanwl ar bob symudiad. Gwisgai wig olau hir, sbectol dywyll a digon o badin o dan ei gwisg i wneud iddi edrych fel petai'n feichiog. Pwy fyddai'n meddwl fod merch ddel, feichiog yn rhan o griw arfog? Roedd Anita hyd yn oed wedi bod yn ymarfer sut i gerdded fel rhywun a fyddai'n rhoi genedigaeth ymhen mis. Ond gweithiodd y tric yn berffaith. Cafodd yr holl wybodaeth yr oedd ei hangen, ac roedd yn sicr nad oedd neb wedi ei hamau.

Ar ddiwrnod y lladrad aeth popeth yn ôl y cynllun, a chafodd neb ei anafu. Unwaith eto roedd Anita wedi chwarae ei rhan yn llwyddiannus, a dechreuodd gael blas ar y gwaith. Yng nghyfarfod y criw ar ddiwedd y diwrnod hwnnw, gofynnodd Anita am gael chwarae mwy o ran yn y lladrad nesaf. Perswadiodd Frank y gweddill y dylent roi'r cyfrifoldeb o yrru un o'r ceir iddi – wedi'r cyfan, darbwyllodd y gweddill, byddai gweld dynes tu ôl i'r llyw yn llai amheus.

Pennod 13

Roedd y lladrad nesaf ymhen chwe wythnos. Gwyddai Frank y byddai'r heddlu ar hyd a lled y rhanbarth yn hynod o wyliadwrus, ond ar y llaw arall roedd canolbarth Lloegr yn ardal fawr o safbwynt arwynebedd a phoblogaeth. Gallasai'r criw ddewis taro un o nifer o ddinasoedd a threfi: Stoke, Derby, Nottingham, Leicester, Coventry, Worcester a Northampton yn ogystal â Birmingham ei hun. Treuliodd Anita a Frank ddyddiau lawer yn teithio o amgylch yr ardaloedd hyn yn chwilio am y banciau mwyaf addas i'w taro.

Pan ddaeth y diwrnod mawr synnodd Frank nad oedd Anita wedi cynhyrfu dim.

'Sut wyt ti'n ffansio gyrru Jaguar XJ6 4.2 fory?' gofynnodd iddi.

'Mi fydd o fel chwarae plant,' atebodd. 'Lle mae'r job?'

'Leicester.'

'A lle dwi'n casglu'r car?'

'Yn y man arferol. Cafodd ei ddwyn yr wythnos dwytha. Mae o wedi cael ei ailbeintio ac mae platiau cofrestru newydd arno fo.'

'Mi fydd gen i tua hanner can milltir i ddod i arfer efo fo felly. Mater bach fydd hynny,' meddai Anita'n hyderus.

Gwenodd Frank. Roedd ganddo ddigon o ffydd ynddi i wybod ei bod hi'n iawn.

Cyn iddi wawrio'r bore canlynol aeth Frank a hithau i

gasglu dau arall o'r criw. Roedd sgrepan gynfas bob un ganddynt, i gario'r arfau angenrheidiol: gynnau deuddeg bôr â'u dwy faril wedi'u llifio, ac un gwn llaw. Gyrrodd Anita'n ofalus iawn i Leicester er mwyn dod i arfer â'r car. Y peth olaf roedd hi ei angen oedd tynnu sylw'r heddlu. Synnodd mor ysgafn oedd llyw car mor fawr – gallai gyrraedd chwe deg milltir yr awr o dan ddeg eiliad, a chyflymu i gant tri deg milltir yr awr pe byddai angen.

'Mi wnaiff hwn y tro yn iawn,' meddai'n ysgafn wrth y dynion cegrwth yn y cefn.

Aethant i gyfarfod yr ail gar y tu allan i'r banc ar yr union amser a drefnwyd. Eiliadau wedyn cyrhaeddodd y fan ddiogelwch a cherddodd dau swyddog ohoni, yn cario'r arian i mewn i'r banc. Parciodd Anita'r Jaguar tu ôl i'r fan ddiogelwch. Gwyliodd Frank a'r ddau arall yn brasgamu drwy'r drysau ar eu holau a'r gynnau o dan eu dillad, yn tynnu eu mygydau dros eu hwynebau wrth fynd. Dilynwyd hwy gan y tri aelod arall o'r criw. Eisteddodd Anita yn y car i ddisgwyl amdanynt, gan adael yr injan bwerus i redeg. Edrychodd ar ei llun yn y drych – roedd yn gwisgo wig felen a sgarff dros ei phen – a dyna pryd, am y tro cyntaf, y dechreuodd ei nerfau sgytian a'i chalon guro'n gyflymach.

Curodd ei chalon yn gyflymach byth pan welodd yn nrych ochr y fan ddiogelwch fod y gyrrwr yn siarad i mewn i'w radio'n wyllt. Doedd dim amheuaeth – roedd o wedi sylweddoli fod lladrad ar waith. Ceisiodd Anita reoli ei nerfau, oherwydd doedd dim byd y gallai hi ei wneud, Dim byd ond disgwyl. Chwysu a disgwyl.

Yna, clywodd sŵn ergyd yn dod o'r banc, un glec uchel, a rhedodd y chwe dyn allan, yn cario'r bagiau cynfas a oedd bellach yn llawn o arian ac yn chwifio'r gynnau'n wyllt. Ar yr un eiliad gwelodd Anita oleuadau glas car yr heddlu ddau gan llath i ffwrdd, ac yn gwibio'n nes. Neidiodd Frank a'r ddau arall i mewn i'r Jaguar gan daflu'r gynnau a'r arian i mewn o'u blaenau. Ciciodd Anita'r sbardun i'r llawr, ac wedi newid yn gyflym i'r ail gêr cyflymodd y Jaguar fel mellten i gyfeiriad car yr heddlu a oedd yn dod i'w cyfarfod. Anelodd Anita'n syth amdano – erbyn hyn roedd y Jaguar yn gwneud hanner can milltir yr awr. Wnaeth hi ddim troi'r llyw nac arafu. Bloeddiodd Frank wrth i'r ddau gar wibio at ei gilydd, a thaflu ei freichiau am ei wyneb hanner eiliad yn unig cyn y trawiad.

Doedd 'na 'run.

Gyrrwr car yr heddlu gollodd ei nerf gyntaf, gan achosi i'r cerbyd wyro i un ochr gan daro'r palmant a chodi ar ddwy olwyn cyn taro wal a dod i stop. Cyflymodd ceir y lladron oddi yno cyn gwahanu ymhen milltir fel y trefnwyd o flaen llaw.

Ymhen ugain munud, ugain milltir a mwy o leoliad y lladrad, daeth Anita â'r Jaguar i stop ar dir anial lle'r oedd car arall yn eu disgwyl – un arall a oedd wedi'i ddwyn dridiau ynghynt. Taflwyd petrol dros y Jaguar a'i losgi'n ulw, a neidiodd pawb i mewn i'r ail gar. Gyrrodd Anita ymaith yn hamddenol, a dechreuodd y dynion ymlacio.

Dyma oedd trefn arferol bywyd Anita Hughes bellach: paratoi a chadw gwyliadwriaeth o flaen lladrad a defnyddio'i sgiliau gyrru penigamp i ddianc wedyn. Buan y daeth hi'n aelod poblogaidd o'r gang. Yn ogystal, roedd Frank yn ymddiried ynddi i guddio'r arian a ddygwyd – dim ond hyn a hyn o'r cannoedd o filoedd mewn arian parod a gafodd ei ddwyn dros gyfnod o ddwy flynedd yr oedd modd ei lanhau drwy'r clybiau yr oedd gan Frank gysylltiad â nhw. Roedd pobl y dreth yn barod iawn i sicrhau fod y Frenhines yn cael ei siâr o elw'r clybiau. Ac wrth gwrs, roedd angen cuddio'r elw a gaed o'r ymgyrch i warchod tai bwyta Indiaidd Birmingham hefyd. Dechreuodd Anita agor mwy a mwy o gyfrifon mewn gwahanol fanciau i guddio mwy byth o arian, a'r cyfrifon bob amser yn eu henwau ffug.

Un diwrnod eisteddodd Anita i lawr i sgwrsio â Frank. 'Fydd dim rhaid i mi esgus bod yn feichiog wrth gadw llygad ar fanciau cyn bo hir.'

'O?'

Gafaelodd Anita yn ei law a'i rhoi ar waelod ei stumog. Sylweddolodd Frank beth roedd hi'n ei olygu.

'Be ti am wneud ynglŷn â'r peth?' gofynnodd heb damaid o emosiwn.

'Ei gadw fo siŵr iawn. Fo neu hi, beth bynnag fydd o.'

'Rhyngthat ti â dy bethau. Dydi o'n golygu dim i mi, yr un ffordd neu'r llall.'

Syllodd Anita arno'n syn. Roedd wedi meddwl y byddai'n falch o glywed ei newyddion.

Ond yn ystod y misoedd nesaf, sylweddolodd Anita fod calon Frank yn dechrau meddalu. Dechreuodd y gŵr caled ddangos mwy o gynhesrwydd, caredigrwydd a thynerwch tuag ati, a daeth eu perthynas yn fwy nag un llawn rhyw ac anrhegion. Pan oedd chwe mis yn feichiog penderfynodd Frank na ddylai chwarae rhan uniongyrchol yn y lladradau – ond er ei bod yn falch ei fod yn awyddus i warchod eu plentyn, roedd Anita'n hiraethu am y cyffro roedd hi wedi dod i'w fwynhau gymaint.

Mantais arall o fod yn feichiog, oedd bod mwy o

gydymdeimlad yn cael ei ddangos ati gan swyddogion y banciau a'r cymdeithasau adeiladu pan oedd hi'n agor cyfrifon newydd i guddio arian. Roedd llai o gwestiynau'n cael eu gofyn i ferch ifanc brydferth a oedd hefyd yn feichiog.

Roedd ei byd bellach yn berffaith. Rhy berffaith, efallai. Ni wyddai'r un o'r ddau fod y byd hwnnw ar fin cael ei ddryllio.

Pennod 14

Eisteddai Anita yn y fflat yn hwyr y bore hwnnw yn 1989, yn disgwyl. Gwyddai fod y lladrad arfog i fod wedi digwydd am hanner awr wedi naw, yn ôl y cynllun manwl. Dyna pryd y byddai drysau'r banc yn agor i ddechrau busnes y dydd. Edrychodd ar y cloc eto: hanner dydd. Dylai Frank fod yn cyrraedd adref cyn hir, yng nghwmni gweddill y criw, mae'n siŵr, er mwyn rhannu'r arian a thrafod manylion y job yn ôl eu harfer. Daeth un o'r gloch heb sôn amdanynt. Rhoddodd y teledu ymlaen er mwyn edrych ar y newyddion a oedd ar ddechrau, ac roedd y sioc a gafodd yn ddigon iddi ddisgyn yn ei hôl ar y soffa dan bwysau'r plentyn yn ei chroth.

Roedd yr eitem gyntaf yn sôn am ladrad arfog ar fanc yn un o faestrefydd Birmingham yn gynharach y bore hwnnw lle bu gwrthdaro arfog rhwng y lladron a'r heddlu. Anafwyd dau blismon ac un o'r lladron, a saethwyd dau leidr arall yn farw. Arestiwyd tri ohonynt ond roedd y ddau arall wedi medru dianc. Yn ôl yr heddlu, roedd hi'n debygol mai'r un criw oedd wedi bod yn gyfrifol am nifer o ladradau arfog ar hyd a lled canolbarth Lloegr yn ystod y tair blynedd flaenorol. Doedd dim mwy o fanylion.

Daeth teimlad o gyfog dros Anita. Oedd 'na bosibilrwydd nad criw Frank, ei chriw hi, oedd hwn? Na, byddai hynny'n ormod o gyd-ddigwyddiad. Roedd hi'n gyfarwydd â lleoliad y lladrad y bore hwnnw, yn yr union ran o'r ddinas y cyfeiriwyd ato ar y newyddion. Pwy oedd wedi'u lladd? Pa dri oedd wedi'u harestio? Pa un o'r criw oedd wedi ei anafu, a phwy oedd y ddau a oedd wedi gallu dianc? Beth oedd sefyllfa Frank? Roedd hi'n hollol ddiymadferth. Doedd Frank na neb arall wedi ei pharatoi hi ar gyfer y sefyllfa hon. Doedd dim cynllun ar gyfer digwyddiad o'r fath. Doedd methiant erioed wedi cael ei ystyried.

Estynnodd am botel o jin a thywallt mesur helaeth i wydr. Gwyddai nad oedd yfed alcohol yn addas i ddynes yn ei chyflwr hi, ond wfft i hynny. Trodd yr wybodaeth drosodd a throsodd yn ei phen heb wneud unrhyw fath o synnwyr. Roedd hi ar y trydydd gwydryn pan hedfanodd drws y fflat yn agored.

'Frank!' gwaeddodd. 'Be ddigwyddodd?'

Safai Frank o'i blaen yn y dillad y byddai'n eu gwisgo ar gyfer lladradau – dillad na fyddai byth fel arfer yn dod adref ynddyn nhw. Roedd ei anadl yn drwm a'i lygaid ar dân.

'Roedd y ffycin copars yno'n disgwyl amdanon ni,' gwaeddodd. 'Ffycin dwsin o'r bastads wedi cuddio efo gynnau yn ein disgwyl ni.'

'Wyt ti'n iawn?' gofynnodd Anita, gan ruthro ato.

'Iawn? Iawn? Paid â bod mor ffycin hurt, ddynas. Mi wyddost ti be mae hyn yn olygu. Mae rhywun wedi sbragio i'r cops o flaen llaw. Sut arall fysan nhw'n gwybod pa fanc, pa ddiwrnod a pha amser? Dim ond llond llaw ohonon ni oedd yn gwybod.' Edrychodd arni'n giaidd.

'Na, na, nid fi, Frank,' sgrechiodd. 'Mi wyddost ti na fyswn i byth yn gwneud y fath beth.' Camodd Anita yn ei hôl bron mor gyflym ag yr oedd o'n brasgamu tuag ati.

'Pwy arall wnaeth 'ta?' gwaeddodd. 'Mi wyt ti wedi

newid cymaint ers pan mae'r bastad babi 'na yn dy fol di, a Duw a ŵyr pwy ydi'r tad.' Cododd ei law dde anferth a rhoi clusten drom ar draws ei hwyneb hi, nes iddi ddisgyn a tharo'i phen ar fwrdd coffi gerllaw.

Roedd Anita, yng nghefn ei meddwl, wedi ofni y byddai Frank yn troi ei natur frwnt tuag ati hi. Heddiw, gwireddwyd yr ofn hwnnw.

Safodd Frank drosti, gan afael yn ei gwallt a'i chodi oddi ar y llawr. Cododd ddwrn ei law arall. 'Mi ddangosa i i ti be fydda i'n wneud efo ffycin llysnafedd sy'n rhoi gwybodaeth i'r cops.'

Ar hynny, malwyd drws y fflat a'r ffrâm o'i amgylch yn ddarnau, a rhedodd hanner dwsin o ddynion mewn dillad du i mewn i'r ystafell, eu gynnau i gyd yn pwyntio'n syth at Frank. 'Plismyn arfog,' gwaeddodd un ohonynt yn uchel. 'Ar y llawr. Rŵan! Ar dy fol, rŵan, a dy freichiau tu ôl i dy gefn.'

Doedd gan Frank Murtagh, y dyn caled, ddim dewis ond ufuddhau. Fel yr oedd y gefyn llaw yn cael ei osod o amgylch ei arddyrnau, trodd ei ben i gyfeiriad Anita. 'Yr ast,' sgyrnygodd, 'y ffycin ast. Mi oeddan nhw hyd yn oed yn gwybod lle dwi'n byw. Mi ga' i di'n ôl am hyn, Anita. Ryw dro, cofia di, Anita. Mi ga' i di'n ôl.'

Llusgodd y tîm o blismyn arfog Frank allan o'r fflat a gorfodwyd Anita i aros yno tra oedd tîm arall o dditectifs yn chwilio'r lle'n drwyadl. Gafaelodd yn y briw poenus ar ochr ei phen. Cymerodd y dasg fanwl rai oriau, ond gwyddai Anita nad oedd yr un tamaid o dystiolaeth yn y fflat i gysylltu Frank â'r lladradau. Dim byd i gysylltu Frank, ond ...

Ar ddiwedd y chwilio daeth y ditectif a oedd yn arwain y chwiliad trwodd o'r ystafell wely i'r ystafell fyw yn cario rhywbeth yn ei law. Wig hir felen. Lluchiodd hi i gyfeiriad Anita ac fe ddisgynnodd ar ei glin.

'Well i chithau ddod efo ni hefyd,' meddai. ''Dwi'n eich arestio chi am gynllwynio i ladrata.' Rhoddodd y rhybudd swyddogol iddi cyn ei thywys allan i'r glaw.

Pan gyrhaeddodd Anita y ddalfa, rywle yng nghanol Birmingham, archwiliwyd ei dillad gan blismones, ac yna cafodd archwiliad manylach gan feddyg yr heddlu. Datganwyd, er ei bod hi'n hwyr yn ei beichiogrwydd, ei bod yn addas iddi gael ei chadw yno. Yn y gell, ar ei phen ei hun, heb olau, heb ffenestr a heb gyfaill, heb neb a heb ddyfodol, dechreuodd Anita feddwl. Sut ddylai hi ymateb i'r sefyllfa? Beth fuasai Frank yn ei wneud? Ond beth oedd Frank iddi hi erbyn hyn? Dyn a oedd yn meddwl ei bod wedi achwyn arno i'r heddlu. Tad ei phlentyn. Gwyddai na fyddai o nac unrhyw aelod arall o'r criw yn dweud gair o'u pennau pan fyddai'r ditectifs yn eu holi, a phenderfynodd mai dyna'r cynllun gorau iddi hithau hefyd. Beth am gyfreithiwr? Byddai'n rhaid iddi gael cyfreithiwr, penderfynodd. Wedi'r cyfan, doedd ganddi neb arall. Sut allai hi ddarbwyllo Frank nad hi oedd hysbysydd yr heddlu?

Yn ystod y deuddydd nesaf cafodd ei holi gan ddau dditectif, dyn a dynes, sawl gwaith a hynny ym mhresenoldeb ei chyfreithiwr. Nid agorodd ei cheg. Ddim unwaith, er bod hynny'n anodd iawn. Yr un oedd y cwestiwn bob tro: pam fod y wig felen yn ei hystafell wely? Roedd yr heddlu'n gwybod, medden nhw, am ferch benfelen a gafodd ei gweld yn gyrru ceir pwerus i ddianc ar ôl lladradau, ac am ddynes â gwallt melyn a gafodd ei gweld yn loetran y tu mewn i fanciau wythnosau cyn i ladrad ddigwydd ynddynt. Yna daeth y bygythiadau gan yr heddlu. Sawl blwyddyn oedd hi'n mynd i orfod ei dreulio dan glo? Roedd y ddedfryd yn sicr o fod yn un sylweddol o ystyried pa mor ddifrifol ac mor dreisgar oedd y troseddau. Sut ddyfodol gawsai ei phlentyn ar ôl cael ei eni tu ôl i furiau carchar? Sut berthynas fyddai ganddi hi â'i phlentyn ar ôl iddi gael ei rhyddhau ymhen deng mlynedd neu fwy? Rhwng y sesiynau holi rhoddwyd Anita yn ôl yn ei chell oer, dywyll, lle cawsai ei bwyd drwy dwll bach yn y drws cadarn oedd yn ei gwahanu hi oddi wrth weddill y byd. Yn ystod y nosweithiau hir, clywai leisiau merched eraill yn gweiddi, yn rhegi ac yn sgrechian. Pam na fuasai hi wedi gwrando ar Brendan yn nhafarn y Shamrock pan roddodd rybudd iddi fod yn wyliadwrus o Frank? Pam na fuasai wedi aros yn yr Wyddgrug a pharhau i weithio mewn swydd onest yn y siop fach ar y stryd fawr? Roedd hi'n rhy hwyr i hel meddyliau, gwyddai Anita hynny.

Yn ystod ei thrydydd diwrnod dan glo, hebryngwyd Anita allan o'i chell gan blismones i ystafell gyfweld nad oedd hi wedi bod ynddi hyd yma. Daeth dyn dieithr i mewn a cherddodd y blismones allan o'r ystafell gan adael y ddau ar eu pennau eu hunain. Eisteddodd y dyn main, canol oed i lawr yr ochr arall i'r bwrdd gan edrych yn syth i'w llygaid, gan ddweud dim am funudau lawer. Gwyrodd Anita ei phen, ond bob tro yr edrychai i fyny, roedd y dyn yn dal i syllu arni.

Sylweddolodd Anita nad oedd teclyn i recordio'r cyfweliad yn unman, yn wahanol i'r adegau blaenorol pan gafodd ei holi, a doedd gan y dyn ddim ffeil o bapurau o'i flaen chwaith. Tynnodd ddau Kit-Kat o'i boced a gwthio un ar draws y bwrdd tuag ati cyn dechrau agor y papur oedd am y llall.

'John ydi fy enw i,' meddai, gan amneidio arni i fwyta'r siocled oedd o'i blaen.

Edrychodd Anita arno'n amheus. Pa fath o driciau oedd hwn yn eu chwarae?

'Dewch, does dim angen i chi fod ofn.'

'Lle mae fy nhwrnai i?' Dyma'r geiriau cyntaf iddi eu hyngan ers iddi fod dan glo.

'Tydi o ddim yma heddiw,' atebodd y dyn. 'Mae hyn rhyngddoch chi a fi, a neb arall.'

'Dwi isio fy nghyfreithiwr yma, neu dwi'n mynd yn ôl i fy nghell,' mynnodd.

'Bwytwch hwnna,' mynnodd. 'Mi sylweddolwch chi nad ydi'r sgwrs yma'n cael ei chofnodi mewn unrhyw ffordd, ac mi sylwch chi nad ydw i wedi rhoi'r rhybudd swyddogol i chi. Rhyngddoch chi a fi, a neb arall, mae'r sgwrs hon,' ailadroddodd.

'Plismon ydach chi?' gofynnodd.

'Ia, o ryw fath, ond nid plismon arferol. Yr unig beth dwi isio i chi wneud heddiw, Anita, ydi gwrando arna i. Dim byd arall.'

'Sut fedra i'ch trystio chi?'

'Ar hyn o bryd, tydw i ddim yn gofyn i chi wneud dim byd ond gwrando, a chadw'r ffaith ein bod ni hyd yn oed wedi cyfarfod yn gyfrinach.'

Edrychodd Anita arno'n ansicr. Beth ar y ddaear oedd yn mynd ymlaen?

'Dwi'n rhan o gangen gyfrinachol o'r heddlu, ac mi alla i'ch tywys chi allan o'r smonach yma rydach chi ynddo fo. Does 'run o'r plismyn eraill yn yr adeilad 'ma'n gwybod beth ydi fy ngwaith i – dyna pa mor gyfrinachol ydi fy nghyfrifoldebau i. Ydach chi'n hapus i mi ymhelaethu?'

Gafaelodd Anita yn y Kit-Kat a dechrau agor y papur coch yn araf. Nodiodd ei phen, ond roedd hi'n bell o fod yn gyfforddus.

'Dwi'n gyfarwydd â'ch cefndir chi, Anita. Eich plentyndod chi, yr helynt yn Wrecsam, cyswllt y gwasanaethau cymdeithasol â'r teulu, yr ymosodiadau rhywiol y bu i chi eu dioddef dan law eich tad a'i gyfeillion. Er gwaetha hyn i gyd, does dim cofnod i chi dorri'r gyfraith na chamymddwyn ... hynny yw, nes i chi gyfarfod Frank Murtagh. Dyn drwg ydi Murtagh, Anita. Drwg iawn. Un o droseddwyr mwyaf canolbarth Lloegr, un sydd, yn ôl y sôn, wedi lladd amryw o ddynion a'i croesodd dros y blynyddoedd. Dim ond un lle sy'n addas i ddyn fel Frank, a'r carchar ydi hwnnw, dan glo am weddill ei oes. A'r hyn dwi eisiau ganddoch chi ydi cymorth i'w roi o yno. Petaech chi'n dewis gwneud hynny, mi fedra i addo i chi y cewch chi'ch rhyddhau ar unwaith, i 'ngofal i. Ymhen sbel, mi alla i roi enw a bywyd hollol newydd i chi. Yr unig amod fydd na chewch chi gysylltu ag unrhyw un rydach chi'n ei nabod rŵan. Neb o gwbl. Dyna'r fargen, Anita. Tydw i ddim yn gofyn i chi am ateb rŵan. Meddyliwch am y cynnig dros nos, ac mi ddo i draw i gael sgwrs efo chi bore fory.'

Cododd John ar ei draed heb ddisgwyl am ymateb. 'Un peth arall,' ychwanegodd, 'meddyliwch nid yn unig am eich dyfodol chi, ond am ddyfodol y plentyn 'dach chi'n ei gario hefyd.'

Pennod 15

Bu Anita'n effro drwy'r nos yn troi a throsi. Ble oedd ei dyfodol? Nid efo Frank Murtagh, roedd hynny'n sicr. Dim ar ôl ei fygythiad. Hyd yn oed petai'n bosib iddi gysylltu â fo, ceisio'i ddarbwyllo nad hi oedd yr hysbyswr, prin y byddai'n ei chredu. A beth amdano fo? Roedd hi'n debygol y byddai'n treulio blynyddoedd maith dan glo, ac ar hyn o bryd roedd hithau'n edrych i lawr i'r un fagddu. Trodd ei meddwl at John. Roedd o'n cynnig rhyddid iddi hi, ac i'w phlentyn. Gafaelodd yn ei bol chwyddedig. Plentyn Frank, meddyliodd. Cynyddodd yr hen deimlad o ofn unwaith eto, y teimlad cyson a oedd wedi bod yn cyniwair yn ei meddwl yn ystod y tridiau diwethaf.

Rywdro cyn y wawr syrthiodd Anita i drwmgwsg ond deffrowyd hi yn fuan wedyn gan swyddog yn ei chymell i ymolchi, glanhau ei dannedd a chribo'i gwallt. Syllodd merch ifanc welw, wael yr olwg yn ôl arni o'r drych. Sut fuasai hi'n edrych ar ôl deng mlynedd o garchar? Allai hi ddim dychmygu'r fath uffern. Eisteddodd ar fainc bren galed y gell yn chwarae â'r uwd a roddwyd iddi i frecwast – allai hi mo'i fwyta er mor llwglyd oedd hi. Byddai'n gwneud unrhyw beth i gael dianc o'i hunllef, penderfynodd. Unrhyw beth o gwbl.

Ymhen yr awr, rhoddwyd hi i eistedd yn yr un ystafell fechan, ddiffenestr ag y bu hi ynddi'r diwrnod cynt. Caewyd y drws a disgwyliodd Anita yno am sawl munud cyn i John gerdded i mewn. Ni ddywedodd air, dim ond eistedd yn fud.

'Wel, dwi wedi bod yn meddwl,' meddai Anita, yn ysu i dorri ar y distawrwydd. 'Rhaid i mi gael gwybod mwy cyn gwneud penderfyniad cadarn. Sut fath o gymorth yn union ydach chi isio? Be fydd yn rhaid i mi wneud? Sut fyddwch chi'n edrych ar f'ôl i? Sut fedra i ymddiried yn yr heddlu? A dim ond megis torri'r wyneb rydw i yn fanna.' Plethodd ei breichiau o'i blaen yn amddiffynnol.

'Dwi'n deall eich bod chi'n gyndyn o ymddiried yndda i, Anita, ond heddiw mi alla i esbonio dipyn mwy i chi. Ydw i'n iawn yn meddwl eich bod chi'n agored i'r posibilrwydd o roi cymorth i ni?'

'Ydw, ond ...'

Torrodd John ar ei thraws. 'Mae hynny'n ddigon da gen i ar hyn o bryd, Anita. Hoffwn i chi wrando arna i rŵan.' Oedodd fymryn cyn parhau. 'Dwi'n gweithio i adran o'r heddlu sy'n hynod o gyfrinachol. Fel y soniais i ddoe, does yna neb arall yma'n gwybod pwy ydw i na be ydi fy ngwaith i. Dwi'n rhan o adran fechan sy'n gyfrifol am warchod tystion. Tystion sydd mewn perygl dychrynllyd, lle mae eu bywydau mewn perygl ... ac i fod yn berffaith onest efo chi, Anita, dyna'ch sefyllfa chi. Dynion a merched sydd â gwybodaeth am bobl sy'n trefnu a gweithredu troseddau difrifol. Pobl fel chi, Anita, sydd â'r gallu i roi tystiolaeth hanfodol yn erbyn troseddwyr mwyaf peryglus Prydain. Nid ar chwarae bach mae'r cynnig yma wedi'i roi i chi. Bu'n rhaid cysylltu â swyddogion uchel iawn yng Ngwasanaeth Erlyn y Goron cyn i mi hyd yn oed ddod yma i'ch gweld chi. Mae'r awdurdod gen i, Anita, i ofyn i chi wneud datganiad, ac yna i roi tystiolaeth yn y llys yn erbyn Frank Murtagh.

Murtagh a'r hyn sydd ar ôl o'i griw. Os wnewch chi gytuno i wneud hynny, ni fyddwch chi'n wynebu unrhyw gyhuddiadau, waeth beth oedd eich rhan chi yn y cynlluniau i ladrata o fanciau neu'ch rhan chi yn y lladradau ei hunain.'

'Ond mi fydd Frank yn sicr o gael rhywun, un o'i fêts, i ddod ar fy ôl i, un ai cyn i mi roi tystiolaeth neu wedyn. Mi fydda i'n edrych dros fy ysgwydd am weddill fy oes.'

Ysgydwodd y gŵr ei ben gan ddal i edrych arni. 'Na Anita. Rydan ni'n arbenigo yn y math yma o sefyllfa. Dyma ydi ein gwaith ni. Ond dewch i ni ystyried hyn un cam ar y tro. Os gytunwch chi i roi'r cymorth hwn i ni, mi eglura i'r cyfan i chi, y cymhlethdodau, y peryglon a'r manteision i chi. Ond Anita – ac mae'n bwysig iawn i chi ddeall hyn – unwaith y byddwch chi wedi cytuno, chewch chi ddim tynnu'n ôl.'

'Cyn i mi roi fy ngair, felly, deudwch wrtha i sut y byddwch chi'n fy ngwarchod i.'

'Unwaith y cytunwch chi i fod yn dyst ar ran y Goron, mi fyddwch chi'n cael eich rhyddhau oddi yma i fy ngofal i ac aelodau eraill o 'nhîm i. Wedi hynny, fydd dim tystiolaeth o gwbl i brofi eich bod chi wedi bod ar gyfyl y ddalfa 'ma. Mi fydda i'n mynd â chi i dŷ diogel tu allan i'r ddinas a chewch chi ddim gadael y tŷ hwnnw heb fy nghaniatâd i, a fyddwch chi ddim yn cael mynd i unlle heb oruchwyliaeth glòs tan ar ôl yr achos llys. Ac wedi i'r achos ddod i ben fyddwch chi ddim yn cael cysylltu â neb rydach chi'n ei adnabod byth eto. Neb,' pwysleisiodd.

'Does gen i neb,' atebodd Anita. 'Does gen i ddim teulu. Yr unig ffrindiau oedd gen i oedd ffrindiau Frank, y rhai olaf y byswn i'n cysylltu â nhw.'

'Gorau'n y byd felly,' atebodd John. 'Mi fyddwn ni'n paratoi eich datganiad chi, a phan ddaw'r amser, bydd plismyn arfog yn eich hebrwng chi yn ôl ac ymlaen i'r llys bob dydd y byddwch chi'n rhoi tystiolaeth yno. Wedi i chi orffen yn y llys mi fyddwch yn cael bywyd hollol newydd. Enw newydd, rhif yswiriant gwladol newydd a lle newydd i fyw sydd ymhell o bobman rydach chi wedi byw o'r blaen. Rywle lle fydd neb yn eich adnabod chi.'

'Ga i ddewis y lle?' gofynnodd Anita.

'Cewch, o fewn rheswm, ond ni fydd yn gwneud y penderfyniad terfynol. A ni fydd yn trefnu lle i chi fyw a gweithio, nes y byddwch chi wedi sefydlu'ch hun. I bob diben mi fydd Anita Hughes wedi diflannu oddi ar wyneb y ddaear. Ac am gyn hired ag y bydd angen, mi fyddwn ni'n edrych ar eich ôl chi ym mhob ffordd. Fel ro'n i'n dweud, mae'n hanfodol nad ydach chi'n cysylltu â neb o'ch gorffennol – petai hynny'n digwydd, mi fyddwch chi ar eich pen eich hun. Mi fydd y cytundeb rhyngom ni drosodd. Ydach chi'n deall?'

'Ydw, yn deall yn iawn. Ond mae 'na un peth sy'n pwyso ar fy meddwl i. Y babi. Babi Frank ydi o, ac yn y dyddiau dwytha 'ma, dwi wedi dod i gasáu'r ffaith fy mod i'n cario plentyn dyn sydd wedi fy mygwth i fel y gwnaeth o. Fedra i ddim meddwl am ei fagu o.'

'Yn anffodus mae'n rhaid cymryd bygythiad gan ddyn fel Frank Murtagh o ddifrif. Ond fedra i roi dim cyngor i chi ynglŷn â'r plentyn, mae gen i ofn. Yr unig beth fedra i ei wneud ydi'ch rhoi chi mewn cysylltiad â'r gwasanaethau cymdeithasol.'

'Gwnewch hynny, os gwelwch yn dda. Be ddeudoch chi oedd eich enw chi?' gofynnodd.

'Mi gewch chi fy ngalw i'n John.'

'Ond nid dyna ydi o, go iawn, nage?'

'Tydi hynny ddim o bwys i chi, Anita. John fydda i i chi. Ond rŵan, gadewch i mi orffen esbonio pethau i chi. Nid eich llwgrwobrwyo chi ydw i, Anita. Fydd yr heddlu ddim yn rhoi bywyd moethus i chi wedi i Murtagh gael ei garcharu, os mai dyna fydd canlyniad yr achos yn ei erbyn. Mi fydd eich bywyd chi, a'ch safon chi o fyw, yn weddol gyffredin. Cofiwch mai arian wedi'i ddwyn sydd wedi bod yn eich cynnal chi pan oeddech chi'n byw efo Frank, felly peidiwch â disgwyl gormod. Chewch chi ddim bywyd cyfareddol, tŷ mawr crand a faint fynnir o arian mewn cyfrif banc.'

'Dwi'n deall hynny,' atebodd Anita, ond allai hi ddim peidio â throi ei meddwl tuag at y miloedd o bunnau yr oedd hi a Frank wedi'i guddio yn ystod y misoedd diwethaf. Penderfynodd gadw hynny iddi ei hun.

'A pheth arall,' parhaodd John. 'Rhaid i chi feddwl am yr unigrwydd fydd yn eich wynebu chi. Fyddwch chi byth, byth, byth mewn sefyllfa i drafod eich gorffennol efo neb. Mae nifer o bobl sydd wedi mynd trwy'r un profiad wedi dioddef o broblemau iechyd meddwl dybryd gan fod y straen yn ormod. Mi gewch chi eich cyfeirio at arbenigwr seicolegol petai angen.'

'Peidiwch â phoeni, John. Fydda i ddim angen unrhyw shrinc.'

'Hawdd dweud hynny rŵan, Anita. Ond rhaid i chi ddeall fod rhai'n ymateb i'r math yma o sefyllfa yn well na'i gilydd... a rhai yn waeth. Rhoi'r ffeithiau i chi ydw i. Mae rhai ofn mynd allan o'u tai, rhai yn trystio neb ac mae paranoia yn taro eraill – meddwl mai gelyn ydi'r dyn nwy neu'r postman, y math yna o beth. Ond mae eraill yn hapus i gael dechrau newydd sbon.'

'Pryd ydach chi eisiau fy mhenderfyniad i, John?'

'Unwaith rydach chi'n barod, Anita. Ryw dro, ond i chi fod yn sicr.'

'Dwi'n barod rŵan. Dwi'n fodlon rhoi tystiolaeth yn erbyn Frank yn unol â'ch telerau chi. Pryd ga i fynd allan o'r diawl lle 'ma?'

'Gadewch hynny i mi, Anita. Ryw dro heddiw, dwi'n addo. Ond yn gyntaf, bydd raid i chi ddarllen trwy'r ddogfen yma'n ofalus.' Tynnodd amlen o'i boced a'i rhoi ar y bwrdd o'i blaen.

'Be ydi hwn?' gofynnodd Anita.

'Y cytundeb,' atebodd. 'Mae'n datgan popeth rydw i wedi sôn wrthoch chi amdano, ac yn dweud y bydd y trefniant yn dod i ben os wnewch chi rywbeth sy'n peryglu'r sefyllfa. Mae hwn yn gytundeb pwysig dros ben, Anita. Rhaid i chi ddeall hynny.'

Agorodd Anita'r amlen a dechreuodd ddarllen y nifer tudalennau. Cododd ei phen unwaith neu ddwy. 'Dwi'n gweld eich bod yn addo cael gwaith i mi.'

'Cywir.'

'Does gen i ddim llawer o brofiad.'

'Mi wnawn ni'ch helpu i chi i gael mwy o addysg – cwrs addas fydd o gymorth i chi yn y dyfodol.'

'Ga i ddewis enw newydd i mi fy hun?' gofynnodd.

'Â chroeso – o fewn rheswm, wrth gwrs. Ac mi fyddwch yn cael tystysgrif geni newydd yn yr enw hwnnw, gydag enwau ffug ar gyfer eich rhieni.'

Arwyddodd Anita'r ddogfen ar ôl ei darllen, a gwnaeth John yr un fath. Ni welodd Anita'r enw a ddefnyddiodd.

'Dyna ni. Barod i symud ymlaen.' Cododd John a throi i adael.

'Cofiwch wneud trefniadau i mi weld rhywun o'r gwasanaethau cymdeithasol,' galwodd Anita ar ei ôl.

Pennod 16

Canol y prynhawn hwnnw, agorwyd drws cell Anita am y tro olaf. Roedd y dyn roedd hi'n ei adnabod fel John yn disgwyl amdani yn y coridor. Doedd dim math o ffurfioldeb nac arwyddo papurau cyn i ddrysau'r ddalfa gael eu hagor. Aethpwyd â hi i fath o garej lle'r oedd bws mini â ffenestri tywyll ynddo yn disgwyl amdani. Dringodd iddo, a phan daniwyd yr injan agorwyd drysau mawr o'u blaenau a gwelodd Anita olau dydd am y tro cyntaf ers pedwar diwrnod. Cyflymodd y cerbyd a gyrrodd allan. Dim ond dau arall oedd ar y bws: y gyrrwr a John, a eisteddai gyferbyn â hi. Gwenodd arni.

'Iawn?' gofynnodd.

'Ydw, diolch. Lle 'dan ni'n mynd?'

'Gewch chi weld. Rhywle diogel.'

Gyrrwyd y bws allan o'r ddinas ac ymunodd â'r M6 ar Gyffordd Sbageti cyn troi i gyfeiriad y gogledd. Ymhen hanner awr trodd oddi ar yr M6 gan deithio ar hyd lonydd llai, ac yna rhai culion am awr neu fwy. Tybiodd Anita ei bod yn swydd Stafford neu swydd Caer pan ddaethant i aros o flaen giât fawr mewn lleoliad gwledig, hardd. Roedd cloeon ar y giât a daeth swyddog diogelwch mewn iwnifform allan o warchodfa gerllaw i'w hagor. Gwelodd Anita fod waliau uchel yn ymestyn ymhell y ddwy ochr i'r giât, a weiren bigog ar hyd y top.

'Carchar eto, myn diawl,' cwynodd Anita.

'Nid i'ch cadw chi i mewn mae'r wal, Anita, ond i gadw eraill allan,' cadarnhaodd John.

Teithiodd y bws ar hyd lôn daclus drwy goed a chaeau glas am tua hanner milltir cyn cyrraedd hen blasty mawr trawiadol.

'Rargian, dyma neis. Pwy sy' bia fan fyn?' gofynnodd.

'Y Swyddfa Gartref,' atebodd John. 'Ond dim mwy o gwestiynau rŵan.'

'Dim ond un,' atebodd Anita. 'Be ydw i'n mynd i'w wisgo? Dwi wedi bod yn y dillad yma ers dyddiau.'

'Peidiwch â phoeni am hynny.'

Edrychai'r tŷ trillawr yn hynafol dros ben. Tyfai eiddew trwchus ar y wal un ochr i'r drws derw cadarn, ac roedd ffenestri eang bob ochr i'r drws.

Arweiniwyd hi i fyny'r grisiau i'r llawr cyntaf ac i ystafell wely fawr. Roedd yno wely dwbl, soffa, bwrdd gwisgo a theledu. Agorodd ddrws mewnol a darganfod ystafell ymolchi a chawod fodern y tu ôl iddo. Trwy'r ail ddrws roedd wardrob ddigon mawr i gerdded i mewn iddi. Synnodd Anita pan welodd ei holl ddillad yn hongian yn dwt yno, a'i hesgidiau ar silff yn y pen draw. Gwenodd o glust i glust a throdd i wynebu John, a oedd hefyd yn gwenu. Neidiodd Anita tuag ato a lapio'i breichiau o amgylch ei wddf.

'Hei, wnaiff hynna mo'r tro o gwbl,' protestiodd, gan symud yn ôl o'i gafael.

'O, mae'n ddrwg gen i. Wn i ddim be ddaeth drosta i. A chitha'n ddyn priod, ma' siŵr ...'

Nid atebodd John. 'Dewch i lawr y grisiau,' meddai, i droi'r sgwrs. 'Rŵan ta,' datganodd, ar ôl cyrraedd y lolfa gyfforddus. 'Rheolau'r tŷ. Dyma'ch lolfa chi, ac mae ystafell fwyta yn y fan acw. Chi ydi'r unig un sydd yma ar hyn o bryd. Mae staff o dri yn y tŷ, dyn a dwy ddynes. Maen nhw'n gwybod pam rydach chi yma, ond does ganddyn nhw ddim syniad o gwbl ynglŷn â'r achos ei hun. Ac mae'n rhaid iddi aros felly. Dim ond efo fi fyddwch chi'n trafod yr achos, deall? Fi yn unig. Bydd brecwast am wyth yn y bore, cinio am hanner awr wedi deuddeg a swper am hanner awr wedi chwech. Mi wna i adael i chi setlo heno, ond mi fydda i yn f'ôl y peth cyntaf bore fory yng nghwmni meddyg, a rhywun o'r gwasanaethau cymdeithasol. Rhaid i ni edrych ar ôl eich iechyd chi ac iechyd y babi cyn y medrwn ni wneud dim byd arall. Rŵan ta, nos da.'

Cerddodd Anita ato a rhoi cusan ysgafn a chyflym ar ei foch.

'Dim ond i ddiolch i chi o waelod fy nghalon mae honna, John,' meddai.

'Does dim rhaid diolch i mi,' meddai yntau. 'Fy unig gyfrifoldeb i ydi gwneud be fedra i i sicrhau fod Frank Murtagh yn cael ei gyhuddo, ei gael yn euog, ei gosbi, a'i fod yn treulio gweddill ei oes, neu'r rhan fwyaf ohono, mewn carchar. Mi wnewch yn dda i gofio hynny, Anita.' Trodd a cherddodd allan trwy'r drws mawr derw.

Dychwelodd Anita i'w hystafell wely gynted ag y medrai a cherdded i mewn i'r wardrob fawr. Chwiliodd trwy ei dillad yn wyllt. Tybed, meddyliodd. Tybed a oedd posib ...? Daliodd i chwilio nes iddi ddod ar draws y dilledyn roedd hi'n chwilio amdano – côt ledr frown drom a choler ffwr arni, un a brynodd Frank iddi ar gyfer y gaeaf cynt. Byseddodd y sêm ar waelod y defnydd, a lledodd gwên fawr ar draws ei hwyneb pan deimlodd siâp yr allwedd rhwng ei bysedd. Tynnodd yr allwedd allan ac edrych ar y rhif a oedd wedi'i argraffu arno, cyn rhoi cusan iddo a'i roi yn ei ôl yn ddiogel. Wedi'r cyfan, doedden nhw ddim wedi'i ddarganfod yno hyd yma. Roedd ei meddwl yn rasio wrth geisio ystyried y posibiliadau. Sut allai hi ei ddefnyddio? Byddai'n rhaid iddi feddwl am gynllun cyfrwys iawn, ond roedd Frank wedi dysgu iddi sut i fod yn gyfrwys, yn doedd?

Aeth i lawr y grisiau erbyn hanner awr wedi chwech a chyflwynodd ei hun i'r staff – pobl ddigon dymunol, meddyliodd. Diflannodd y dyn ac un o'r merched i'r gegin, gan adael y ferch arall i edrych ar ei hôl. Pan eisteddodd wrth y bwrdd bwyd daeth i ddeall na châi ddewis yr hyn oedd i'w fwyta, ond roedd y pryd a gafodd yn dda – llawer gwell na bwyd celloedd yr heddlu, roedd hynny'n sicr.

Wedi gorffen bwyta, penderfynodd fynd am dro o amgylch y gerddi. Roedd hi angen dipyn o awyr iach, ond penderfynodd beidio â mynd ymhell yn ei chyflwr presennol. Nid yn unig roedd ei beichiogrwydd yn pwyso arni'n gorfforol, ond roedd yn boen ar ei meddwl hefyd. Hi benderfynodd gadw'r plentyn pan ofynnodd Frank iddi yn y dyddiau cynnar beth oedd hi am ei wneud, ond doedd ganddi ddim ffordd o wybod bryd hynny faint y byddai'r amgylchiadau wedi newid erbyn ei eni. Ni chawsai bleser bellach wrth feddwl am yr enedigaeth na'r babi. Rywsut neu'i gilydd, roedd y plentyn yn ei chroth yn gysylltiedig â'r bygythiad brwnt a dderbyniodd gan y dyn yr oedd hi unwaith yn ei garu. Caru? Wyddai hi ddim erbyn hyn a oedd hynny'n wir ai peidio, ond roedd hi'n sicr wedi dod yn hoff o'i bywyd moethus. Efallai y câi hi fywyd moethus rywdro eto, ond doedd hi ddim eisiau cael ei hatgoffa o Frank bob tro yr edrychai ar ei phlentyn.

Roedd y tir o amgylch yr hen blasty yn hynod o hardd a thwt. Yr unig beth oedd yn amharu ar y prydferthwch oedd y camerâu diogelwch oedd yn ei dilyn hi o le i le. Doedd dim ots ganddi hi amdanyn nhw, meddyliodd – doedd ganddi hi ddim bwriad o geisio dianc. Hwn oedd ei thocyn hi i fywyd gwell.

Ar ôl brecwast y bore canlynol, cyrhaeddodd John gyda dwy ddynes o'r gwasanaethau cymdeithasol, a meddyg benywaidd a nyrs. Daethant oll i'r casgliad bod Anita yn holliach ac y byddai'r plentyn bychan yn cael ei fabwysiadu'n syth wedi'r enedigaeth. Teimlodd Anita'r pwysau yn codi oddi ar ei hysgwyddau.

Yna, yn ddiweddarach yn y dydd, dechreuodd John y dasg hir o gofnodi manylion y berthynas rhyngddi hi a Frank, o'r dechrau hyd at y diwedd ffiaidd. Roedd ganddo gyfrifiadur ar gyfer y dasg – rhywbeth nad oedd Anita yn gyfarwydd â fo o gwbl, ac fel y trodd yr oriau'n ddyddiau a'r dyddiau'n wythnosau, tyfodd y datganiad a'r wybodaeth ynddo. Torrwyd ar yr undonedd pan gâi'r ddau gyfle i gerdded yn y gerddi ar ddiwrnodau braf, neu chwarae snwcer ar y bwrdd mawr pan fyddai hi'n glawio. Tyfodd math o gyfeillgarwch rhyfedd rhwng y ddau, a sylwodd Anita fod John wedi stopio gwisgo siwtiau, ac wedi dechrau dod i'r plasty mewn dillad hamdden. Ni wyddai Anita fod y cyfan yn rhan o gynllun John, i'w chael i ymddiried yn gyfan gwbl ynddo cyn y diwrnod mawr pan fyddai hi'n sefyll ym mocs y tyst yn Llys y Goron.

Trawyd Anita â phoenau yn ei bol yn ddirybudd un bore. Rhuthrodd tîm o feddygon i'r tŷ ac yn ddiweddarach y noson honno ganwyd merch yn pwyso saith pwys iddi. Yn ôl ei dymuniad, aethpwyd â'r plentyn oddi wrth ei mam ar unwaith. Gwell oedd gan Anita beidio â chlosio ati. Plentyn y gwasanaethau cymdeithasol oedd hon. Ymhen deuddydd roedd Anita yn ôl ar ei thraed.

Ar ôl rhoi cyfle iddi gryfhau, dychwelodd John at y gwaith o orffen y datganiad, gan gymryd ambell hoe i ymlacio yng nghwmni Anita.

'Ydach chi yn fy ngweld i'n ddynes galed, John?' gofynnodd iddo un bore wrth iddynt gerdded trwy'r caeau.

'Ym mha ffordd?'

'Gadael i fy mhlentyn fynd fel'na.'

'Pwy ydw i i farnu?' atebodd. 'Ond mi fedra i ddeall eich safbwynt chi. Ac os rwbath, mi fydd yn gwneud petha'n haws i chi pan fyddwch chi'n setlo i'ch bywyd newydd.'

'Oes ganddoch chi blant, John?'

'Nagoes.'

'Gwraig?'

'Na, ddim bellach. Bu hi farw dros ddeng mlynedd yn ôl, yn dilyn salwch hir.'

'A does neb wedi tynnu'ch sylw chi ers hynny? Dwi'n gweld hynny'n od, os ga' i ddeud, a chitha'n ddyn mor olygus.'

'Nagoes, Anita.' Rhoddodd hanner gwên iddi. 'Mae fy ngwaith wedi cymryd drosodd.'

'Maddeuwch i mi am ofyn y fath beth, ond tydach chi ddim yn cael awydd ...? Does ganddoch chi ddim anghenion ...?'

'Fydda i ddim yn meddwl am bethau fel'na, Anita,' meddai'n bendant.

Wedi dwy awr arall o holi pan gwblhawyd darn arall o ddatganiad helaeth Anita, roedd John yn rhoi trefn ar ei bapurau a'u rhoi yn ei fag. Yn ddirybudd, penliniodd Anita o'i flaen a dechrau anwesu ei gluniau. Gafaelodd yng ngwregys ei drowsus a dechrau ei agor.

'Hei, Anita, na,' protestiodd, ond doedd dim llawer o bendantrwydd yn ei lais.

'Hisht,' gorchymynnodd hithau. 'Anrheg gen i ydi hyn am y cyfan 'dach chi'n ei wneud i mi, proffesiynol neu beidio. Fydd neb ddim callach.'

Agorodd ei falog a gadawodd i'w dwylo chwilota. Pan dynnodd Anita ei ddillad yn is, cododd yntau ei gorff fymryn i'w helpu. Defnyddiodd hithau ei dwylo a'i cheg i roi'r math o bleser iddo na phrofodd ers amser maith. Ni wyddai'r gŵr proffesiynol ble i droi. Gorweddodd ar y gadair am rai munudau cyn dod ato'i hun, a gwyddai Anita fod rhan gyntaf ei chynllun i gael ffordd ei hun wedi ei gwblhau.

Pennod 17

Llusgodd y tri mis nesaf. Roedd gwanwyn 1989 yn troi'n haf pan ddaeth cadarnhad o'r dyddiad pan fyddai Anita Hughes yn ymddangos yn dyst gerbron Llys y Goron Birmingham. Doedd hi ddim yn edrych ymlaen o gwbl, ond wnaeth hi ddim newid ei meddwl ac roedd John wastad wrth law pan fyddai angen cefnogaeth – er nad oedd wedi bod yn dod i'r plasty bob dydd, roedd mewn cysylltiad dros y ffôn yn ddyddiol.

Parhaodd Anita i roi rhyddhad corfforol iddo o dro i dro ond ni ddatblygodd unrhyw beth mwy na hynny. Er mai hi oedd yn dechrau pethau bob tro, doedd o byth yn gwrthwynebu. Gwyddai John am y perygl o glosio gormod at dyst, ond doedd o ddim wedi disgyn i unrhyw drap hyd yma yn ystod ei yrfa hir – doedd dim rheswm iddo golli'i ben y tro hwn chwaith.

Yn y cyfamser bu nifer o bobl eraill yn aros yn y plasty – rhai dros nos ac eraill am rai dyddiau. Doedd neb yn cymdeithasu, ac felly yr oedd hi i fod, yn ôl pob golwg. Roedd Anita wedi dewis ardal yng ngogledd-orllewin Cymru i fyw ynddi ar ôl gorffen rhoi tystiolaeth yn erbyn Frank a'i griw, ac wedi dewis enw iddi ei hun: Nerys Williams. Cytunai John na fyddai'r enw'n tynnu unrhyw sylw yn yr ardal honno. Yn y cyfamser, penderfynodd Anita ailafael yn ei Chymraeg, iaith a gollodd ar ôl symud o'r Wyddgrug. Ni fu hi erioed yn un am ddarllen llawer, ond gofynnodd i John ddod â nifer o lyfrau Cymraeg iddi er mwyn cael ymarfer. Doedd hi ddim yn dasg hawdd, ond roedd ganddi ddigon o amser ar ei dwylo, felly daliodd ati.

Ar fore'r diwrnod mawr, daeth y bws mini â'r ffenestri tywyll i aros tu allan i ddrws y plasty am chwech o'r gloch y bore. Roedd dau o geir plaen yr heddlu yno hefyd, un y tu ôl a'r llall o flaen y bws, gyda gyrrwr a dau blismon arfog ym mhob un. Ar y bws roedd John a dau blismon arfog arall. Roedd nerfau Anita ar chwâl.

Ar ddiwedd y daith, aethpwyd â hi trwy ddrws cefn cudd y llys i un o ystafelloedd preifat yr heddlu. Gafaelodd John yn ei llaw a siaradodd efo hi drwy'r amser, gan wneud ei orau i'w thawelu. Pan alwyd Anita, safodd ar ei thraed a chymryd anadl drom cyn cerdded rhwng dau o'r plismyn arfog i'r llys.

'Fydda i ddim ymhell,' daeth llais John tu ôl iddi.

Hebryngwyd hi i focs y tyst a oedd wedi ei amgylchynu â sgrin fel nad oedd neb ond y barnwr, y bargyfreithwyr ac un neu ddau o swyddogion y llys yn gallu ei gweld. Bu bron iddi lewygu wrth weld yr holl ddynion yn eu clogynnau du a'u wigiau gwyn, a'r barnwr yn ei wisg goch, yn syllu arni dros ei sbectol. Rhoddwyd y Beibl yn ei llaw dde. Darllenodd y llw a chodi'i phen. Gwyddai fod Frank Murtagh yno yn rhywle, yr ochr arall i'r sgrin. Daeth ei bresenoldeb anweledig ag ias oer drosti. Eisteddodd ar orchymyn y barnwr, gan sylwi bod galeri'r cyhoedd yn wag.

Cododd bargyfreithiwr y Goron ar ei draed a dechrau ei holi.

Bu Anita yno am dri diwrnod a hanner yn rhoi ei thystiolaeth. Yn ôl y drefn, cafodd ei holi ac yna'i chroesholi, a'i holi eilwaith gan y Goron. O dro i dro gofynnai'r barnwr gwestiwn iddi er mwyn sicrhau fod pob aelod o'r rheithgor wedi deall rhyw bwynt neu'i gilydd. Disgrifiodd y tyst ei rôl ym mhob lladrad dros gyfnod o ddwy flynedd – yr unig beth y bu iddi ei hepgor oedd y mater bach o guddio rhan helaeth o'r arian a ddygwyd. Roedd hi'n fodlon betio na fyddai'n cael ei holi am hynny gan fargyfreithiwr Frank. Byddai Frank ei hun, mwy na thebyg, yn ceisio gwneud trefniadau i'w adennill ryw dro. Dechreuodd Anita wylo sawl gwaith yn ystod y croesholi, a dysgodd yn gyflym sut i ennill cydymdeimlad y rheithgor a'r llys.

Roedd y daith yn ôl ac ymlaen yn wahanol bob dydd wrth i'r gyrrwr amrywio'r siwrne, a gwerthfawrogodd Anita ymdrechion y plismyn i sicrhau nad oeddent yn cael eu dilyn.

Pan gododd Anita i adael bocs y tyst am y tro olaf, rhewodd pan glywodd lais cyfarwydd Frank yn atseinio dros y llys.

'Y butain gelwyddog. Mi ga' i di'n ôl am hyn. Paid ti â phoeni,' sgrechiodd. 'Mi gei di weld.' Doedd dim rhaid gofyn beth oedd ystyr ei eiriau. Roedd hynny'n amlwg i Anita, y rheithgor a'r barnwr, a phawb arall yn y llys. Clywodd Anita y barnwr yn taro'r fainc o'i flaen â'i forthwyl, a lleisiau cynhyrfus yn sibrwd, ond llais Frank arhosodd yn ei chof. Fyddai hi ddim yn anghofio'i lais, na'i eiriau, am amser maith.

Anadlodd Anita ochenaid o ryddhad pan gyrhaeddodd y bws mini, ond am ryw reswm roedd ei chalon yn curo'n drymach ac yn gyflymach nag erioed. Rhuthrwyd hi allan o'r ddinas, a chymerodd gyrrwr y bws nifer o droadau er mwyn sicrhau nad oedd neb yn eu dilyn.

Roedd hi'n hwyr y prynhawn arnyn nhw'n cyrraedd y plasty.

'Mi wnest ti'n dda iawn, Nerys. Pob clod i ti,' meddai John wrthi.

Llifodd teimlad rhyfedd drosti wrth glywed ei henw newydd, a gwyddai nad oedd Anita Hughes yn bodoli bellach.

'Dwi wedi trefnu lle i ti fyw yn Llandudno, ac mae gwaith yn aros amdanat ti mewn gwesty yn y dref. Yn y gegin fyddi di, fel na fydd yn rhaid i ti gysylltu gormod â'r ymwelwyr,' parhaodd John. 'Ar ddechrau'r tymor nesa mi fyddi di'n dechrau cwrs gyda'r nos yng ngholeg Llandrillo. Mi gei di ddewis pa gwrs, i siwtio dy hun. Ond mae dy fywyd newydd di ar fin dechrau, Nerys.' Pwysleisiodd yr enw. 'Chei di byth gysylltu â dy orffennol eto. Dyna'r fargen.'

'Pryd fydda i'n gadael?' gofynnodd.

'Fory.'

'Fory? Rargian, dach chi ddim yn gwastraffu amser nac'dach?'

'Mi fydd dy ddillad a dy eiddo'n cael ei gludo yno y peth cyntaf yn y bore, ac mi fyddan ni'n dau yn dilyn yn ddiweddarach.'

'Dwi'n cofio'r fargen yn iawn, John, ond mae'n rhaid i Anita Hughes wneud un peth arall cyn i Nerys Williams adael am ogledd Cymru yfory. Mae gen i chydig o eiddo mewn banc yng nghanol y ddinas. Dydi o ddim llawer, ond mae'n bwysig i mi ei gael o.'

'Amhosib,' atebodd John yn gadarn.

Cerddodd Anita ato'n araf gan sefyll yn ddigon agos i afael yn dyner ynddo rhwng ei goesau a dechrau ei fwytho. Sylweddolodd John ei fod wedi colli'i ben.

'Bydd yn rhaid i mi wneud eithriad felly, yn bydd?' meddai, er y gwyddai ei fod yn chwarae â thân. 'Pa fanc?'

Y noson honno tynnodd Anita'r allwedd o'i guddfan yn y got ledr, a'r bore wedyn fe'i cuddiodd yn ddiogel yn ei dillad isaf. Paciwyd ei dillad i gyd a'u rhoi mewn car a oedd yn disgwyl y tu allan, ac ymhen llai nag awr cyrhaeddodd John yn ei gar ei hun i yrru Anita i ganol dinas Birmingham am y tro olaf. Disgwyliodd John y tu allan i'r banc am gyfnod hirach nag yr oedd o'n ei ddisgwyl. Heb yn wybod iddo, roedd Anita wedi cael mynediad i'r ystafell arbennig ar gyfer y cwsmeriaid oedd â bocs i gadw eiddo'n ddiogel. Ym mhreifatrwydd yr ystafell defnyddiodd yr allwedd i ddatgloi'r blwch oedd yn perthyn iddi hi a Frank. Roedd oddeutu mil o bunnau mewn arian parod ynddo, a thros ddwsin o lyfrau cyfrifon amrywiol ar gyfer cymdeithasau adeiladu a banciau ar hyd a lled Prydain, yn ogystal â'r dystysgrif geni ffug a ddefnyddiodd i agor y cyfrifon. Stwffiodd y cwbl i mewn i'w bag llaw, caeodd y blwch a'i gloi cyn galw am y cynorthwyydd. Yna, cerddodd allan i'r car at John.

'Reit, Llandudno amdani,' meddai Nerys Williams gyda gwên fawr ar ei hwyneb.

Ymhen tair wythnos, clywodd Nerys fod Frank Murtagh wedi ei ganfod yn euog ac wedi cael dedfryd o bum mlynedd ar hugain dan glo. Doedd ganddi ddim teimladau tuag ato, y naill ffordd neu'r llall. Y peth pwysicaf iddi hi oedd ei bod hi'n dair ar hugain oed, yn rhydd, ac yn awchu am y dyfodol newydd oedd o'i blaen.

Pennod 18

Yn dilyn ymweliad Jeff Evans ag Adwy'r Nant yng nghwmni PC Dylan Rowlands a'r ffotograffydd John Owen, eisteddodd y Ditectif Sarjant wrth ei ddesg yng ngorsaf heddlu Glan Morfa. Roedd wedi bodloni ei hun fod lleoliad damwain angheuol Morgan Powell wedi'i archwilio'n drwyadl, ond yn bwysicach, teimlai ei fod wedi cael argraff bersonol o'r lle, rhywbeth oedd yn hynod bwysig iddo yn dilyn pob digwyddiad, damwain neu beidio.

Roedd pentwr o waith papur a ffeiliau wedi cyrraedd ei ddesg yn ystod ei absenoldeb o'i swyddfa, felly tarodd olwg frysiog arnynt er mwyn sicrhau nad oedd unrhyw beth angen ei sylw. Ond methodd â chanolbwyntio – roedd ymddygiad ymosodol Tegid Powell yn llenwi ei feddwl. Oedd, cyfaddefodd, roedd o wedi gwthio cryn dipyn arno, ond roedd ganddo reswm da dros wneud hynny. Pam fod Tegid yn ystyried gwaith yr heddlu yn ymyrraeth? Roedd y ditectif profiadol angen ysgwyd caets y cyfreithiwr dwy a dimai er mwyn gweld beth yn union fyddai'n disgyn allan. Roedd yn ymwybodol fod yr anghytundeb rhwng y tad a'r mab yn boen ar Enid druan, ac roedd Jeff yn ei hadnabod yn ddigon da i wybod nad oedd hi'n un am orymateb. Clywsai Jeff am wendidau Tegid a'i ffordd wastraffus o fyw – allai o ddim credu bod hynny wedi plesio'i dad, yn enwedig ac yntau ymhell dros oed ymddeol Ond a oedd ymddygiad dyn ffôl yn fater iddo fo, fel ditectif, ei ystyried? Efallai ddim.

Trodd ei feddwl at fusnes Adwy'r Nant a'r tebygrwydd fod Tegid Powell eisiau cael ei fachau arno cyn gynted â phosib. Petai rhywun eisiau cael gwared â'r hen ddyn, ei fab fyddai ar flaen y ciw – ond wedi dweud hynny, gallai Jeff feddwl am ffyrdd llawer haws o wneud hynny na cheisio trefnu damwain ar ei gyfer. Efallai y gallai Meic, y gwas, daflu rhywfaint o oleuni ar y mater.

Beth fyddai'r fantais i Tegid, neu i unrhyw un arall, petai niwed yn dod i Morgan? Arian oedd yr unig ateb a ddaeth i'w feddwl. Cyfoeth Adwy'r Nant, a Tegid fyddai'n elwa. Doedd Morgan ddim y math o ddyn i fod wedi croesi neb yn ei fywyd, felly allai Jeff ddim meddwl y byddai neb yn ymosod arno i dalu pwyth yn ôl. Deuai pob trywydd ag ef yn ôl at Tegid. Oedd ei fusnes cyfreithiol yn llwyddiannus, tybed?

Cododd Jeff o'i gadair a chamu tuag at y ffenestr, i chwilio am ysbrydoliaeth yn fwy na dim arall. Byddai'n rhaid iddo bwyllo – doedd dim tystiolaeth i awgrymu unrhyw fath o anfadwaith, yn enwedig gan Tegid. Oedd Tegid yn ddyn anonest? Efallai ei fod o. Beth yn union ddigwyddodd pan oedd y dyn busnes hwnnw, Bertie Smart, yn prynu Gwesty Glyndŵr? Oedd Morgan wedi achub croen Tegid bryd hynny, gan warchod enw da'r teulu? Roedd Jeff yn sicr fod gan Morgan ddigon o arian i allu gwneud hynny, ond beth fyddai'r gost i'r berthynas rhwng Tegid a'i rieni, tybed?

Trodd Jeff ei sylw at fusnes Adwy'r Nant – ers i iechyd Morgan ddechrau dirywio roedd Tegid wedi dechrau cymryd drosodd yn ara deg, yn ôl Enid. Onid dyna'n union fyddai rhywun yn disgwyl i fab ei wneud i helpu ei dad? Ond wedyn, roedd awgrym fod Tegid wedi cymryd mwy a mwy o gyfrifoldebau oddi ar Gwyneth yn y swyddfa, a hynny heb fod angen. Cawsai Jeff y teimlad pan gyfarfu â hi fod rhywbeth yn ei phoeni. Oedd y rhywbeth hwnnw'n ymwneud â Tegid, tybed? Ar hyn o bryd, roedd yn rhaid i Jeff gyfaddef fod ei ddychymyg yn gorweithio, a gwyddai nad oedd hynny'n dda i ddim. Byddai'n rhaid iddo fynd i weld Gwyneth yn ogystal â Meic y gwas.

Ond roedd rhywbeth arall yn ei boeni hefyd. Os oedd Enid wedi deall ei gŵr yn iawn pan geisiodd o siarad â hi yn yr ysbyty, roedd o wedi awgrymu bod rhywun arall yn bresennol yn rhywle – yn y sied adeg y ddamwain, tybed? Ynteu a oedd Morgan yn ffwndro ar ôl ei anaf pen a than ddylanwad cyffuriau cryf?

Penderfynodd Jeff fynd am baned o goffi i'r cantîn, lle gwelodd ei gyfaill a'i gyd-weithiwr, Sarjant Rob Taylor. Ar ôl mân-siarad am broblemau plismona'r ardal, trodd Jeff y sgwrs at ddigwyddiadau'r bore hwnnw.

'Mi fues i efo Dylan Rowlands yn Adwy'r Nant gynna,' meddai. 'Mae 'na ddefnydd plismon eitha da yn yr hogyn ifanc 'na.'

'Synnwn i ddim, Jeff. Do, mi ddeudodd o dy fod ti wedi bod yno efo fo. Be ydi dy ddiddordeb di mewn achos o ddamwain?'

'Dim, 'mond fy mod i'n nabod y teulu. Ond mae un neu ddau o betha bach sy'n codi cwestiynau.'

'O, na. Ma' gin ti deimlad yng ngwaelod dy fol hefyd ma' siŵr?' gwenodd Rob yn gellweirus.

'Be wyddost ti am Adwy'r Nant, Rob?' Dewisodd Jeff anwybyddu'r tynnu coes.

'Busnes bach digon del, 'swn i'n deud. Does 'na byth lawer o dwrw yno. Fedra i ddim cofio i ni gael ein galw yno erioed cyn y trwbwl chydig wsnosau'n ôl.'

'O, be oedd hynny? Chlywais i ddim sôn.'

'Na, mi oeddat ti ar dy wyliau, dwi'n meddwl, ond mi oedd y cwbl drosodd cyn i neb droi rownd. Rhyw griw o hogia ifanc ddaeth yno o rywle a dechrau cadw reiat. Llanast ar y diawl, ond mi aethon nhw o'no'n syth. Llafnau ifanc o Loegr, yn ôl pob golwg. Erbyn i ni gyrraedd, mi oeddan nhw wedi diflannu.'

'Be ddigwyddodd yn hollol, Rob?'

'Nos Wener oedd hi, os dwi'n cofio'n iawn. Daeth tua dwsin ohonyn nhw mewn pedwar neu bum car du fel yr oedd hi'n nosi – y ceir mawr gyriant pedair olwyn 'na. Rhwymwyd un babell i gefn un o'r ceir a'i llusgo i ganol un o'r caeau a'i rhoi ar dân o flaen yr ymwelwyr eraill. Doedd neb ynddi, diolch i'r nefoedd, ond fel y gelli di fentro mi oedd pawb wedi dychryn. Pobol yn sgrechian ym mhob man. Defnyddiwyd petrol neu rwbath tebyg yn danwydd, ac mi oedd y fflamau i'w gweld o bell. Tra oedd hynny'n digwydd, aeth rhai o'r lleill i'r bloc molchi a gwneud wn i ddim faint o ddifrod yn y fan honno. Defnyddio morthwylion trwm i chwalu'r basnau molchi a'r toiledau. Uffarn o lanast fel y medri di ddychmygu.'

'A chawsoch chi ddim gafael arnyn nhw?'

'Naddo. Chymerodd y cwbl lot ddim mwy na chydig funudau, ac erbyn i'n bois ni gyrraedd mi oedd y diawlad wedi'i heglu hi.'

'Be ti'n wneud o'r digwyddiad, Rob?'

'Sgin i ddim amheuaeth mai ymgyrch i ddychryn oedd hi, nid i anafu neb, ond o ganlyniad mi adawodd nifer o'r ymwelwyr y bore trannoeth. Mi aeth rhai adra'r noson honno gan eu bod wedi dychryn cymaint. Roedd hi'n dipyn o golled i'r busnes 'swn i'n deud, heb sôn am y babell a losgwyd a'r gost o drwsio'r difrod yn y toiledau. Meddylia fod hynny wedi digwydd ar ddechrau'r tymor gwyliau pan oedd cymaint o bobol o gwmpas, ac ar noson benwythnos hefyd.'

'Ddigwyddodd 'na rwbath tebyg yn rwla arall dŵad? Mae gen i ryw gof...'

'Fyswn i'n synnu dim dy fod ti'n iawn, Jeff, ond nid ar ein patshyn ni.'

Cododd Jeff i adael, ond rhoddod Rob ei law ar ei fraich i'w atal.

'Eistedda'n ôl i lawr am funud bach, er mwyn i mi gael dy farn di ar rwbath, Jeff.' Ufuddhaodd Jeff. 'Mater personol ydi hyn. Dwi'n poeni dipyn am yr hogyn 'cw. Mi adawodd Anthony'r ysgol llynedd fel ti'n gwybod. Doedd ganddo fo ddim diddordeb o gwbl mewn unrhyw fath o addysg ychwanegol, medda fo, a doedd dim diben i mi drio newid ei feddwl o. Roedd o'n ysu i gael gwaith ac ennill dipyn o arian.'

'Be mae o'n wneud rŵan, Rob?'

'Prentis i lawr yn y marina, i gwmni o'r enw Hwyliau'r Weilgi.'

'O ia – busnes Ed Mason.'

'Dyna ti, mae o'n dysgu trin cychod ffeibrglas ar hyn o bryd, ac wrth ei fodd yno. Ond rargian, Jeff, mae o allan yn hwyr bron bob nos ers wsnosau lawer, ac mae o'n trio deud wrth ei fam a finna mai allan ynglŷn â'i waith mae o – tan hanner nos weithia – yn cymdeithasu efo perchnogion y cychod. Rhyw bobl fawr gyfoethog ydi'r rheini fel arfer, fel ti'n gwybod, yn wahanol iawn iddo fo.'

'Swnio'n ddigon naturiol i mi, Rob... mae o'n siŵr o fod yn eu hedmygu nhw a'u ffordd o fyw. Faint ydi ei oed o rŵan, dŵad?

'Newydd gael ei ddwy ar bymtheg, ond dyma pam dwi isio dy farn di, Jeff. Pan oedd o'n cael cawod y bore o'r blaen, mi es i drwy ei waled o. Mi wn i, ddylwn i ddim bod wedi gwneud.'

Chwarddodd Jeff. 'Ac mi oedd 'na gondoms ynddi, ma' siŵr!' Nodiodd Rob. 'Wel, chwarae teg iddo fo am garu'n gall, Rob, dyna ddeuda i.'

Anadlodd Rob yn ddwfn. 'Mi oedd 'na dipyn go lew o arian parod ynddi hefyd. Mwy o lawer nag y mae o'n ei ennill mewn wythnos.'

'Paid â dechrau poeni, Rob – ella'i fod o'n chwarae o gwmpas efo rhyw ddynes gyfoethog, ac yn gwneud job dda ohoni.'

'Be fysat ti'n wneud, Jeff?'

'Rhoi llonydd i'r hogyn fwynhau ei hun, a gadael iddo fo orffen tyfu i fyny. Jyst cofia sut un oeddat ti yn ei oed o, mêt.'

Pennod 19

Ni wyddai Jeff yn union pam roedd o'n meddwl fod cysylltiad rhwng y digwyddiad y soniodd Rob amdano a'r ddamwain yn Adwy'r Nant. Penderfynodd fynd i gael gair arall efo Enid. Doedd o ddim eisiau tarfu arni yn ei galar, ond o dan yr amgylchiadau doedd neb arall y gallai ei holi.

'Does dim rhaid i chi ymddiheuro o gwbl, Jeff. Galwch yma ryw dro liciwch chi,' oedd y croeso a gafodd gan Enid Powell. 'Dwi'n licio gweld eich wyneb cyfeillgar chi, yn enwedig rŵan. 'Dach chi a Gwyneth yn rhai da am wrando ... ond mae ganddi hithau gymaint ar ei phlât.'

Ar ôl i Enid wneud te, dechreuodd Jeff fynd o gwmpas yr holi yn anuniongyrchol, gan geisio peidio'i chynhyrfu.

'Does ganddoch chi le braf yn Adwy'r Nant 'ma deudwch? Lle tawel a heddychlon i bobl fwynhau eu hunain.'

'Ydi, gan amlaf,' atebodd Enid. 'Ond mi fu 'na helynt ofnadwy yma tua mis yn ôl, wyddoch chi. Welis i mo'r fath beth o'r blaen, wir.'

Edrychai'n debyg fod cynllun Jeff yn gweithio. 'O, be oedd hynny, Enid?'

'Mi ddaeth rhyw hogia o ffwrdd yma, rhoi pabell ar dân a malu'r bloc molchi'n rhacs. Mi gawson ni filoedd o bunnau o gostau, heb sôn am yr arian ddaru ni golli pan ddechreuodd y cwsmeriaid adael yn gynnar gan fynnu eu harian yn ôl.'

'Mae rhaid bod hynny wedi digwydd tra o'n i ar fy

134

ngwyliau efo Meira a'r plant.' Doedd hynny ddim yn gelwydd. 'Be ddigwyddodd? Pwy oeddan nhw?'

'Wn i ddim, dim ond eu bod nhw wedi cyrraedd, gwneud yr holl ddifrod a'i heglu hi o'ma. Fu dim sôn amdanyn nhw na chynt na chwedyn. Mi aeth Morgan o'i go' yn lân, a dyna un rheswm pam ei fod o wedi dechra mynd allan peth dwytha bob nos – i wneud yn siŵr fod bob dim fel y dylai fod. Er, wn i ddim be fysa dyn o'i oed o wedi medru'i wneud tasa rwbath o'i le.'

Arhosodd Jeff yn dawel gan obeithio y byddai'n ymhelaethu heb fwy o brocio.

'Ddeudodd Morgan ddim llawer wrtha i, ond dwi'n meddwl ei fod o wedi trafod y peth efo Tegid, a bod y ddau wedi anghytuno ynglŷn â sut i ddelio efo'r mater.'

'Delio â'r mater?' prociodd Jeff.

'Ia. Dyma'r tro cynta i'r fath beth ddigwydd yma, welwch chi, ac fel dwi'n dallt, mi oedd Tegid isio cyflogi rhyw ffyrm ddiogelwch i ddod yma i wneud yn saff na fysa'r un peth yn digwydd eto.'

'Mae'n anodd deall sut y bysa ffyrm ddiogelwch yn medru atal y fath ddigwyddiad. Byddai'n rhaid i'w staff nhw fod yma bob awr o'r dydd a'r nos, ac mi fysa hynny'n costio ffortiwn.'

'O'r hyn ddalltis i, Jeff, mi oedd Tegid yn awyddus i gyflogi rhywun penodol, ond doedd Morgan ddim isio dim byd i'w wneud â nhw.'

'Mwy o anghytuno felly?' Cododd Jeff ei eiliau.

'Ia, yn anffodus.'

Roedd Jeff yn gyrru i lawr ffordd breifat Adwy'r Nant pan welodd gar Tegid Powell yn dod tuag ato. Arafodd ac agor ffenestr y gyrrwr – byddai'n rhaid iddo ofyn i Tegid am y drafferth a'r difrod rhyw dro, a gorau po gyntaf. Anwybyddodd Tegid yr arwydd amlwg iddo stopio, gan yrru ymlaen i gyfeiriad y ffermdy. Roedd Jeff yn sicr fod Tegid wedi ei adnabod ac wedi deall ei fod am iddo aros, ond roedd hi'n hwyr yn y prynhawn erbyn hyn ac roedd hi'n bosib fod Tegid eisoes wedi yfed mwy na'r lwfans cyfreithiol o alcohol i yrru. Trodd Jeff ei gar rownd a gyrrodd ar ei ôl, a'i ddilyn cyn belled â'r ffermdy. Pan gyrhaeddodd, gwelodd Jeff fod Tegid yn eistedd yn llonydd tu ôl i'r llyw, heb wneud ymdrech i gamu allan o'r car.

Cerddodd Jeff yn hamddenol tuag at ddrws ochr y teithiwr, ei agor ac eistedd yn y sedd heb wahoddiad.

Ochneidiodd Tegid yn uchel. 'Be sy' rŵan eto? Mi o'n i'n meddwl fy mod i wedi cael gwared arnoch chi gynna,' meddai'n sinigaidd.

Sylweddolodd Jeff fod arogl alcohol ar ei wynt, ond dim cymaint ag oedd yn gynharach y diwrnod hwnnw. Nid oedd golwg feddw arno, ac o dan yr amgylchiadau dewisodd beidio â thynnu sylw at y ffaith.

'Rwbath bach sydd wedi codi ers i ni gyfarfod yn gynharach heddiw,' esboniodd Jeff. 'Efallai ei fod o'n bwysig, efallai ddim.'

'Wel brysiwch 'ta, ddyn. Does gen i ddim amser i'w wastraffu efo chi.'

'Isio gofyn i chi ydw i am y noson honno tua mis yn ôl pan ddaeth nifer o ddynion ifanc yma a chreu difrod. Peth ofnadwy oedd hynny, 'te?'

'Ylwch, Sarjant Evans, does gan hynny ddim byd i'w wneud â damwain fy nhad. Petai'ch dynion chi wedi cyrraedd yma'n brydlon y noson honno, ella y bysan nhw wedi cael eu dal. A dyna'r cwbwl sy' gen i i'w ddeud.'

Gwnaeth Tegid symudiad i agor drws y gyrrwr, ond roedd Jeff ymhell o fod wedi gorffen efo fo. Rhoddodd ei law yn gadarn ar ei ysgwydd.

'Mr Powell. Fel hyn ma' hi, ylwch. 'Dach chi wedi bod yn gyrru'r car 'ma efo oglau alcohol ar eich gwynt. Rŵan, mi fyswn i'n deud eich bod chi ar ffin y limit. Mae gen i ddau ddewis. Mi fedra i yrru am blismon mewn iwnifform i roi prawf anadl i chi, ac mi gawn ni weld sut aiff petha. Dwi'n gwybod eich bod chi'n dipyn o gambler. Ydach chi'n fodlon gamblo efo'ch trwydded yrru? Ac mi ydan ni reit tu allan i ddrws tŷ eich mam, cofiwch, a'r peth dwytha dwi isio'i wneud ydi achosi embaras iddi. Ar y llaw arall, mi fedrwch chi eistedd yn fama efo fi am chydig funudau ac ateb un neu ddau o gwestiynau syml. Eich dewis chi.'

Gwelodd Jeff y gŵr wrth ei ochr yn gwingo. Efallai ei fod yn ceisio cofio faint o alcohol roedd o wedi'i yfed yn ystod y dydd.

Ochneidiodd Tegid a thynnu ei law oddi ar handlen y drws. 'Reit,' meddai. 'Pa gwestiynau *syml* sy ganddoch chi, Sarjant?'

'Be wyddoch chi am ddigwyddiadau'r noson honno?'

'Dim. Dim byd o gwbl. Doeddwn i ddim ar gyfyl y lle 'ma.'

'Pryd glywsoch chi am y peth?'

'Yn gynnar fore trannoeth pan ffoniodd 'nhad. Mi oedd o wedi cynhyrfu'n lân ac yn sôn am y golled – y cwsmeriaid yn gadael a chost y difrod.'

'A sut ddaru chi ymateb, Mr Powell?'

'Ymateb?'

'I oblygiadau'r digwyddiad.'

Cododd Tegid ei ysgwyddau mewn arwydd o anwybodaeth.

'Dewch, Mr Powell. Mi ydach chi wedi bod yn cymryd mwy a mwy o ddiddordeb ym musnes Adwy'r Nant ers peth amser, ac mi fu colled ariannol sylweddol i chi'r noson honno.'

'Gwir, ond be fedrwn i ei wneud ond trwsio'r difrod a chario mlaen?'

'Be am geisio atal y peth rhag digwydd eto?'

'A sut yn y byd fyswn i'n mynd ati i wneud y fath beth, medda chi?'

Penderfynodd Jeff ei fod wedi cael digon o gyfle i gyfaddef o'i wirfodd. 'Dod â swyddogion diogelwch yma, ella?'

Ni ddywedodd Tegid air o'i ben. Pam tybed? Oedd Jeff wedi hitio man gwan? 'Pa gwmni diogelwch oeddech chi am ei gyflogi i atal yr un peth rhag digwydd eto, Mr Powell?'

Eto, gwelodd Jeff yr olwynion yn troi. Gwyddai Tegid bellach fod ei fam wedi trafod y sefyllfa â'r ditectif, ond beth yn union ddywedodd hi?

'Doedd 'na ddim cwmni diogelwch,' mynnodd Tegid.

'Ond mi ddeallais i fod anghytundeb rhyngoch chi a'ch tad ynglŷn â rhyw gwmni diogelwch penodol.'

'Pam yr holl bwyslais ar ryw ffrae ddychmygol rhyngtha i a fy nhad, Sarjant Evans? Doedd dim cwmni diogelwch penodol, ond mi ddeudis i wrtho y byddai'n syniad da i ni feddwl am holi o gwmpas. Doedd 'nhad ddim yn cytuno, a mater iddo fo oedd hynny. Doedd dim dadl na ffrae nac anghytundeb fel yr ydach chi'n awgrymu. Wn i ddim be 'dach chi'n drio'i awgrymu, wir.'

'I fynd yn ôl at y difrod a achoswyd y noson honno. Faint o golled gawsoch chi?'

'Fedra i ddim deud eto. Dwi ddim wedi cael y cyfrifon, ond mi fydd yn swm sylweddol.'

'A be am y babell a roddwyd ar dân? Be oedd cost honno?'

Trodd Tegid i wynebu Jeff am y tro cyntaf. 'Dyna i chi be oedd yn rhyfedd, Sarjant Evans,' meddai. 'Does gen i, na neb arall yma, ddim syniad pwy oedd perchennog y babell honno. Doedd neb ynddi, a does neb wedi dod i gwyno ei bod wedi ei dinistrio, na holi am iawndal. Yn ôl ein llyfrau ni, doedd neb i fod ar y llecyn hwnnw o'r cae y noson honno.'

'A be mae hynny'n ei awgrymu i chi?'

'Pabell heb berchennog. Wn i ddim mwy na hynny.'

'Ydi hi'n bosib fod rhywun wedi ei rhoi hi yno'n bwrpasol er mwyn gwneud sioe o'i llosgi hi o flaen pawb?'

'Pam fysa rhywun yn gwneud peth felly?'

'Er mwyn dychryn yr ymwelwyr eraill heb anafu neb. Mae'n edrych yn debyg i mi fod yr holl ymgyrch wedi'i gynllunio i achosi colled ariannol i Adwy'r Nant a neb arall. Pwy fysa'n gwneud y fath beth, Mr Powell?'

Syllodd Tegid yn fud drwy ffenestr flaen y car am sbel. 'Wn i ddim, wir,' atebodd o'r diwedd. 'Dydi'r peth ddim yn gwneud synnwyr.'

'Wel,' meddai Jeff, 'anghytundeb rhyngoch chi a'ch tad neu beidio, mi fedra i weld eich pwynt chi bod angen rhyw fath o warchodaeth yma.'

Pennod 20

Y bore canlynol, gwyddai Jeff y byddai'n rhaid iddo ddechrau gwneud ymdrech i glirio'r gwaith papur diflas a oedd yn bentwr ar ei ddesg. Doedd arolygu gwaith papur ditectif gwnstabliaid Glan Morfa ddim yn un o'i hoff ddyletswyddau, ond roedd yn rhan bwysig o'i swydd. Ychydig cyn naw, cerddodd i mewn i'w swyddfa gyda phaned o de yn ei law ar ôl treulio chwarter awr dda yn swyddfa'r ditectifs yn trefnu eu hymholiadau am y diwrnod.

Ni allai beidio â meddwl am ei sgwrs gyda Tegid Powell y noson cynt. Heb os nag oni bai, ymgyrch yn erbyn busnes Adwy'r Nant oedd yr ymosodiad ychydig dros fis ynghynt – ond pam fyddai rhywun yn mynd i'r fath drafferth? Roedd yn rhaid iddo gyfaddef fod Tegid wedi ymddwyn yn rhesymol wrth awgrymu cyflogi rhywun i warchod y lle. Oedd Morgan wedi anghytuno? Ynteu oedd y ddau wedi ffraeo ynglŷn â rhywbeth arall, megis y cwmni fyddai'n cael ei benodi i wneud y gwaith?

Canodd y ffôn ar ei ddesg i'w lusgo o'i fyfyrdod. Yr Uwch-arolygydd Irfon Jones oedd yno, gyda chais i Jeff ddod i'w weld ar unwaith yn y pencadlys rhanbarthol. Cafodd y gwaith papur ei adael unwaith yn rhagor.

Lai nag awr yn ddiweddarach roedd Jeff yn curo ar ddrws swyddfa'r Uwch-arolygydd.

'Jeff, diolch am ddod mor handi. Mi ydach chi'ch dau yn nabod eich gilydd dwi'n deall.'

Roedd dyn yn eistedd â'i gefn at Jeff, a throdd yn ei gadair i wenu arno.

'Emyr, sut wyt ti?' ebychodd Jeff. 'Mae 'na ddwy flynedd dda ers i mi dy weld di ddwytha, er y bydda i'n darllen dy waith di'n aml.' Ysgydwodd Jeff ei law.

'Oes, debyg,' atebodd y dyn arall. 'Gobeithio dy fod ti'n credu pob gair dwi'n ei sgwennu!' Chwarddodd y tri.

Newyddiadurwr yn gweithio i'r *Daily Post* oedd Emyr Huws, dyn gweddol fyr yn ei dridegau a oedd yn hapusach mewn pâr o jîns nag mewn siwt. Pur anaml roedd yr heddlu'n gweithio law yn llaw â'r wasg, ond roedd Jeff ac Emyr wedi dod i adnabod ei gilydd pan oedd y ddau ohonynt ynghlwm ag achos cymhleth a sensitif, ac un personol iawn i Jeff, flynyddoedd ynghynt. Bryd hynny bu i Emyr ddal stori bwysig yn ôl nes yr oedd Jeff yn barod i'r hanes gael ei gyhoeddi, a hynny yn erbyn ewyllys prif olygydd y papur. Ers hynny roedd y ddau wedi dod i ddeall ei gilydd yn reit dda.

'Mae Mr Huws wedi dod ar draws rwbath sydd o ddiddordeb i ni'r heddlu,' eglurodd Irfon Jones. 'Mr Huws, wnewch chi ddweud y cyfan wrth Jeff?'

'Fi ydi gohebydd economaidd y papur ar draws gogledd Cymru bellach, Jeff, ac mi ges i hanes stori chydig wythnosau'n ôl. Dwi wedi gwneud nifer o ymholiadau ers hynny, ac mae'r peth yn fwy difrifol nag y gwnes i erioed ei ddychmygu. Dod yma heddiw am ymateb yr heddlu wnes i.'

'Economi gogledd Cymru, a ti'n dod aton ni?' meddai Jeff yn ddryslyd.

'Mi wyddoch chi'ch dau pa mor bwysig ydi twristiaeth i economi'r ardal 'ma – y rhanbarth i gyd, a deud y gwir,' dechreuodd Huws.

'I Gymru gyfan, siŵr gen i,' cytunodd Jeff.

'Hollol. Mae miliynau o ymwelwyr yn dod i'n hardaloedd ni bob blwyddyn, a hynny drwy'r flwyddyn. Er hynny, tymor yr haf sy'n dod â'r prysurdeb mwyaf fel y gwyddoch chi, ac mae'r diwydiant yn werth cannoedd o filiynau o bunnau i'r economi bob blwyddyn.'

Meddyliodd Jeff am Adwy'r Nant a'r cannoedd oedd yn mwynhau eu hunain yn fanno yr wythnos honno'n unig.

'Yn gyffredinol, mae incwm y diwydiant twristiaeth yn chwyddo bob blwyddyn, yn sgil amryw o atyniadau llwyddiannus sydd wedi eu sefydlu ar hyd a lled y gogledd yn ystod y degawd dwytha. Ac fel mae pawb yn gwybod mae 'na lu o atyniadau naturiol iddyn nhw eu mwynhau hefyd – y mynyddoedd a'r traethau – ac mae'r rhan helaeth o'r ymwelwyr yn aros ar safleoedd campio neu mewn carafanau. Dychmygwch werth ariannol hynny nid yn unig i berchnogion y safleoedd gwersylla ond y gymuned gyfan.'

Hyd yn hyn roedd Jeff yn cytuno â phob gair.

'Yr wybodaeth annisgwyl ddois i ar ei thraws hi, Jeff,' parhaodd Huws, 'ydi hyn. Tydi'r cynnydd yn yr incwm sy'n cael ei gofnodi gan y parciau gwyliau hyn ddim yn tyfu cymaint â'r tyfiant cyffredinol yn incwm diwydiant twristiaeth y gogledd. Gweld hynny'n rhyfedd wnes i. Dechreuais wneud ymholiadau, a dyma fy nghanlyniadau. Mae 'na ryw elfen sinistr iawn wedi taro nifer o barciau gwyliau yn ystod y ddwy flynedd ddiwethaf 'ma. Criwiau o ddynion ifanc yn ymosod ar y safleoedd ac yn creu digon o niwed i ddychryn teuluoedd ymaith.'

Ochneidiodd Jeff yn drwm wrth iddo feddwl am y digwyddiadau yn Adwy'r Nant fis ynghynt.

'Mae'n rhaid i chi faddau i mi,' parhaodd y gohebydd,

'ond fedra i ddim rhoi ffigyrau pendant i chi ar gyfer y golled i'r economi dwristaidd yn gyffredinol na'r golled i berchnogion busnesau unigol, ond mae'n sefyll i reswm bod colled, a honno'n un enfawr. Mae pob ymwelydd yn gwario arian sylweddol tra maen nhw yn yr ardal.'

'Ac mae hyn yn digwydd ar hyd a lled y gogledd?' gofynnodd Irfon Jones.

'Cyn belled ag y gwn i, o Brestatyn, ar draws Môn ac i lawr cyn belled ag Aberystwyth. Ond dim ond dyfalu maint y broblem ydw i. A dwi yma i ofyn i chi be mae'r heddlu'n ei wneud ynglŷn â'r peth, os, yn wir, ydi'r heddlu yn ymwybodol o'r digwyddiadau.'

'Dyma'r broblem, Emyr,' rhoddodd Jeff ei big i mewn am y tro cyntaf. 'Dim ond un achos o'r fath rydw i wedi dod ar ei draws o, ac mi ddigwyddodd hynny tua mis yn ôl. Wn i ddim os oes cysylltiad, ond mae'r digwyddiad yn disgyn i'r un patrwm yn union â'r hyn rwyt ti'n ei ddisgrifio. Os ydi'r un math o beth yn digwydd mewn rhannau eraill o'r gogledd, does dim sicrwydd bod cysylltiad yn cael ei wneud rhwng un digwyddiad a'r llall. Ac oherwydd hynny mae'n amhosib i'r broblem yn ei chyfanrwydd ddod i'r wyneb.'

'Wrth gwrs, dwi'n dallt hynny,' meddai Huws. 'Ond rŵan, rydach chi'n ymwybodol o'r peth.'

'Ydan,' cadarnhaodd Irfon Jones. 'Cyn belled ag y gwyddoch chi, Mr Huws, ydi'r un broblem yn codi yng ngwestai'r ardal hefyd?'

'Tydw i ddim wedi clywed am yr un achos. Dim ond mewn safleoedd gwersylla a charafanio.'

'Oes 'na sôn bod cerbydau mawr du, rhai gyriant pedair olwyn, yn cael eu defnyddio? Ac ydyn nhw'n malurio cyfleusterau, ac ati?' gofynnodd Jeff.

Gwenodd Emyr Huws. 'Sut gwyddost ti hynny, Jeff?'

'A hyd at ddwsin o lafnau ifanc yn creu helynt a difrod mewn ychydig funudau cyn diflannu?'

'Rwyt ti'n gwybod cymaint â fi, Jeff.'

'Nac'dw wir, Emyr. Dim ond un digwyddiad y gwn i amdano.'

'Ond mae un peth yn sicr,' ychwanegodd yr Uwch-arolygydd. 'Mae hyn yn haeddu mwy o sylw. Wedi i ni wneud ymholiadau, mi ddown ni'n ôl atoch chi. Ydi hynny'n ddigon da am rŵan?'

'Siort orau,' atebodd Huws.

'Pryd mae'r stori'n mynd allan yn y papur?' gofynnodd Jeff.

'Dwi ddim yn barod i wneud hynny eto, a does dim brys mawr.'

'Rho chydig o amser i mi, Emyr, ac mi ddo' i'n ôl atat ti pan fydd gen i rwbath i'w adrodd. Ydi hynny'n eich siwtio chi, Uwch-arolygydd?'

Cytunodd Irfon Jones.

'Cofia gysylltu, Jeff, ac ella y ca' i ddod efo chdi i helpu efo'r ymholiadau ryw dro.'

'Mi wyddost ti'n well na gofyn hynny, Emyr, ond mi gei di wybod be ydi canlyniadau'r ymchwiliad o flaen pawb arall. Ydi hynny'n ddigon teg?'

Diolchodd Emyr Huws a chodi ar ei draed gan estyn am ei gamera drudfawr a oedd ar lawr wrth droed ei gadair.

'Be ti'n wneud â hwnna?' gofynnodd Jeff. 'Ro'n i'n meddwl mai gohebydd economaidd oeddat ti, nid dyn tynnu lluniau.'

'Dwi'n foi hen ffasiwn, Jeff. Ges i'n hyfforddi i fod yn barod am unrhyw beth – a hefyd, mae ganddon ni lai a llai o staff. Rhaid i mi wneud dipyn bach o bopeth. Newyddion economaidd, materion gwleidyddol, damweiniau car ... Stori neu luniau, mae'n rhaid i mi wneud y cwbl.'

'Doeddat ti ddim wedi meddwl tynnu'n lluniau ni, siawns?' wfftiodd Jeff.

'Ti'm yn disgwyl i mi adael petha drud fel hyn yn y car tu allan, nagwyt, a gymaint o ddwyn o gwmpas y lle 'ma?'

Chwarddodd y tri.

Wedi i'r gohebydd adael, trodd Irfon Jones at Jeff. 'Oes gen ti amser i ymchwilio dipyn i hyn? Mi wn i pa mor brysur ydi Glan Morfa yng nghanol yr haf fel hyn.'

'Mi wna i amser.'

'A sut wyt ti'n gwybod cymaint am y peth yn barod?'

Adroddodd Jeff hanes y miri yn Adwy'r Nant.

'Ella bod 'na gysylltiad,' meddai Irfon Jones. 'Be ti'n feddwl o'r cwbl?'

'Os ydan ni'n iawn, mae'r achosion hyn yn rhan o ymgyrch anferth sydd wedi'i chynllunio dros amser. Mae'r ymosodiadau'n digwydd ers tua dwy flynedd yn ôl Emyr. Ac ma' hi'n anodd gweld pwy mae'r cwbl i fod i'w frifo: perchnogion y safleoedd gwyliau, yn sicr; twristiaeth gogledd Cymru i gyd efallai, neu'r Cymry'n gyffredinol? Oes 'na ryw fath o gysylltiad â therfysgaeth, tybed? Oes rhywun yn dal dig yn erbyn parciau gwyliau?'

Pennod 21

Dechreuodd meddwl Jeff grwydro. Oedd y digwyddiadau yn Adwy'r Nant yn gysylltiedig â'r hyn roedd Emyr Huws wedi ei ddarganfod ar hyd a lled gogledd Cymru? Cododd ei amheuon am farwolaeth Morgan Powell yn nes fyth at yr wyneb.

Pan oedd yn ôl wrth ei ddesg, dechreuodd edrych drwy gofnodion achosion o droseddau lle difrodwyd eiddo yn ei ranbarth ei hun, gan ganolbwyntio ar rai oedd yn gysylltiedig â pharciau gwyliau. Yna edrychodd yn ehangach. Daeth dau neu dri i'w sylw a phenderfynodd fynd i holi'r perchnogion, ond cyn mynd ffoniodd swyddogion cudd-wybodaeth ar hyd arfordir gogledd Cymru i ofyn iddynt hwythau chwilio drwy eu cofnodion.

Ar ôl teithio dros awr o Lan Morfa, cyrhaeddodd Jeff safle gwersylla o'r enw Meysydd Tirion. Roedd wedi ffonio Idris Foulkes, y perchennog, o flaen llaw. Edrychodd o'i gwmpas – roedd y safle yn amlwg yn un o safon, gyda giât ddiogelwch yn arwain iddo o'r ffordd fawr. Gan nad oedd gan Jeff gerdyn allwedd i'w hagor, cododd y ffôn gerllaw i alw'r swyddfa, ac agorwyd y giât iddo. Edrychai'n debyg fod diogelwch yn flaenoriaeth i'r perchennog, sylwodd Jeff wrth yrru i mewn i'r safle. Gwelodd olygfa debyg iawn i'r hyn a welodd yn Adwy'r Nant – niferoedd o ymwelwyr o bob oedran yn mwynhau eu hunain. Ac fel yn Adwy'r Nant, roedd pob un ohonynt yn gyfrifol am gyfrannu'n helaeth i goffrau busnesau'r ardal. Parciodd ei gar tu allan i'r swyddfa, lle'r oedd dyn yn sefyll yn y drws yn rowlio sigarét.

Dyn main, byr yn ei chwedegau oedd Idris Foulkes. Er ei bod hi'n ddiwrnod cynnes, gwisgai siwt frown tywyll a oedd wedi gweld dyddiau gwell, a chap stabl ar ochr ei ben. Llyfodd y papur, a rhoddodd y smôc yn ei geg a'i thanio efo hen daniwr Ronson – y cyntaf o'i fath i Jeff ei weld ers blynyddoedd.

'Ditectif Sarjant Jeff Evans, Glan Morfa. Fi siaradodd efo chi gynna.'

'Fedra i ddim dychmygu be sy'n dod â ditectif sarjant dros hanner can milltir i fy ngweld i,' meddai Foulkes, a gwelodd Jeff ryw sioncrwydd yn ei lygaid a wnaeth iddo gymryd at yr hen ddyn yn syth.

'Lle braf ganddoch chi yn fan hyn, Mr Foulkes. Ers faint 'dach chi wedi bod wrthi?'

'Deugain mlynedd, a ffarmio cyn hynny,' atebodd, 'ond tydach chi ddim wedi dod yr holl ffordd i gymdeithasu, choelia i byth.'

Gwenodd Jeff. ''Dach chi'n llygad eich lle,' cytunodd. 'Isio sgwrs am y miri hwnnw gawsoch chi ar ddechrau'r tymor ydw i. Pan achoswyd yr holl ddifrod yma.'

'Iesgob, 'dach chi dipyn yn hwyr, Ditectif Sarjant bach,' meddai Foulkes, gan dynnu ar ei sigarét a symud ei gap i gefn ei ben i ddatgelu mop o wallt tonnog gwyn. 'Wnaeth yr heddlu lleol 'ma ddim ar y pryd a dwn i ddim be fedrwch chitha'i wneud ddau fis a hanner yn ddiweddarach.'

'Gwneud ymholiadau ydw i, Mr Foulkes, ynglŷn â'r posibilrwydd fod yr hyn ddigwyddodd i chi yn rhan o batrwm o ddigwyddiadau. Sawl gwaith mae'r math yma o beth wedi digwydd i chi?'

'Dim ond yr unwaith, ac mae unwaith yn ddigon, diolch yn fawr.'

'Be ddigwyddodd yn hollol?'

'Tua deg o'r gloch oedd hi, fel roedd hi'n nosi. Welais i mohonyn nhw fy hun, ond fel dwi'n dallt, tri o geir mawr tywyll ddaeth yma, yn llawn o ryw lafnau ifanc. Saeson, yn ôl y gweiddi. Roedd ganddyn nhw forthwylion mawr trwm, digon i wneud llanast ofnadwy i'r giât 'na welsoch chi ar eich ffordd i mewn. Mi gostiodd filoedd i atgyweirio honno, gan fod y clo electronig wedi'i falu, a phawb angen cardiau newydd i ddod i mewn. Ta waeth, mi ddaeth y diawlad i mewn wedyn, rhoi cwch yn perthyn i un o'r ymwelwyr ar dân, malu ffenestri'r siop i gyd, troi tri char ar eu pennau i lawr ac yna diflannu. Ddaru'r holl beth ddim cymryd mwy na chydig funudau.'

'Ddaeth yr heddlu yma?'

'Wel do, ond yn rhy hwyr. A deud nad oedd yna lawer y gallan nhw'i wneud.'

'A does dim byd tebyg wedi digwydd ers hynny?'

'Nagoes wir. Dwi wedi cyflogi pobl i ddiogelu'r lle, ylwch.'

Cododd clustiau Jeff ar unwaith. 'O, cwmni diogelwch? Pwy ydyn nhw? Rhag ofn 'mod i'n gyfarwydd â nhw.'

'Wn i ddim be ydi enw'r ffyrm. Un dyn fydd yn dod yma fel arfer i nôl y pres ... mi fydd un arall efo fo ambell dro, a dim ond ar ddiwrnod talu y bydda i'n eu gweld nhw.'

'Sut ddaethoch chi i'w hadnabod nhw, Mr Foulkes?'

'Perchennog y ffyrm, am wn i, ddaeth yma ryw dridiau ar ôl i'r bastads fod yma'n malu. Dyn reit smart, gŵr bonheddig ymhell yn ei ganol oed, yn gwisgo siwt smart.

Mop o wallt cyrliog a barf ganddo fo. Mi gyflwynodd ei hun fel rhywun a oedd yn arbenigo mewn diogelu safleoedd gwersylla a pharciau gwyliau – atal helynt cyn iddo ddechrau, medda fo. Ddeudis i wrtho fo'n strêt ei fod o'n rhy hwyr, ac egluro pam, ac mi addawodd y bysa fo'n medru gwarchod y lle 'ma rhag i'r un peth ddigwydd eto, a gwneud yn siŵr na fysa'r miri cyffuriau 'ma'n cael gafael ar y lle. Mae hynny'n rhemp o gwmpas y lle y dyddia' yma, wyddoch chi.'

'Ai dyna'r tro cyntaf i chi ei weld o, Mr Foulkes?'

'Ia, a'r tro ola'. Nid fo fydd yn galw am y pres.'

'Ga' i ofyn i chi faint ydach chi'n ei dalu iddyn nhw bob wythnos?'

'Pum cant.'

'Pum cant o bunnau bob wythnos? Gymaint â hynny?' Roedd Jeff wedi synnu.

'Mae'n well gen i wneud hynny drwy'r tymor gwyliau na gweld difrod fel'na'n digwydd eto.'

'A be yn union maen nhw'n ei wneud am eu harian, Mr Foulkes? Oes 'na swyddog mewn iwnifform yn mynd ar batrôl?'

'Dwi erioed wedi gweld neb felly ar gyfyl y lle, ond maen nhw o gwmpas yn gyson meddan nhw, heb fod yn amlwg i'r ymwelwyr. Felly sy ora', 'ddyliwn i. Ond mi wn i un peth – mae'r trefniant i weld yn gweithio. Does 'na ddim miri wedi bod yma wedyn.'

'Sut ydach chi'n talu iddyn nhw, Mr Foulkes?'

'Arian parod bob tro.'

'Oes 'na waith papur?'

'Na, dim.'

'Sut fyddwch chi'n cysylltu efo nhw os oes rhaid?'

'Mae gen i rif ffôn symudol, ond dwi ddim wedi cael rheswm i gysylltu efo fo eto.' Rhoddodd y rhif i Jeff.

'Ylwch, Mr Foulkes. Rhaid i mi ofyn hyn. Ydych chi'n siŵr eich bod chi'n gwneud y peth iawn yn cyflogi rhyw ffyrm ddiarth fel'ma, pobl na wyddoch chi ddim byd amdanyn nhw?'

'Ydw, Ditectif Sarjant, yn berffaith sicr. Mi fysa hi'n ddrwg iawn arna i petai'r un peth yn digwydd i mi ag a ddigwyddodd i Robat Humphreys i fyny'r lôn 'cw.'

'O? Be ddigwyddodd iddo fo?'

'Mi ddechreuodd Robat gyflogi'r un bobol, ond mi stopiodd o dalu ymhen sbel, a fynta ddim wedi cael mwy o firi. Yr wsnos wedyn, mi oedd 'na uffern o dân yno ac mi gollodd y creadur werth miloedd, a cholli nifer fawr o'i gwsmeriaid selog hefyd. Mi fu rhai o'r ymwelwyr yn wael hefyd ac mae 'na sôn fod hynny'n rhan o'r un drafferth, ond peidiwch â chymryd fy ngair i. Dwi ddim isio helynt felly, wir. Well gen i dalu.'

Penderfynodd Jeff fynd i gael gair efo Robat Humphreys.

Pennod 22

Aran Fawr oedd enw fferm Robat Humphreys. Roedd o'n dal i ffermio defaid ar ddarn helaeth o'r tir a redai hyd lethrau'r mynydd cyfagos. O ganlyniad, roedd y rhan o'r tir a glustnodwyd ar gyfer carafanau a phebyll, wrth ochr llyn eithaf mawr, dipyn yn llai na gwersyll Meysydd Tirion. Er hynny, roedd dros hanner cant o garafanau statig yno, ac oddeutu dau ddwsin o rai dros dro, gyda chae arall ar wahân ar gyfer pebyll. Gyrrodd Jeff i faes parcio bychan y tu allan i siop hwylus – edrychai'n debyg bod darnau o'r siop yn cael eu hailadeiladu. Gwelodd ddyn yn cerdded tuag ato o'r ffermdy oedd ganllath i ffwrdd.

'Mr Robat Humphreys?' gofynnodd Jeff.

'Pwy sy'n gofyn?' cyfarthodd y dyn, a oedd yn ei bedwardegau, yn dew ac wedi'i wisgo'n flêr gyda siaced *hi-viz* dros y cwbl.

Cyflwynodd Jeff ei hun a dangos ei gerdyn gwarant cyn dilyn y ffermwr i mewn i'r siop a thrwodd i swyddfa fechan yr ochr arall i'r cownter, gan wenu ar y ferch a oedd yn gweithio yno.

'Mae ganddoch chi ddau funud,' meddai Humphreys. 'Dyna'r cwbwl.'

'Mi ddo' i'n syth at y pwynt felly. Gwneud ymholiadau ydw i i achosion o ddifrodi eiddo mewn safleoedd gwersylla a pharciau gwyliau ar hyd a lled gogledd Cymru. Dwi'n dallt bod rwbath tebyg wedi digwydd i chi yma.'

'Naddo wir,' atebodd Humphreys yn bendant. 'Mi fu tân yma ar ddechrau'r tymor gwyliau, ond nam trydanol oedd yn gyfrifol am hynny. 'Dach chi isio rwbath arall?'

Edrychai'n debyg nad oedd Humphreys yn bwriadu rhoi unrhyw gymorth iddo, felly penderfynodd Jeff beidio â gwastraffu ei amser. 'Dwi ar ddallt eich bod chi wedi cyflogi pobl i ddiogelu'r lle 'ma Mr Humphreys, ac yna wedi gwrthod talu iddyn nhw. Ar ôl hynny llosgwyd rhan o'r siop 'ma, a bu'n rhaid i chi ailfeddwl.'

'Wn i ddim o ble gawsoch chi'r wybodaeth yna, Ditectif Sarjant, ond mae'ch ffynhonnell chi ymhell ohoni.'

'Pwy sy'n edrych ar ôl y busnes 'ma i chi, Mr Humphreys?'

'Mater i mi ydi hynny. Dydi o'n ddim byd i wneud â'r heddlu. Rŵan 'ta, os nad oes cwestiynau callach, well i chi fynd. Dwi'n ddyn prysur.' Brasgamodd Humphreys heibio i Jeff gan daro yn erbyn ei ysgwydd wrth basio.

Dechreuodd Jeff ei ddilyn allan o'r siop wag ond tynnwyd ei sylw gan y ferch ifanc y tu ôl i'r cownter. Rhoddodd gerdyn yn llaw Jeff wrth iddo basio, ac amneidio'n dawel arno i beidio â'i ddangos i Humphreys.

Cerddodd Jeff at ei gar, a gwyliodd y ffermwr yn brasgamu'n ôl i'r tŷ. Edrychodd ar y cerdyn busnes a roddodd y ferch iddo. Yr unig fanylion arno oedd y geiriau 'Gwarchod Cyf.' a rhif ffôn symudol oddi tano. Edrychodd ar y rhif, a sylweddoli mai'r un rhif gafodd o'n gynharach gan Idris Foulkes. Ar gefn y cerdyn roedd rhif ffôn symudol arall, yn amlwg wedi'i ysgrifennu'n frysiog. Cododd ei ben – roedd y ferch yn sefyll tu ôl i'r drws a ffôn symudol yn ei llaw. Gafaelodd Jeff yn ei ffôn ei hun a deialu'r rhif ar gefn y cerdyn. Atebwyd yr alwad yn syth.

'Dwi'n cymryd mai chi ydi'r ferch sy'n syllu arna i o ddrws y siop ar hyn o bryd?'

'Ia, ond peidiwch â dod yn ôl i mewn yma plis, rhag ofn iddo fo weld.'

'Iawn. Oes ganddoch chi rwbath i'w ddeud wrtha i?'

'Fedrwn i ddim methu clywed eich sgwrs chi a Mr Humphreys. Mae 'na rywbeth mawr o'i le yma. Mae o ofn rwbath, ac wn i ddim be i'w wneud. Er ei les o dwi'n siarad efo chi rŵan, a dwi'n gobeithio 'mod i'n gwneud y peth iawn. Y cerdyn rois i i chi – dyna enw'r cwmni sydd i fod i edrych ar ôl diogelwch y lle 'ma, ond tydyn nhw byth yma. Pum cant bob wythnos am wneud dim. Gwrthododd Mr Humphreys dalu iddyn nhw, a be ddigwyddodd wedyn? Mae rhywun yn llosgi'r siop.'

'Ac yna mi wnaeth o'u hailgyflogi?'

'Do, ond nid dyna'r cwbwl. Yr un noson â'r tân, mi roddwyd rhyw fath o wenwyn yng nghyflenwad dŵr y gwersyll, a thrawyd nifer o'r ymwelwyr yn wael. Doedd o'n ddim byd parhaol, diolch byth, ond mi aeth nifer helaeth o'r gwesteion adra yn ystod y diwrnod neu ddau wedyn. Dwi'n bendant fod y ddau ddigwyddiad yn gysylltiedig, ond mae Mr Humphreys yn mynnu parhau i gyflogi'r cwmni. Mae o'n taeru mai cyd-ddigwyddiad oedd bod rwbath yn y dŵr, ac mai nam trydanol oedd achos y tân, fel y soniodd o wrthach chi. Ond mae hynny'n bell o'r gwir, coeliwch fi.'

'Be mae o'n ei ofni? Wyddoch chi?'

'Y bobl ddiogelwch 'ma, am wn i. Dyna pam na wnaiff o ddim siarad efo chi.'

Gwelodd Jeff fod Humphreys yn cerdded yn ôl i'r siop, a rhoddodd rybudd i'r ferch. 'Gwrandwch, cyn i chi fynd, be di'ch enw chi?' gofynnodd.

'Sally,' atebodd honno'n frysiog.

'Ga' i'ch ffonio chi eto ryw dro os oes rhaid, Sally?'
Diffoddodd y ferch y ffôn cyn ateb, a gyrrodd Jeff yn ôl i'r
ffordd fawr.

Ar ôl mynd o olwg y safle, ffoniodd Jeff y Gwasanaeth
Tân, a thrwy lwc cafodd ei gysylltu â'r prif swyddog a fu'n
delio gyda'r tân y noson honno yn siop Aran Fawr.
Trefnodd i alw i'w weld ar ei ffordd adref.

'Ydi achos y tân yn eich poeni chi?' gofynnodd y
swyddog dros baned o de.

'Ydi. Dwi newydd fod yn siarad efo Robat Humphreys,
sy'n taeru mai nam trydanol oedd ar fai. Ydi hynny'n wir?'
gofynnodd Jeff.

'Peidiwch â gwrando arno fo. Tân bwriadol oedd
hwnna. Roedd rhywun wedi rhoi petrol drwy flwch post y
siop a'i danio. Dwi gant y cant yn sicr o hynny.'

'Pam mae Humphreys yn mynnu mai tân damweiniol
oedd o?'

'Mae'n rhaid bod ganddo reswm, ac mae eich dychymyg
chi cystal â f'un i.'

'Oes 'na danau eraill, neu unrhyw beth amheus arall,
wedi dod i'ch sylw chi yn y cyffiniau 'ma'n ddiweddar?'

'Mae ambell dân amheus o dro i dro, wrth gwrs.'

'Mewn safleoedd gwersylla yn fwyaf arbennig.'

'Dim i mi fedru cofio.'

Wrth yrru am adref myfyriodd Jeff dros yr wybodaeth a
gafodd yn ystod y deuddydd diwethaf. Roedd rhywun yn
ymosod ar fusnesau gwyliau, a hynny, o bosib, ar hyd
arfordir y gogledd. Gwyddai am dri achos erbyn hyn:
Adwy'r Nant, Meysydd Tirion ac Aran Fawr. Roedd y

patrwm yr un peth ym mhob man, a chyn belled ag y gwyddai, roedd cwmni wedi'i gyflogi i warchod pob un o'r safleoedd ar ôl yr ymosodiad. Roedd pum cant o bunnau bob wythnos yn swm sylweddol, ond nid dyna oedd yn poeni Jeff fwyaf. Y tebygrwydd oedd mai'r cwmni diogelwch oedd yn gyfrifol am y difrod yn y lle cyntaf. Raced ddiogelwch – doedd dim dwywaith. Faint o berchnogion safleoedd gwersylla oedd wedi bod yn fodlon talu heb i'r cwmni orfod trefnu ymosodiad gyntaf, tybed? A faint mwy oedd wedi talu heb riportio'r drosedd oherwydd eu bod nhw ofn y canlyniad petaen nhw'n gwneud adroddiad i'r heddlu?

Erbyn iddo gyrraedd yn ôl i'w swyddfa, roedd nifer o negeseuon wedi ei gyrraedd gan swyddogion cudd-wybodaeth y rhanbarthau eraill. Dysgodd fod nifer o esiamplau o ymosodiadau tebyg mewn meysydd gwyliau ar hyd arfordir gogledd Cymru ... roedd y broblem yn un eang. Pwy oedd â'r gallu a'r adnoddau i gynllunio a chynnal y fath ymgyrch? Ni chlywsai Jeff erioed am drais ar y raddfa hon yng ngogledd Cymru o'r blaen. Roedd y math hwn o beth yn gyffredin mewn dinasoedd mawr ers talwm, oedd, ond nid yng Nghymru yn 2020.

Pennod 23

Y bore canlynol, gwnaeth Jeff benderfyniad. Doedd dim diben dechrau gwneud ymholiadau mewn parciau gwyliau ar hyd a lled arfordir gogledd Cymru. Gwyddai yn union beth oedd y patrwm erbyn hyn.

I ddechrau roedd angen iddo ganolbwyntio ar y cerdyn a roddwyd iddo'r diwrnod cynt. Edrychodd arno ar y ddesg o'i flaen, ei godi a'i rwbio'n ysgafn. 'Gwarchod Cyf.' – cynnil iawn, meddyliodd. Tynnodd ei ffôn symudol o'i boced a dechrau deialu. Ond yna newidiodd ei feddwl a defnyddiodd y ffôn ar ei ddesg. Ni fyddai modd i neb olrhain rhif ffôn yr heddlu. Deialodd eto, ond clywodd neges yn dweud nad oedd y rhif ar gael. Rhyfedd. Cododd y ffôn eto a dechrau ymchwilio i enw'r cwmni. Ymhen awr a hanner roedd wedi darbwyllo'i hun mai enw ffug oedd 'Gwarchod Cyf.' gan nad oedd sôn amdano ar y gofrestr yn Nhŷ'r Cwmnïau yng Nghaerdydd nac yn unrhyw le arall. Wal frics!

Roedd Gwyneth Roberts yn gweithio i Morgan Powell yn Adwy'r Nant ers blynyddoedd. Ers i iechyd Morgan ddirywio, Gwyneth oedd wedi cymryd awenau'r swyddfa – nes i Tegid ddechrau rhoi ei big yn ddyfnach i mewn i'r busnes. Ar y ffordd i Adwy'r Nant gyrrodd Jeff heibio i swyddfa Tegid Powell, ac roedd yn falch pan welodd fod ei gar wrth ochr yr adeilad. Byddai'n haws iddo gael Gwyneth i siarad ar ei phen ei hun.

156

'Dewch i mewn, Sarjant Evans,' meddai Gwyneth pan gyrhaeddodd Jeff. 'Dwi wedi bod yn disgwyl i chi ddod am sgwrs ers i ni gyfarfod echdoe, ond dwi ddim yn siŵr ai dyma'r lle gorau chwaith.'

'Mae Tegid yn ei swyddfa,' sicrhaodd Jeff hi gyda gwên. 'Mi wnes i'n siŵr o hynny cyn galw.'

Gwenodd hithau'n ôl. Roedd yn amlwg fod y ddau yn deall ei gilydd.

Merch ddi-briod yn ei phumdegau oedd Gwyneth Roberts, dynes reit fawr a oedd yn gwisgo dillad trwm, braidd yn hen ffasiwn. Roedd hi wedi rhoi'r rhan helaethaf o'i bywyd i wasanaethu cymdeithas Glan Morfa a'r cylch drwy fod yn aelod o bob pwyllgor yn y gymuned, yn cynnwys y capel, a hynny ar ben ei chyfrifoldebau yn Adwy'r Nant. Synnodd Jeff nad oedd eu llwybrau wedi croesi hyd yma, gan mai hi oedd y graig gadarn y tu ôl i Morgan Powell.

'Busnes difrifol ... damwain Morgan,' meddai Jeff.

'Ia. Ia wir. Dwi'n ei chael hi'n anodd dod i delerau â'r cwbl, a deud y gwir wrthoch chi. Mi oeddan ni'n agos iawn, ac roedd gen i barch mawr tuag ato fo. Swyddfa hapus oedd hon – wel, ar un adeg. Dwi wedi galw i weld Enid unwaith neu ddwy, ond mi wyddoch chi pa mor brysur ydi hi mewn lle fel hyn yr adeg yma o'r flwyddyn. A beth bynnag, ro'n i'n agosach at Morgan nag Enid. Roedd hi wastad yn y tŷ, a finna a Morgan yn y fan hyn drwy'r dydd. Nid 'mod i'n methu gwneud efo hi, peidiwch â cham-ddallt, ond fuon ni erioed yn gyfeillion agos iawn, Enid a finna.'

'Mi oeddwn inna'n dipyn o fêts efo Morgan hefyd. Dallt ein gilydd yn iawn. Ylwch, ga' i'ch galw chi'n Gwyneth? A Jeff ydw inna.'

'Wrth gwrs. Ar adeg fel hyn, mae'n rhaid i ni dynnu at ein gilydd, yn does?'

'Adeg fel hyn?' gofynnodd Jeff. Doedd o ddim yn un i wastraffu cyfle.

'Ia, adeg fel hyn. Fel ro'n i'n deud, mi oedd hon yn swyddfa hapus ar un adeg, ac nid am farwolaeth Morgan yn unig rydw i'n sôn. Fydd petha byth yr un fath eto, rŵan bod y meddwyn 'na'n meddwl y caiff o wneud beth bynnag lecith o yma. Doeddwn i ddim mewn sefyllfa i fedru siarad yn iawn efo chi yng nghwmni Enid – dwi ddim isio'i chynhyrfu hi fwy na sydd raid.'

Dyma'n union roedd Jeff wedi'i obeithio.

'Ddaru o ddim disgwyl i'w dad farw cyn dechra swagro ar draws y lle 'ma yn ei sgidiau hoelion mawr. Ond cofiwch chi, slipars oedd o'n eu gwisgo i ddechra. Mae 'na gymaint y medra i 'i ddeud wrthach chi, Jeff.'

'Cymerwch eich amser, Gwyneth. Does dim brys. Sut oedd hi pan oedd o'n gwisgo slipars felly?'

'Mi ddechreuodd o gymryd diddordeb wedi i'w dad o gael llawdriniaeth ar ei galon. Doedd dim byd o'i le ar hynny, wrth gwrs, ond o dipyn i beth mi sylweddolais i nad cymryd diddordeb yn y busnes yn gyffredinol roedd o, dim ond yn y cyfrifon. Tydi o ddim isio gwybod am y bwcings ar gyfer y flwyddyn nesa, y gwaith cyson sydd angen ei wneud er mwyn rhedeg y lle 'ma'n esmwyth na'r gwaith atgyweirio angenrheidiol sydd ei angen drwy'r flwyddyn. Dim ond yr incwm a'r arian sydd yn y banc sy'n ei ddiddori fo.'

'Pam mae hynny'n poeni cymaint arnoch chi, Gwyneth?'

'Yfed gormod, gwario a hel merched ydi ei betha fo, Jeff. Ac mae o'n meddwl mai fo ydi'r dyn busnes mwya llwyddiannus yn y byd. Coeliwch chi fi, tydi cyfuniad fel'na byth yn gweithio. Swyddfa agored ydi hon wedi bod erioed, Jeff, dim tamaid o bapur nag unrhyw wybodaeth wedi'i guddio rhwng Morgan a finna. Mi ddois i'n ôl yma un gyda'r nos y gaea dwytha, wedi i mi anghofio rwbath. Roedd y golau ymlaen, a dyna lle roedd o, yn eistedd y tu ôl i 'nesg i a'r holl gyfrifon a'r datganiadau'r banc o'i flaen o. Wel, mi gafodd o dipyn o sioc pan gerddais i mewn. Wyddai Morgan ddim am y peth pan ofynnais i iddo y bore wedyn. Pam, medda chi, ddaeth Tegid yma fin nos, pan oedd yr holl bapurau ar gael iddo fo yn ystod y dydd? Wel, mi ddeuda i wrthach chi, Jeff. Am ei fod o'n ddyn cyfrinachol, a bod ganddo gynlluniau ar gyfer y lle 'ma nad ydi o isio i neb arall wybod amdanyn nhw.'

'Cynlluniau? Y bragdy 'dach chi'n feddwl?' gofynnodd Jeff.

'O, 'dach chi'n gwybod am hynny, ydach chi? Breuddwyd gwrach ydi peth felly. A dyna sydd ar flaen ei feddwl o bob awr o bob dydd.'

'A be oedd barn Morgan am hynny?'

'Mi fydd Morgan druan yn troi yn ei fedd pan fydd y fricsen gyntaf yn cael ei gosod ar gyfer y fath adeilad. Dyna oedd testun y ffraeo mwya rhwng y ddau. Dwi'n gobeithio i'r nefoedd na chaiff o'r hawl i wneud y fath beth.

'Y ffraeo mwya, medda chi? Mae hynny'n awgrymu bod 'na fwy o dynnu'n groes rhwng y ddau.'

'Oedd wir, y rhan fwya ohono'n ymwneud â'r cyfrifon. Ddwy neu dair blynedd yn ôl, mi sylwais fod hanner can mil wedi cael ei symud o un o gyfrifon Adwy'r Nant, a doedd dim esboniad am y peth. Roedd yn rhaid i mi gael gwybod i ble'r aeth o er mwyn paratoi'r cyfrifon ar gyfer pobl y dreth incwm. Pan ofynnais i Morgan, mi ddeudodd mai benthyciad i Tegid oedd o. Ches i ddim mwy o fanylion, a welais i byth ddim math o dalu'n ôl – roedd hynny'n destun dipyn o ddadlau rhwng y ddau. Mi wn i gymaint â hynny.'

'Oedd hynny tua'r un amser ag y gwnaeth Gwesty Glyndŵr newid dwylo?' Edrychodd Jeff i fyw ei llygaid a chododd ei aeliau'n awgrymog. Gwenodd Gwyneth yn ôl arno. 'Be oedd y stori y tu ôl i hynny, deudwch?' gofynnodd Jeff.

'Yn ôl pob golwg, mi oedd prynwr y gwesty wedi gadael rhywfaint o arian yng ngofal cwmni Tegid, a phan oedd angen hwnnw, doedd o ddim ar gael. Roedd Morgan o'i go' pan aeth Tegid ato i ofyn am help, ond be arall allai o wneud i achub enw da'r teulu?'

'Dyna oedd y sôn ar y pryd,' atebodd Jeff, 'ond ddaeth dim i sylw'r heddlu.'

'A sôn am incwm ac arian y busnes 'ma,' parhaodd Gwyneth, 'a'r bancio yn enwedig. Mae Tegid wedi cymryd y rhan fwya o'r cyfrifoldebau hynny oddi arna i. Fi oedd yn gwneud y cwbl – fi oedd wedi gwneud hynny erioed – a rŵan, dwi ddim hyd yn oed yn cael gweld y datganiadau banc na'r llyfr talu i mewn. Fo sy'n gofalu am y rheini rŵan... er, dalltwch chi, Jeff, tydi Tegid ddim yn gwybod y cwbwl chwaith.'

'Sut felly?' gofynnodd Jeff.

'Dwi'n medru cael mynediad ar-lein i'r cyfrifon, a tydi Tegid ddim yn ymwybodol o hynny.'

'A be ydach chi wedi'i ddysgu, Gwyneth?'

'Bod llawer iawn mwy o arian yn cael ei fancio i mewn i gyfrifon Adwy'r Nant na'r incwm sy'n cael ei ennill gan y busnes. Drwy sieciau neu drosglwyddiadau banc mae'r rhan fwyaf o'r ymwelwyr yn ein talu ni. Ar ben hynny, rydan ni'n derbyn arian parod – incwm o'r pwll nofio, y siop, y caffi a'r byrddau snwcer ac yn y blaen – ond dydi'r symiau hynny ddim llawer i'w cymharu â'r ffioedd rhent. Fedra i ddim esbonio o ble mae'r arian ychwanegol 'ma'n dod – ac mae miloedd o bunnau ohono fo, mewn arian parod i gyd.'

'Sut gwyddoch chi hynny, os nad ydach chi'n cael gweld y llyfr talu i mewn?'

Gwenodd Gwyneth eto a tharo'i bys ar ochr ei thrwyn yn ysgafn. 'Mae gen innau fy nghysylltiadau yn y banc,' datgelodd.

'Mi fysach chi'n gwneud ditectif arbennig, Gwyneth,' chwarddodd Jeff yn ysgafn. 'Deudwch i mi, ydi Enid yn gwybod am fusnes y cyfrifon?'

'Nid fy lle i oedd siarad am y fath beth efo hi. Ond cofiwch, wn i ddim oedd Morgan wedi sôn rhywbeth wrthi. Ac nid fy lle i ydi deud wrthi rŵan chwaith, er gwaetha'r hyn mae'r Tegid 'na wedi bod yn ei wneud. Dwi ddim isio ychwanegu at ei phoen hi. Ond roedd Morgan yn gwybod y cwbwl.'

'Sut gwyddoch chi?'

'Fi ddeudodd wrtho fo, ac mi aeth o'n wallgof a rhuthro'n syth i swyddfa Tegid i chwarae'r diawl efo fo. Mi ddeudodd o wrth hwnnw am roi popeth yn ôl fel yr oedd o, neu mi fysa Tegid yn cael ei adael allan o ewyllys ei fam a'i dad.'

'Pryd ddigwyddodd hynny?'

'Y diwrnod cyn y ddamwain.'

Ceisiodd Jeff beidio â dangos ei syndod. 'A phryd ddaru

Tegid gymryd y cyfrifoldeb o fancio oddi arnoch chi?' gofynnodd.

'Rhyw fis yn ôl. Yr un pryd ag y dechreuodd yr arian parod ychwanegol 'ma ymddangos.'

'Tair wythnos cyn y damwain, felly?' Ceisiodd Jeff ganolbwyntio ar yr amserlen.

'Ia.'

'Ac o gwmpas yr un pryd yr achoswyd yr holl ddifrod gan y bobl ifanc 'na.'

'Dyna chi. Mi oedd Morgan o'i go' ynglŷn â'r digwyddiad hwnnw, ac mi oedd hynny hefyd yn destun ffraeo rhwng y ddau.'

'Yn ôl Enid roedd Tegid yn ystyried cyflogi rhywun i warchod y safle. Ai dyna pam oedden nhw'n anghydweld?'

'Ia. Dyna reswm arall pam yr aeth Morgan i'w weld o yn ei swyddfa'r diwrnod hwnnw. Roedd Tegid wedi bwcio un o'r carafanau statig am weddill y tymor yn ei enw'i hun, er mwyn i bwy bynnag oedd yn mynd i fod yn gwarchod y lle gael ei ddefnyddio. Roedd hynny'n golygu na fyddai'r garafán honno'n dod ag unrhyw incwm i mewn.'

'Oedd hynny'n beth anarferol i Tegid ei wneud?'

'Oedd wir. Wn i ddim pwy sydd wedi bod yn ei defnyddio hi – mae 'na ddynion a merched ifanc yn mynd a dod o dro i dro, ond nid yn gyson chwaith.'

'A pheidiwch â deud wrtha i mai yn ystod y mis dwytha mae hynny wedi bod yn digwydd hefyd?'

'Cywir eto, Jeff. Ond does neb wedi medru cadw golwg arni i ddysgu mwy na hynny. Cofiwch, efallai y gall Meic daflu chydig o oleuni ar yr hyn sy'n digwydd yno. Mae o'n mynd a dod ar hyd y parc bob dydd. Gofynnwch iddo fo.'

Roedd sgwrsio â Meic yn uchel iawn ar restr Jeff eisoes.

'Oedd Tegid yn awyddus i gyflogi unrhyw gwmni diogelwch penodol?'

'Mi oedd ganddo rywun dan sylw, yn siŵr i chi, ond doedd Morgan ddim isio un o'i ffrindiau amheus o'n cyboli o gwmpas y lle 'ma.'

'Oes ganddoch chi syniad pwy oedd dan sylw?'

'Nag oes wir, mae gen i ofn. Yr unig beth wn i oedd mai ar gyfer y bobl gwarchod 'ma roedd o isio'r garafán.'

Dangosodd Jeff y cerdyn a gafodd gan yr eneth yn Aran Fawr y diwrnod cynt i Gwyneth. 'Ydi'r enw yma'n golygu rwbath i chi?' gofynnodd.

Dywedodd Gwyneth nad oedd o.

Ymhen ugain munud roedd Jeff yn eistedd yn ôl yn ei swyddfa, ei draed i fyny ar ei ddesg a mŵg mawr o goffi du yn ei law. Roedd wedi cael bore diddorol.

Pennod 24

Roedd Frank Murtagh wedi gobeithio y byddai'n llwyddo i ddychryn Anita o'r doc yn Llys y Goron Birmingham. Gwyddai ei bod hi wedi'i glywed o fel yr oedd hi'n gadael bocs y tyst, a gobeithiai y byddai ei eiriau'n aros efo hi am weddill ei hoes – yr oes fyddai'n dod i ben y munud y byddai'n cael gafael arni. Dyma'r ail waith iddo gael ei ddal gan yr heddlu oherwydd ymyrraeth hysbysydd. Bu iddo dorri tafod y dyn cyntaf i achwyn arno i'r heddlu allan o'i geg, ond roedd Anita'n haeddu llawer gwaeth na hynny. Roedd hi, ar ôl rhannu ei fywyd a'i wely am flynyddoedd, a chario'i blentyn, wedi sefyll yn hy yn y llys i roi tystiolaeth yn ei erbyn. Gwyddai Anita bopeth amdano, a sylweddolodd Frank o'r munud y dechreuodd Anita siarad nad oedd ganddo obaith o osgoi'r carchar. Wyddai o ddim ar y pryd pa mor hir y byddai dan glo, ond tyngodd lw iddo'i hun y byddai bywyd Anita'n dod i ben yn syth ar ôl iddo gael ei ryddhau. Er bod ganddo nifer o gysylltiadau ar yr ochr allan a allai wneud y gwaith drosto, roedd Frank am gyflawni'r dasg ei hun, a'i gweld yn dioddef.

Ddangosodd Frank Murtagh ddim emosiwn pan gafwyd ef yn euog o bob cyhuddiad gan y rheithgor, na phan ddatganodd y barnwr ei fod o'r farn mai Murtagh oedd arweinydd y criw lladron. Er nad oedd tystiolaeth i brofi pwy yn union oedd wedi saethu'r gynnau a ddefnyddiwyd i ddwyn a lladd, byddai'r barnwr yn ystyried y marwolaethau hynny wrth bennu'r ddedfryd. Carcharwyd Murtagh am oes, a nodwyd na ddylid caniatáu parôl am o leiaf bum mlynedd ar hugain.

Myfyriodd Frank dros y geiriau. Byddai'n 56 oed o leiaf cyn y câi ei ryddhau yn 2014, a hynny dim ond os byddai ei gais am barôl yn llwyddiannus ar ôl chwarter canrif. Arweiniwyd ef i lawr y grisiau i dywyllwch y celloedd o dan siambr y llys.

Yn ddiweddarach yr un diwrnod, cyrhaeddodd Frank Murtagh garchar Winson Green, Birmingham. Cafodd ei roi mewn cell ar ei ben ei hun – un fechan dywyll gydag un ffenestr ynddi a adawai'r mymryn lleiaf o olau dydd i mewn. Treuliodd ran helaeth o bob dydd yn darllen. Doedd dim byd arall i'w wneud. Ymhen sbel dechreuodd ymarfer ei gorff yn gyson, a phob tro yr oedd yn y gampfa canolbwyntiai ar ddelwedd o Anita i'w sbarduno i weithio'n galetach a chodi pwysau trymach. Deuai un neu ddau o'i gyfeillion i ymweld â fo, a dysgodd Frank drwyddyn nhw nad oedd sôn am Anita yn unman.

Roedd yn adnabod amryw o'r mil o garcharorion eraill, ac roedd pob un o'r lleill yn gwybod yn iawn pwy oedd o, ond penderfynodd Frank na fyddai'n rhan o unrhyw firi yn y carchar. Roedd cadw'i drwyn yn lân yn dipyn o gamp ar adegau, ond dyna'r cynllun gorau, penderfynodd, ac yntau'n ceisio rhoi cynllun ar waith i ddianc.

Un diwrnod, rhoddodd y gorau i wneud ymarfer corff, a heb dynnu sylw ato'i hun, stopiodd fwyta hefyd. Dechreuodd ddarllen llyfrau oedd yn ymwneud ag iechyd, ac ymhen chwe mis roedd o wedi colli mwy na phedair stôn. Sylwodd ei ymwelwyr ar y dirywiad, ond sicrhaodd Frank hwy nad oedd angen iddyn nhw boeni amdano.

Dechreuodd gwyno i'r swyddogion ynglŷn â phoenau yn ei fol, gan ddweud wrthynt ei fod yn pasio gwaed a'i fod yn cael trafferth bwyta. Wedi gwrando ar ei gwynion, a sylwi ar ei ymddangosiad, penderfynodd prif feddyg y carchar yrru Frank i Ysbyty'r Frenhines Elizabeth yn Edgbaston am brofion, gan ei fod yn amau ei fod yn dioddef o ganser y coluddyn.

Ar fore'r archwiliad, aethpwyd â Murtagh mewn tacsi i'r ysbyty wedi'i glymu wrth ddau swyddog carchar â gefynnau llaw. Yn ystod y daith, hyrddiodd fan fawr drom rownd cornel a tharo ochr y tacsi yn ddigon caled i'w droi ar ei ochr ac oddi ar y ffordd fawr. Daeth tri dyn yn gwisgo mygydau allan o'r fan gan bwyntio gynnau dwbl baril at y gyrrwr a'r ddau swyddog. Gorfodwyd y swyddogion i ddatgloi'r gefynnau llaw. Chymerodd y cwbl ddim mwy nag ychydig eiliadau, ac roedd Frank Murtagh yn ddyn rhydd unwaith yn rhagor.

Ar ôl iddo ddianc, gwyddai Frank y byddai'n rhaid iddo fod yn hynod ofalus, ond ei flaenoriaeth oedd cael gafael ar Anita. Dim ond wedyn y gallai feddwl am adennill yr arian roedd wedi'i guddio. Gwyddai fod digon ohono i'w alluogi i deithio i Sbaen a byw yn gyfforddus yno am weddill ei oes. Treuliodd wythnosau yn ceisio dod o hyd iddi, ond heb lwc. Ni wyddai neb lle'r oedd hi wedi diflannu. Gwyddai na allai grwydro strydoedd ei hen gynefin yn hir – roedd hynny'n ormod o risg, er ei fod wedi ceisio newid ei edrychiad drwy dyfu barf a thorri'i wallt. Byddai'n rhaid iddo anghofio am Anita am y tro.

Doedd dim ond un peth i'w wneud, penderfynodd – cael ei ddwylo ar yr arian a guddiwyd ganddo fo ac Anita, a gadael Prydain am byth. Gwyddai fod hynny'n dipyn o risg hefyd, ond beth arall allai o ei wneud? Dechreuodd baratoi i fynd i gasglu cynnwys y bocs diogel. Wedi'i wisgo mewn siwt smart, cerddodd yn hyderus i mewn i'r banc un bore gyda'i bapurau ffug. Gofynnodd am fynediad i'r bocs, a hebryngwyd ef i'r cefn gan un o'r staff. Synnodd Frank pa mor hawdd oedd y broses wedi bod – roedd wedi disgwyl llawer mwy o gwestiynau. Dywedodd Frank wrth glerc y banc nad oedd arno angen agor y bocs, ond y byddai'n mynd â fo oddi yno efo fo. Y gwir oedd nad oedd yr allwedd arbennig i'w agor ym meddiant Frank, ac y byddai'n rhaid iddo'i ddryllio'n ddarnau i gael mynediad iddo.

Ond wrth ei godi, sylweddolodd Frank fod y bocs yn ysgafn ac nad oedd wedi ei gloi. Disgynnodd y caead yn agored i ddatgelu'r gwagle oddi mewn. Os nad oedd hynny'n ddigon o sioc i Frank, agorwyd drws y tu ôl iddo, a phan drodd rownd gwelodd bedwar plismon arfog yn pwyntio'u gynnau ato. Tu ôl i'r rheini safai'r dyn a'i hebryngodd i'r cefn. Yn ddiarwybod i Frank, aelod o'r heddlu ydoedd, y dyn yr arferai Anita ei adnabod fel John. Fo oedd yr unig un a wyddai am leoliad y bocs diogelwch gan ei fod wedi mynd ag Anita yno ar ôl yr achos llys. Roedd yr heddlu wedi bod yn ffyddiog y byddai Frank Murtagh yn ceisio dod i nôl ei arian, a byth ers iddo ddianc o ofal swyddogion y carchar bu John yn cadw golwg ar y banc.

Unwaith eto, rhoddwyd gefynnau llaw am arddyrnau Frank. Wnaeth o ddim cwffio yn eu herbyn. Beth oedd y pwynt, a'r holl ynnau yn pwyntio ato? Yn ystod y cyfweliad a ddilynodd, ni ddywedodd Frank Murtagh air o'i ben, ond deallodd ddigon i'w gythruddo yn fwy nag erioed. Dysgodd fod y bocs wedi bod yn wag ers misoedd lawer. Nid yn unig roedd Anita wedi ei daflu i ffae'r llewod, roedd hi wedi dwyn ei holl eiddo hefyd.

Cafodd Frank ddedfryd ychwanegol o bum mlynedd am ddianc, ac yna fe'i cludwyd o Birmingham i garchar diogelwch eithaf Wakefield. Fyddai dim cyfle i ddianc o'r fan honno. Roedd y lle yn llawn o ddynion peryclaf y wlad, ac ymunodd Frank â'r drefn yn syth. Cyn hir, roedd yn un o'r criw dethol o garcharorion a oedd yn tra-arglwyddiaethu dros y gweddill. Byddai yn ei chwedegau erbyn iddo gael ei ryddhau.

Pennod 25

Yn Llandudno, profodd ailddechrau ei bywyd yn llawer iawn anoddach iddi nag yr oedd Nerys Williams wedi'i ddychmygu. Doedd ganddi ddim gorffennol o gwbl i'w henw. Dim teulu, dim cyfeillion, dim lluniau, dim ond atgofion, y rhan fwyaf ohonyn nhw'n rhai cas a chreulon y byddai'n well ganddi eu hanghofio.

Dechreuodd weithio yn un o westai mawr y dref glan y môr. Roedd yn waith caled a'r oriau'n hir, a hynny chwe diwrnod yr wythnos. Roedd yn byw mewn fflat ar lawr uchaf y gwesty – digon tebyg, meddyliodd, i'w sefyllfa pan gyrhaeddodd Birmingham bum mlynedd ynghynt. Ei dewis hi ei hun, yn eneth ddeunaw oed, oedd hynny, ond nid ei dewis hi oedd hyn. Teimlai fod y system wedi ei gadael i lawr. Dechreuodd yfed yn drwm, a buan y gwnaethpwyd tolc yn y pentwr arian parod a ddaeth efo hi o'r bocs diogelwch yn Birmingham. Cofiodd John yn sôn wrthi am effaith seicolegol y llwybr roedd wedi'i ddewis ... ai camgymeriad oedd hyn? Ond na, ystyriodd. Yr unig ddewis arall oedd yn agored iddi fyddai blynyddoedd yn y carchar fel Frank a'i griw. Wedi'r cyfan, roedd hi wedi bod yn un ohonyn nhw.

Roedd hi'n ddiwedd haf 1989 a Nerys yn dair ar hugain oed. Fel yr oedd yr haul yn machlud un gyda'r nos unig ychydig wythnosau wedi iddi gyrraedd yno, aeth am dro ar hyd y promenâd. Roedd hi'n ei chael yn anodd gwneud cyfeillion newydd. Teimlai'r straen o orfod dweud cymaint o gelwydd ynglŷn â'i gorffennol, a dechreuodd ofni gwneud y math o gamgymeriad a fyddai'n datgelu ei gorffennol. Penderfynodd ddweud bod ei rhieni wedi cael eu lladd mewn damwain car pan oedd hi'n ifanc, a'i bod hi wedi cael ei magu gan rieni maeth yn absenoldeb unrhyw deulu gwaed. Câi ddweud nad oedd hi'n hoffi siarad am y cyfnod hwnnw yn ei bywyd – roedd rhan o hynny'n wir, wedi'r cyfan. Syllodd ar y môr a'r gwylanod yn hedfan uwch ei phen, a'r bobl yn cerdded o'i chwmpas. Cyplau oedd y rhan fwyaf, yn crwydro'n hapus law yn llaw.

Trodd ei meddwl at ei pherthynas â Frank Murtagh. Oedd hi'n hapus bryd hynny? Wyddai hi ddim. Roedd hi'n sicr wedi gwerthfawrogi'r bywyd moethus a'r hwyl, yr anrhegion, y rhyw, y teimlad o gael ei hebrwng i'r llefydd gorau gan ddyn a oedd mor adnabyddus drwy ddinas Birmingham. Mwynhaodd eistedd wrth y byrddau gorau yn y tai bwyta gorau, a'r ffordd y cawsai ei thrin gan eraill pan oedd hi yn ei gwmni. Ond cariad a hapusrwydd? Go brin.

Ceisiodd feddwl pam roedd Frank wedi neidio i'r casgliad mai hi oedd wedi achwyn arno i'r heddlu. Fyddai hi byth wedi gwneud hynny, yn enwedig a hithau'n gymaint rhan o'r ymgyrch lygredig. Ond dangosodd Frank ei wir gymeriad y diwrnod hwnnw, yn enwedig wrth wadu ei blentyn. Treiddiodd y bygythiad a'r ofn i'w chraidd fel nad oedd ganddi ddewis ond derbyn cynnig yr heddlu i fod yn dyst yn erbyn ei chymar a'i griw. Roedd y cyfnod a dreuliodd yn Birmingham wedi ei newid hi am byth, ac nid er gwell.

Yn ystod ei hamser yno, roedd hi wedi dysgu sut i fod

yn ystrywgar, a doedd neb wedi profi hynny yn fwy na John, y ditectif o'r adran gwarchod tystion. Disgynnodd hwnnw i'r trap rhywiol a osodwyd ganddi ar ei gyfer. Sut arall fyddai wedi bod yn bosib iddi hi gael ei dwylo ar yr holl arian a'r dogfennau o'r bocs diogelwch yn y banc? Roedd hi'n haeddu'r cyfan ohono ar ôl yr hyn y bu hi drwyddo. Dechreuodd feddwl beth i'w wneud efo'r cyfoeth – byddai'n rhaid iddi ei symud o'r cyfrifon presennol yn hynod ofalus, fesul tipyn, mewn ffordd na fyddai'n bosib ei olrhain. Ac ar ôl hynny byddai'n rhaid iddo barhau ynghudd – efallai na allai ei ddefnyddio am flynyddoedd. Y peth olaf roedd hi eisiau ei wneud oedd tynnu sylw ati ei hun. Annoeth fyddai hynny. Penderfynodd, yn groes i'r addewid a wnaeth i John, fod rhaid iddi deithio'n ôl i Birmingham er mwyn tynnu'r arian o'r cymdeithasau adeiladu a'r banciau. Er gwaetha'r risg, aeth yn ôl ac ymlaen yno sawl gwaith dros nifer o wythnosau nes iddi wagio pob cyfrif a agorwyd yn ei henw ffug, gan ddefnyddio'r dystysgrif eni ffug a oedd yn dal yn ei meddiant. Yna, ailfuddsoddodd yr arian parod mewn cyfrifon eraill yng ngogledd Cymru dan enw Nerys Williams, gan ddefnyddio'r dystysgrif eni newydd a gafodd gan John. Er na allai hi wneud dim â'r arian, teimlad braf oedd gwybod ei fod yno.

Dechreuodd ffonio John yn gyson i gwyno ynglŷn â'i sefyllfa. Wedi'r cyfan, fo oedd yr unig un y gallai siarad ag ef, a byddai wedi bod yn anoddach byth iddi hebddo fo, gan mai fo oedd yr unig gysylltiad â'i gorffennol.

Cafodd Nerys fraw dychrynllyd wrth ddysgu fod Frank wedi dianc o garchar Winson Green. Diolchodd ei fod yn ôl dan glo mewn carchar llawer mwy diogel, ond yr hyn a ddychrynodd fwyaf arni oedd y posibilrwydd fod Frank yn crwydro strydoedd Birmingham ar yr un adeg ag yr oedd hithau yn y ddinas yn gwagio'i arian o'r banciau. A fu bron i'w llwybrau groesi, tybed?

Er bod Nerys yn deall pam y rhoddwyd hi i weithio yng nghegin y gwesty, yn bell oddi wrth y cwsmeriaid, roedd hi'n prysur golli amynedd yno. Roedd hi'n ferch ifanc dlos dair ar hugain oed, yn gwastraffu ei bywyd yn golchi llestri a hithau wedi arfer cael staff y bwytai gorau yn gweini arni. Edrychai ymlaen at ddiwedd yr haf, pan gâi ddechrau mynychu cwrs ysgrifenyddol yng Ngholeg Llandrillo. Wyddai Nerys ddim a fyddai'n mwynhau'r cwrs, ond byddai unrhyw beth yn well na slafio yn y gegin.

Yn fuan iawn ar ôl dechrau'r tymor, darganfu ei bod, nid yn unig yn mwynhau, ond yn serennu ar y cwrs. Cafodd farciau uchel ym mhob arholiad ac o fewn misoedd roedd hi wedi cymhwyso i radd uchel iawn, y tro cyntaf erioed iddi fod mor llwyddiannus... wel, ar wahân i yrru car i ddianc rhag yr heddlu. O'r diwedd, roedd hi wedi cyflawni rhywbeth gwerth chweil, rhywbeth cyfiawn, a rhywbeth y gallai fod yn falch ohono.

Ar ôl iddi orffen y cwrs bu'n ffodus i gael cynnig gwaith bron yn syth, swydd ysgrifenyddol am gyfnod o dri mis gyda chwmni mawr o adeiladwyr, Adeiladwaith Copa Cyf., yn eu pencadlys yng Ngwynedd. Roedd gan y cwmni swyddfeydd ar hyd a lled y wlad, a channoedd yn gweithio yno. Wrth gwrs, roedd ei swydd newydd yn golygu y byddai'n rhaid iddi symud allan o'i hystafell fechan yn y gwesty yn Llandudno, a daeth John o hyd i fflat cyfforddus iddi nid nepell o'i swyddfa newydd, a darparu car ar ei chyfer: Ford Fiesta bach coch blwydd oed. Byddai Nerys wedi ffafrio rhywbeth ychydig mwy pwerus, ond diolchodd na fyddai'n rhaid iddi ddibynnu ar gludiant cyhoeddus o hynny ymlaen. Cafodd drwydded yrru yn ei henw newydd gan John hefyd.

Cafodd Nerys groeso cynnes ar ei diwrnod cyntaf yn y gwaith, a chafodd ei chyflwyno i bump o ysgrifenyddesau eraill y byddai'n gweithio gyda nhw mewn un ystafell fawr. Roedd bellach wedi dechrau dod i arfer â sôn am ei gorffennol ffug, a buan y setlodd i lawr yn ei swydd newydd. O fewn ychydig wythnosau sylweddolodd fod rhai o uwch-swyddogion y cwmni yn gofyn amdani hi i wneud gwaith iddyn nhw – roedd wedi dod yn amlwg iddynt fod ei gwaith yn gywir a'i bod yn gweithio'n gyflym. Dechreuodd hefyd gymdeithasu â gweddill y merched yn y swyddfa, gan fynd allan efo nhw am ddiod ambell gyda'r nos. Nid oedd hi'n edrych ymlaen o gwbl i orfod gadael.

Yna, bythefnos cyn i'w chytundeb ddod i ben, hysbysebwyd swydd yn y cwmni: ysgrifenyddes breifat i un o'r prif benseiri, dyn o'r enw Gerallt Davies. Yr unig ddrwg oedd bod yr hysbyseb yn gofyn am fwy o brofiad nag oedd ganddi hi. Cyflwynodd ei chais, a chafodd wybod gan ei phennaeth adran fod nifer o ymgeiswyr eraill oedd yn llawer mwy profiadol na hi. Rhybuddiwyd hi i beidio â bod yn rhy siomedig pe na châi'r swydd, ond cafodd Nerys siom ar yr ochr orau pan gafodd ei gwahodd am gyfweliad.

Y noson honno, rhuthrodd Nerys i ffonio John am gyngor.

'Does gen i ddim syniad be i'w ddisgwyl, John,' meddai. 'Fues i erioed mewn cyfweliad am swydd o'r blaen.'

'Pryd mae'r cyfweliad?' gofynnodd John.

'Wythnos nesaf.'

'Reit, mae gen ti ddigon o amser i baratoi, a dyna ydi'r

peth pwysicaf. Cymera dy amser i ddysgu popeth am y swydd a'r dyn y byddi di'n gweithio iddo o flaen llaw, a dos i gael sgwrs efo'r person sy'n gadael y swydd.'

'Ymddeol mae hi, fel dwi'n dallt.'

'Gorau'n y byd, ond paid â mynd tu ôl i gefn neb, felly gad i dy bennaeth adran wybod be wyt ti'n wneud.'

'Reit.'

'Gwna nodiadau, a gwna yn sicr dy fod yn eu dysgu. A'r peth pwysicaf – bydda'n naturiol, a gwisga'n smart. Mae gen i bob ffydd ynddat ti.'

Cafodd Nerys groeso gan y ddynes a oedd yn ymddeol o'r swydd, a dysgodd bob manylyn am y swydd a'r cwmni. Deallodd mai dyn ifanc oedd Gerallt Davies, a'i fod yn rheoli adran y penseiri. Roedd ganddo radd dda o'r coleg, ac wedi cael ei ddyrchafu i'w swydd yn gyflym.

Ar ddiwrnod y cyfweliad, er ei bod yn nerfus, cymerodd Nerys anadl drom cyn cnocio ar y drws a cherdded i mewn. Yn eistedd o'i blaen roedd Gerallt Davies a phennaeth adran personél y cwmni. Wrth iddi dderbyn y gwahoddiad i eistedd rhyfeddodd pa mor ifanc oedd Mr Davies, yn ei ugeiniau hwyr, tybiodd, dim llawer hŷn na hi. Roedd ei wallt tywyll yn gwta ac yn dwt a'i wyneb wedi'i eillio'n lân. Gwenodd arni cyn dechrau ei holi. Ymhen ugain munud cerddodd Nerys allan o'r ystafell wedi ymlacio'n llwyr ar ôl cyfweliad a oedd yn fwy fel sgwrs anffurfiol, er ei bod wedi cael cyfle i drafod yr holl wybodaeth a ddysgodd ymlaen llaw. Doedd ganddi ddim syniad sut fath o argraff a wnaeth, ond roedd hi wedi gwneud ei gorau.

Am hanner awr wedi pedwar y diwrnod hwnnw, galwyd hi i swyddfa pennaeth adran y personél. Yno hefyd roedd Gerallt Davies. Fo siaradodd gyntaf.

'Llongyfarchiadau,' meddai gan wenu. 'Fe hoffwn i gynnig y swydd i chi.'

Roedd y sioc yn amlwg ar wyneb Nerys.

'Peidiwch ag edrych mor syn,' meddai Davies. 'Chi oedd yr ymgeisydd gorau o bell ffordd. Welais i neb wedi paratoi cystal erioed, ac mae eich gwaith chi ers ichi ddod i'r cwmni 'ma wedi bod yn ardderchog.'

'Diolch yn fawr i chi, Mr Davies,' atebodd Nerys, yn wên o glust i glust.

'Byddwch yn dechrau efo fi fore Llun. Mwynhewch eich penwythnos.'

Trodd Nerys i adael yr ystafell yng ngwres yr haul oedd yn tywynnu arni drwy'r ffenest.

Pennod 26

Yn hytrach na mwynhau ei phenwythnos treuliodd Nerys ran helaeth ohono'n paratoi at fore Llun. Aeth i ymweld â'r ddynes a oedd newydd ymddeol o'i swydd, a dros nifer o baneidiau o goffi dysgodd fwy am y gwaith. Dysgodd hefyd fod Geraint Davies yn ddyn sengl.

Pasiodd y tri mis nesaf fel y gwynt. Nid yn unig roedd ei gwaith papur yn plesio ei bòs newydd, ond hefyd y ffordd yr oedd Nerys yn rheoli ei ddyddiadur, yn ogystal â delio ag amrywiol gyfrifoldebau.

Un ffurfiol oedd eu perthynas yn y gwaith, ond newidiodd hynny ym mis Mai'r flwyddyn ganlynol pan gerddodd Gerallt Davies i mewn i'r swyddfa un bore yn cario tusw mawr o rosod cochion.

'Dwi'n dallt ei bod hi'n ben blwydd arnoch chi heddiw, Nerys. Pen blwydd hapus iawn i chi, a diolch i chi am bopeth. Ella nad ydw i'n dweud hynny'n ddigon aml, ond dwi'n gwerthfawrogi'ch cyfraniad chi'n fawr iawn.'

'O, Mr Davies, doedd dim angen!' atebodd Nerys.

'A dyna beth arall ddylai newid yn y lle 'ma. Ma' hi'n haws o lawer deud "Gerallt" na "Mr Davies", 'dach chi ddim yn meddwl?'

Gwenodd Nerys yn swil, a gwelodd amlen fawr ymysg y blodau.

'Agorwch o,' awgrymodd Gerallt.

Estynnodd Nerys gerdyn pen blwydd ohono ac wrth

iddi ei agor disgynnodd rhywbeth arall ar y ddesg o'i blaen.

'Dau docyn i gyngerdd yn Neuadd Pritchard Jones, Bangor nos Sadwrn,' eglurodd Gerallt. 'Mi fyswn i wrth fy modd petaech chi'n dod efo fi, Nerys, os nad ydach chi wedi gwneud trefniadau eraill, wrth gwrs. Cerddorfa Genedlaethol Cymru sy'n perfformio ail symffoni Gustav Mahler, *Yr Atgyfodiad*. Wn i ddim ydach chi'n mwynhau cerddoriaeth glasurol, ond mae honna'n ffefryn gen i, ac anaml y bydd rhywun yn cael cyfle i weld perfformiad byw. Mi fues i'n lwcus iawn i gael tocynnau.'

Ni wyddai Nerys beth i'w ddweud. Doedd hi erioed wedi gwrando ar gerddoriaeth glasurol yn ei bywyd heb sôn am fynd i weld perfformiad byw, a wyddai hi ddim pwy yn y byd oedd Mahler.

'Mi fyswn i wrth fy modd yn dod efo chi, Mr Da– … sori, Gerallt,' meddai.

Ar y nos Sadwrn aeth Gerallt i nôl Nerys o'i fflat, a theithiodd y ddau yn ei Vauxhall Cavalier i gyfeiriad Bangor. Ar ôl iddynt gyrraedd y neuadd sylwodd Nerys pa mor foneddigaidd oedd Gerallt, nid yn unig yn y ffordd yr oedd o'n ei thrin hi, ond sut roedd o'n ymddwyn mor barchus tuag at bawb arall hefyd. Roedd o mor wahanol i Frank, a oedd wastad wedi mynnu parch drwy godi ofn. Teimlai Nerys yn ddiogel yng nghwmni Gerallt, yn enwedig pan roddodd ei law o amgylch ei hysgwydd i'w hebrwng i'w sedd. Dyna'r tro cyntaf iddo ei chyffwrdd, ac roedd o'n deimlad braf.

Tra oedd pawb yn setlo yn eu seddi, eglurodd Gerallt ychydig am y gerddorfa a'r hyn oedd yn digwydd o'u cwmpas, heb unwaith swnio'n nawddoglyd. Ychydig cyn i'r gerddoriaeth ddechrau, sibrydodd yn ei chlust, 'Dywedodd Mahler unwaith, "Os ydi symffoni am gynnwys unrhyw beth o gwbl, rhaid iddi gynnwys popeth." Mi gewch chi weld yn union beth oedd o'n feddwl.'

Am yr awr a hanner nesaf, gwrandawodd y ddau heb ddweud gair.

Roedd Nerys wedi'i hudo pan ganodd yr unawdydd contralto yr 'Urlicht' a phan orffennodd y symudiad olaf sylwodd Gerallt ei bod dan deimlad, a'i llygaid yn llenwi â dagrau. Gwenodd arni, a gafael yn ei llaw yn dyner.

Wedi i'r car stopio y tu allan i'w fflat, trodd Nerys i roi cusan ar foch Gerallt. 'O, mae'n ddrwg gen i,' ebychodd yn syth. 'Ddylwn i ddim bod wedi gwneud hynna. Dim ond isio diolch i chi oeddwn i. Maddeuwch i mi, plis.'

Gwenodd Gerallt arni. ''Swn i'n lecio mynd â chi allan am ginio, Nerys. Fysa hynny'n iawn?'

'Bysa siŵr, mi fyswn i wrth fy modd. Pryd?' gofynnodd, gan feddwl pa drefniadau fyddai'n rhaid iddi eu newid ar gyfer y penwythnos canlynol.

'Nos fory,' atebodd Gerallt yn bendant. 'Mi alwa i amdanoch chi tua hanner awr wedi chwech os ydi hynny'n iawn?'

'Perffaith.'

Yna, rhoddodd gusan ar ei boch hi, un hirach na'r un a gawsai ganddi hi funud neu ddau ynghynt. Teimlodd Nerys ei heffaith yn llifo drwy ei chorff.

Wedi iddo adael, pwysodd Nerys yn erbyn y drws ffrynt, yn crynu trwyddi.

O'r bore Llun canlynol ymlaen newidiodd y berthynas rhwng Gerallt a Nerys yn gyfan gwbl. Er eu bod yn gwneud ymdrech i ymddwyn yn broffesiynol yn y swyddfa, roedd y ddau yn manteisio ar bob cyfle i agosáu at ei gilydd pan nad oedd neb arall o gwmpas. Blodeuodd eu perthynas yn gyflym, ac o fewn amser byr iawn roeddynt yn treulio pob gyda'r nos a phenwythnos efo'i gilydd. Erbyn hyn, roedd Nerys wedi darganfod sut beth oedd cariad – rhyw fath o ddewiniaeth oedd yn llenwi ei bodolaeth. Rhannodd â Gerallt yr hanes yr oedd hi wedi arfer ei ddweud am ei gorffennol, ac roedd o i weld yn fwy na hapus i dderbyn y cwbl heb holi ymhellach.

Doedd Nerys erioed wedi adnabod dyn tynerach, mwy galluog na theimladwy erioed, ac roedd hi ar ben ei digon pan ofynnodd iddi ei briodi.

Ar ôl iddynt ddyweddïo aeth Gerallt â hi i gyfarfod ei rieni, a oedd yn byw mewn tŷ mawr, urddasol y tu allan i Fangor, a'r penwythnos hwnnw gwahoddwyd hi i ymuno â gweddill y teulu yn y capel. Derbyniodd Nerys y gwahoddiad er nad oedd ei thraed erioed wedi croesi trothwy unrhyw addoldy o'r blaen. Daeth i ddeall fod y teulu i gyd, yn cynnwys Gerallt, yn gapelwyr brwd, a'u bod yn awyddus i'r briodas gael ei chynnal yno.

'Sut wnes i?' gofynnodd i Gerallt ar y ffordd adref.

'Ardderchog 'nghariad i,' chwarddodd. 'Ardderchog. Paid â phoeni dim.'

Mewn fflat roedd Gerallt yn byw hefyd, er ei fod dipyn yn fwy nag un Nerys. Un diwrnod, gofynnodd iddi ble yr hoffai fyw ar ôl iddynt briodi.

'Rhywle yn agos i Fangor,' oedd ei hateb. 'Tŷ yn edrych ar draws y Fenai, ella?'

'Rargian, wyt ti'n meddwl 'mod i'n graig o arian? Taswn i'n cael pris da am y fflat 'cw, fysa hynny ddim hyd yn oed yn ddigon i roi blaendal ar y fath le, heb sôn am dalu'r morgais wedyn.'

'Be ydi gwerth tai felly?' gofynnodd.

'Reit ar y Fenai, ti'n siarad am gant a hanner o filoedd, efallai mwy.'

'Be taswn i'n deud bod gen i'r modd i brynu'r fath le heb orfod cael morgais?'

'Be?' Prin yr oedd Gerallt yn credu'r hyn a glywai.

'Mae gen i arian wedi'i fuddsoddi, Gerallt, ar ôl fy rhieni. A dwi isio'i ddefnyddio fo i roi dechrau da i ni mewn tŷ gwerth chweil.'

Daeth teimlad o gywilydd drosti wrth ddweud y fath gelwydd wrth yr unig ddyn yr oedd hi wedi'i garu erioed. Nid dyma sut roedd hi wedi bwriadu dechrau eu bywyd priodasol, ond beth arall allai hi wneud? Anghofio'r holl arian? Na, dim peryg. Roedd ganddi gyfle i ddechrau ei bywyd gyda Gerallt heb y math o rwystrau ariannol oedd yn wynebu'r rhan fwyaf o bobl ifanc yn yr un sefyllfa â nhw, ac roedd yn benderfynol o fanteisio ar hynny.

Prynodd y ddau glamp o dŷ oedd â golygfa hyfryd dros y dŵr i Borthaethwy a chyfran helaeth o gulfor Menai. Yn addas iawn, ei enw oedd Uwch y Fenai.

Roedd Nerys yn chwech ar hugain oed yn 1992 pan briodwyd y ddau o flaen teulu a chyfeillion Gerallt a hanner dwsin o'i chyfeillion hi o'r gwaith yng nghapel y teulu. Fu hi erioed yn hapusach.

Ar ôl mis mêl nefolaidd ar draeth yng ngwlad Groeg, setlodd y ddau i'w bywydau newydd. Parhaodd Gerallt i ddisgleirio yn ei waith, a chafodd ei ddyrchafu fwy nag unwaith. Daeth Nerys yn aelod o'r capel a dechreuodd wirfoddoli ar bwyllgorau yno a chydag elusennau yn y gymuned.

Ddwy flynedd ar ôl y briodas ganwyd eu plentyn cyntaf,

Sioned. Bendithiwyd hwy â merch arall, Cerys, flwyddyn yn ddiweddarach, a chafodd bach y nyth, Gwion, ei eni yn 2005 pan oedd Nerys yn dri deg naw oed. Roedd ei bywyd bellach yn berffaith.

Pennod 27

Rhyfeddai Jeff Evans weithiau sut roedd gwahanol dameidiau o wybodaeth yn disgyn i'w lle mor dwt. Pan adawodd Gwyneth Roberts yn Adwy'r Nant, ni ddychmygodd y byddai'n dychwelyd yno mor fuan – a hynny dan amgylchiadau mor annisgwyl.

Pan gyrhaeddodd yn ôl i orsaf heddlu Glan Morfa, tarodd i mewn i swyddfa'r ditectifs er mwyn dysgu am ddigwyddiadau'r diwrnod. Er iddo addo i'r Uwch-arolygydd Irfon Jones y byddai'n ymchwilio i honiadau Emyr Huws o'r *Daily Post*, roedd yn anodd cael yr amser i wneud hynny. Yr haf oedd adeg prysuraf y flwyddyn i'r heddlu, a'r boblogaeth wedi chwyddo cymaint â thwristiaid ifanc o ddinasoedd Lloegr oedd yn dod â dim ond trafferth efo nhw. Wrthi'n trafod un neu ddau o ddigwyddiadau i'r perwyl hwnnw efo'r ditectifs oedd o pan dderbyniodd neges destun.

'Ffonia fi plis, Jeff. Rŵan. Dwi angen dy help di. N.N.'

Suddodd calon Jeff – roedd ganddo ddigon ar ei blât yn barod. Esgusododd ei hun ac aeth i breifatrwydd ei swyddfa i wneud yr alwad.

'Nansi bach, be sy?'

'O, Jeff, diolch i ti am ffonio'n ôl mor handi. Dwi'n poeni'n ddiawledig am hogyn fy chwaer, Wayne. Dwi'n meddwl bod 'na ryw sglyfath wedi cael gafael arno fo. Dydi o ddim ond pedair ar ddeg oed!'

'Be sy'n gwneud i ti feddwl hynny, Nansi?'

'Dim dros y ffôn, Jeff. Ty'd i 'ngweld i i'r tŷ. A brysia. Ma'i fam o mewn uffar o stad.'

Roedd Jeff yn gyfarwydd â Wayne Hughes gan ei fod wedi dod i sylw'r heddlu unwaith neu ddwy am fanion bethau. Doedd y creadur erioed wedi cael fawr o arweiniad, yn cael ei fagu gan deulu oedd yn byw ar gyrion y gyfraith.

Parciodd ei gar yn ddigon pell o dŷ Nansi a cherddodd weddill y ffordd yno. Synnodd ei bod hi wedi'i wahodd i'w thŷ gan y byddai fel arfer yn awyddus i gelu ei chysylltiad â fo rhag ei chydnabod a'i chymdogion. Pan agorodd Nansi'r drws doedd 'na ddim golwg dda arni – yn ddi-golur, a'i gwisg yn flêr, yn wahanol iawn i'w hedrychiad arferol. Roedd ei natur hwyliog a phryfoclyd ar goll hefyd, sylwodd.

'Diolch i ti am ddod, Jeff. Ty'd i eistedd i lawr.'

Dilynodd Jeff hi i'r ystafell fyw. Chafodd o mo'r cynnig arferol o baned.

'Sglyfath ddeudist ti ar y ffôn, yntê Nansi?' gofynnodd i ddechrau'r sgwrs.

'Ia. Ma' Wayne yn hogyn bach iawn, ond mae o wedi bod yn ymddwyn yn rhyfedd ofnadwy ers tair wythnos i fis. Dydi o ddim wedi bod yn mynd i'r ysgol bob dydd – Duw a ŵyr i ble mae o'n mynd, ac ma' gen i f'amheuon bod rhyw fastad digywilydd wedi mynd i'r afael â fo.'

'Pedoffeil ti'n feddwl? Pam felly?'

'Am ei fod o'n cael presanta drud, gwerth cannoedd o bunnau, o rwla. Sut arall mae esbonio hynny? Ti'n clywed am straeon fel hyn bob dydd.'

'Cymer bwyll, Nansi bach, a deud yr holl hanes wrtha i.'

'Wel, 'dan ni'n gwybod nad ydi o wedi bod yn yr ysgol

yn gyson yn ystod y mis dwytha 'ma, ac mae ganddo fo feic newydd sbon, ryw Flying Mountain Bike efo dros ugain o gêrs arno fo. Dwi wedi'u gweld nhw ar y we ac maen nhw ymhell dros ddau gant o bunnau i'w prynu. Ar ben hynny mae ganddo fo bâr o drainers Jordan, a'r rheini'n werth dros ganpunt, a hwdi North Face newydd sbon.'

'Be mae ei fam o'n ddeud?'

'Wel, nid hi ddaru eu prynu nhw, ma' hynny'n sicr. 'Sganddi hi mo'r pres. A phan ma' hi'n gofyn iddo fo amdanyn nhw, mae o'n gwrthod deud dim.'

'Ydi o wedi'u dwyn nhw, tybed?'

'O ble, Jeff? Does 'na 'run siop yn y dre 'ma sy'n gwerthu petha felly, a dydi Wayne ddim wedi bod yn nunlla arall. Wel, ddim cyn belled ag y gwyddon ni, beth bynnag.'

'Be ti'n ddisgwyl i mi wneud, Nansi? Neu be fysat ti'n licio i mi wneud?'

'Cael gair efo fo, Jeff. Ffendio allan be sy'n digwydd. Dwi ddim isio i ryw fastad drwg ei hudo fo.'

'Iawn – mi ga' i sgwrs efo fo. Ond mae angen i oedolyn arall fod yn bresennol pan dwi'n holi bachgen o'i oed o, yn enwedig a chditha'n amau bod cysylltiad rhywiol. Rhywun o'r gwasanaethau cymdeithasol, ella.'

'Na, tydi'r Soshal ddim yn dod yn agos aton ni.'

'Wel, pa ddewis arall sydd?'

'Ddeuda i wrthat ti be, Jeff. Mi wna i'n siŵr bod Wayne a'i fam yma erbyn pedwar o'r gloch y pnawn 'ma. Mi gei di holi Wayne ar ei ben ei hun, ac mi arhoswn ni'n dwy yn y gegin.'

Ychydig funudau wedi pedwar o'r gloch, dychwelodd Jeff i dŷ Nansi'r Nos lle'r oedd Wayne a'i fam yn disgwyl amdano yn yr ystafell fyw. Roedd y syndod ar wyneb

Wayne pan gerddodd Jeff i mewn i'r ystafell yn awgrymu nad oedd y bachgen yn ei ddisgwyl. Rhoddodd ei ben i lawr fel nad oedd yn rhaid iddo edrych ar wyneb y dyn a safai o'i flaen.

Roedd rhywbeth o'i le, roedd Jeff yn siŵr o hynny.

'Wayne,' meddai Nansi, 'mae'r dyn 'ma isio siarad efo chdi. A gwna'n siŵr dy fod ti'n deud y gwir wrtho fo, ti'n dallt? Bob gair.'

Gadawodd y merched yr ystafell.

Eisteddodd Jeff wrth ochr Wayne ar y soffa. Sylwodd fod y llanc yn gwisgo'r siwmper a'r esgidiau y soniodd Nansi amdanyn nhw.

'Wyt ti'n gwybod pwy ydw i, Wayne?'

'Ydw,' atebodd y bachgen heb godi ei ben. 'Bòs y ditectifs yn y dre.'

'Cywir. Felly mi wyddost ti pa mor bwysig ydi hi dy fod ti'n deud y gwir wrtha i.' Nid atebodd y bachgen. 'Hwdi neis gen ti, Wayne. Lle gest ti honna?'

'Presant.'

'Gan bwy?'

'Rhyw foi.'

'Yr un boi a roddodd y trainers 'na i ti?' Arhosodd y bachgen yn fud. 'Yr hwdi a'r trainers. Gest ti rwbath arall ganddo fo?' Tawelwch. 'Be am y beic?'

Roedd yn amlwg i Jeff nad oedd y llanc am ateb yr un o'i gwestiynau heb fwy o brocio.

'Yli, Wayne. Mae'r rhain yn bethau drud. Mi ydan ni'n sôn am gannoedd o bunnau. Un ai mi wyt ti wedi'u dwyn nhw, neu mae 'na reswm arbennig pam mae'r boi 'ma wedi eu rhoi nhw i ti.'

'Wnes i ddim eu dwyn nhw.'

'Deud yr hanes wrtha i, 'ta.'

'Fedra i ddim. Mi wnân nhw fy lladd i.'

'Does neb yn mynd i dy ladd di, Wayne. Mi wna i'n siŵr o hynny. Rŵan ta, ty'd yn dy flaen. Deud y gwir.'

'Ond mi fydda i mewn bob math o drwbwl.'

'Mi fyddi di mewn llawer iawn mwy o drwbwl os na dddeudi di wrtha i. Os oes rhywun wedi cymryd mantais arnat ti, Wayne, rŵan ydi'r amser i ddeud. Mi fydda i yma i dy helpu di os bydd angen, ond fedra i wneud dim os nad ydw i'n gwybod y stori – bob tamaid ohoni.'

'Dwi wedi bod yn cario cyffuriau,' meddai Wayne. Edrychodd y bachgen i fyny am y tro cyntaf, a gwelodd Jeff fod ei lygaid yn llawn dagrau. 'Ond wir rŵan, do'n i ddim yn gwybod be o'n i'n wneud nes roedd hi'n rhy hwyr.'

'Deud di'r cwbwl, Wayne. Sut ddechreuodd hyn?'

'Y boi 'ma ddechreuodd loetran tu allan i giatiau'r ysgol ar feic smart, a phan ddechreuais i gymryd sylw o'r beic, mi ofynnodd i mi oeddwn i isio reid arno fo. Welais i ddim beic fel'na erioed o'r blaen, a dyma fi'n deud y byswn i. Mi ddeudodd o y cawn i fynd am sbin am ddeng munud, ond y bysa'n rhaid i mi fynd â pharsel bach i ryw foi o'r enw Dan yn nhafarn y Rhwydwr ar fy ffordd. Dyna wnes i. Do'n i ddim yn meddwl bod dim o'i le ar hynny, ar y pryd.'

'Oeddet ti'n nabod y Dan 'ma?'

'Na.'

'Wyddost ti ei gyfenw fo?'

'Na.'

'Be oedd yn y pecyn?'

'Cyffuriau, am wn i. Ond doedd gen i ddim syniad ar y pryd, wir.'

'Pryd wnest ti sylweddoli hynny 'ta?'

'Wedi i mi ddod yn ôl, mi oedd yr un boi yn disgwyl amdana i, ac mi ddeudodd y byswn i'n cael y beic yn bresant taswn i'n gwneud yr un peth eto. Yn rêl ffŵl, dyma fi'n cytuno. Ac fel'na ddechreuodd petha, a dwi'n difaru fy enaid 'mod i erioed wedi siarad efo'r boi. Mae o'n fy ngorfodi fi i fynd â phecynnau i wahanol lefydd bob dydd, ac yn rhoi presanta i mi am wneud. Dyna pam dwi wedi colli cymaint o ysgol.

'Disgrifia'r boi i mi, Wayne.'

'Boi ifanc, wel, yn ei ugeiniau ella, reit fawr efo gwallt tywyll. Sais, wn i ddim acen lle sgynno fo, yn gwisgo jîns glas a chrys T fel arfer.'

'Sut mae o'n cael gafael arnat ti?'

'Ffonio.' Tynnodd y bachgen iPhone allan o'i boced a'i ddangos i Jeff. 'Fo roddodd hwn i mi.'

'Pryd fydd o'n ffonio?'

'Pan fydd ganddo fo rwbath i mi ei ddanfon.'

'Pa mor aml fydd hynny?'

'Ddwywaith, dair gwaith yr wsnos, ella. Weithia mi fydda i wrthi ar hyd y dydd iddo fo. Dro arall ella na chlywa i ddim byd ganddo fo am ddyddia.'

'Ac o ble fyddi di'n casglu'r cyffuriau?' gofynnodd Jeff.

'Rhyw garafán tu allan i'r dre.'

Aeth ias o gyffro drwy Jeff. 'Ble yn union, Wayne? Mae hyn yn bwysig.'

'Y lle neis 'na. "Nant" rwbath.'

'Adwy'r Nant ti'n feddwl?'

'Ia, dyna fo.'

'Dwi isio i ti ddangos y garafán i mi, Wayne, ond cyn hynny, ga' i weld y ffôn 'na plis?'

Rhoddodd Wayne y ffôn i Jeff, a ddechreuodd edrych

drwy hanes y galwadau. Un rhif ffôn oedd wedi'i storio yn y cof ond bu bron i galon Jeff stopio pan welodd y rhif hwnnw. Tynnodd y cerdyn o'i boced er mwyn cadarnhau'r wybodaeth, ond doedd dim angen iddo fod wedi gwneud. Roedd y rhif ar ffôn symudol Wayne yr un rhif yn union â'r rhif ar gerdyn cwmni diogelwch Gwarchod Cyf. Doedd Jeff ddim yn deall.

'Wyt ti'n cael ateb ar y rhif yma?' gofynnodd i'r llanc.

'Ydw siŵr.'

Tynnodd Jeff ei ffôn ei hun allan o'i boced a deialu'r rhif. Yr un ymateb a gafodd eto – doedd dim modd cysylltu.

'Tria di rŵan,' meddai wrth Wayne. 'Ac os gei di ateb, deud dy fod yn poeni bod dy fam yn dechrau amau rwbath.'

Gwnaeth Wayne hynny, a chafodd ateb ar unwaith. 'Fedra i ddim gwneud mwy o waith i chi am sbel,' meddai'r bachgen, 'mae Mam yn dechra gofyn cwestiynau.'

'Be ddeudodd o?' gofynnodd Jeff.

'I mi beidio â phoeni. Mi fydd o i lawr ymhen chydig ddyddiau, medda fo. Ydw i mewn trwbwl rŵan?' gofynnodd Wayne. 'Mae pobl yn mynd i'r jêl am ddelio, tydyn?'

'Wel, fyddi di ddim, Wayne. Fy helpu i wyt ti.'

Roedd y rhyddhad yn amlwg ar wyneb y bachgen.

Wedi rhoi esboniad i'r ddwy yn y gegin, a'u darbwyllo nad oedd pedoffeil i boeni amdano, teithiodd Jeff a Wayne i Adwy'r Nant.

'Dyna'r garafán,' meddai Wayne. 'Dyna lle fydda i'n nôl y cyffuriau, a rhestr yn deud lle i fynd â nhw.'

'Pwy fydd yno yn dy ddisgwyl di?' gofynnodd Jeff.

'Y boi oedd o flaen yr ysgol, weithiau un neu ddau arall. A hogan un tro hefyd, hogan smart ofnadwy yn gwisgo'r nesa peth i ddim.'

Ar ôl dychwelyd i dŷ Nansi'r Nos, esboniodd Jeff y sefyllfa iddi hi a'i chwaer – wel, gymaint ag y gallai. Awgrymodd i Wayne y dylai aros gartref am y dyddiau nesaf. Aeth Jeff â'r iPhone efo fo, ond cafodd Wayne gadw'r beic a'r anrhegion eraill.

'Do'n i ddim isio deud dim wrthat ti yn y tŷ rhag ofn ei fod o'n gysylltiedig â busnes Wayne,' meddai Nansi wrtho ar ôl iddi ei hebrwng allan drwy'r drws ffrynt, 'ond mae gen i dipyn mwy o wybodaeth i ti ynglŷn â'r cyffuriau caled 'na yn y dre – y busnes hwnnw y gwnes i sôn wrthat ti amdano fo.'

'O?'

'Mae gen i enw i ti, un o'r bois sy'n ei rannu o ydi Tony.'

'Tony pwy, Nansi?'

'Tony Taylor. Mi ddylat ti fod yn nabod ei dad o.'

Tarodd y darganfyddiad galon Jeff fel tamaid o blwm. Anthony Taylor oedd hi'n feddwl: mab Rob, ei gyfaill a'i gyd-weithiwr. 'Wyt ti'n siŵr?' gofynnodd.

'Berffaith, a dyna pam nad o'n i isio'i enwi o yn y tŷ. Mi ges i ddwy alwad ffôn o le da yn cadarnhau'r peth – yn ôl yr hanes, mae o rwbath i'w wneud â'r harbwr. Yn y fan honno mae petha'n digwydd, ond wn i ddim mwy na hynny.'

'Diolch i ti, Nansi. Mae hynna'n ddiddorol iawn, ond cofia, dim gair wrth neb, plis.'

'Ti'n fy nabod i'n well na hynna, Jeff.'

Yn ôl yn ei gar, dechreuodd Jeff ystyried y digwyddiadau annisgwyl. Nid yn unig roedd yna raced amddiffyn yn yr ardal, ond ymgyrch i ddelio cyffuriau yng nghefn gwlad Cymru hefyd. Dynion o Loegr yn defnyddio plant lleol a charafán gyfleus i wneud eu helw budr. Roedd yn dod yn ddigwyddiad mor gyffredin fel bod enw arno: *County Lines*. Beth, os unrhyw beth, oedd cysylltiad Tegid Powell â'r cyfan? Ac yn bwysicach, sut yn y byd oedd o am ddweud wrth Rob fod ei fab yn rhan o ymgyrch o'r fath?

Nid oedd Jeff wedi bwriadu dychwelyd i Adwy'r Nant, ond dyna oedd raid.

Pennod 28

Roedd hi bron yn saith o'r gloch y nos pan yrrodd Jeff trwy barc gwyliau Adwy'r Nant unwaith yn rhagor. Er ei bod eisoes yn brysur, gwyddai Jeff y byddai'r lle yn orlawn ymhen pythefnos, wedi i'r ysgolion gau. Daeth arogleuon coginio o'r barbeciws i'w atgoffa nad oedd o wedi bwyta ers oriau. Byddai Meira'n siŵr o fod wedi cadw plataid o swper iddo.

Diolchodd Jeff nad oedd y llu ymwelwyr yn ymwybodol o'r digwyddiadau amheus a oedd yn cyniwair o dan eu trwynau; y cyffuriau a'r trais. Gwyddai o brofiad y byddai'n rhaid iddo fod yn ofalus – gallai un cam gwag roi rhybudd i'r delwyr cyffuriau fod rhywbeth ar droed a rhoi cyfle iddynt ddiflannu. Petai hynny'n digwydd, fyddai ganddo ddim siawns o roi stop ar eu delio.

Trodd y car i gyfeiriad y swyddfa. Roedd Gwyneth newydd gloi'r drws ac yn cerdded at ei char. Pan welodd hi Jeff edrychodd o'i chwmpas. Ai gwneud yn siŵr nad oedd Tegid yno oedd hi?

'Dwi'n falch 'mod i wedi'ch dal chi cyn i chi fynd adra,' meddai wrthi.

'Dim ond cael a chael ddaru chi,' atebodd hithau.

'Rwbath sydd wedi codi,' esboniodd Jeff. 'Y garafán 'ma sy wedi cael ei gosod gan Tegid am y tymor. Oes 'na unrhyw fanylion eraill fedrwch chi eu rhoi i mi am y trefniadau? Pwy sy'n ei defnyddio hi, pryd, ac yn y blaen.'

'Wn i ddim mwy na bod rhywun yn ei defnyddio hi bob hyn a hyn. Pwy, wn i ddim, ond chydig iawn fydda i'n mynd allan o'r swyddfa a deud y gwir. Mi fysa'n well i chi holi Meic – fo sy'n gwybod be 'di be o gwmpas y lle 'ma. Er, dydi o ddim wedi bod yn dda ers dyddiau, ers damwain Morgan. Mae o'n teimlo, dwi'n meddwl, ond mae o yn ei waith heno am y tro cynta ers y noson honno. Ewch i chwilio amdano fo.'

'Mi ga' i olwg o gwmpas,' atebodd Jeff, 'ond cyn i mi wneud, dwi angen gofyn cwestiwn braidd yn anodd i chi, Gwyneth. Y peth dwytha dwi isio ydi i'r hyn dwi'n ei drafod efo Meic fynd yn syth i glustiau Tegid.'

Chwarddodd Gwyneth. 'Ma' Meic yn sgwrsio cyn lleied â phosib efo Tegid, coeliwch chi fi. Mae'n gas gan Meic y dyn – ddechreuodd Meic weithio i Morgan pan wnaeth o adael yr ysgol, yn was ffarm i ddechrau. Ymhell cyn i mi ddod ar gyfyl y lle, a chyn i Tegid ddechrau rhoi ei big mawr i mewn 'ma hefyd.'

'Dwi'n dallt, Gwyneth. 'Dach chi wedi ateb fy nghwestiwn heb i mi orfod ei ofyn.'

'Ga' i ofyn un peth i chi, os gwelwch yn dda, Jeff. Byddwch yn garedig efo fo. Mae Meic … sut fedra i ddeud … dipyn bach yn swil mewn rhai amgylchiadau, er bod 'na ddigon yn ei ben o.'

Gwenodd Jeff arni. 'Wrth gwrs.'

Ymhen deng munud, roedd Jeff wedi darganfod Meic yn eistedd ar hen fainc bren tu allan i un o'r siediau, yn synfyfyrio.

'Gweithio'n hwyr heno, Meic?' gofynnodd Jeff yn gyfeillgar, er nad oedd y ddau erioed wedi cyfarfod.

Cododd Meic ar ei draed wrth i Jeff agosáu, gan dynnu ei gap stabl oddi ar ei ben yn nerfus. Dyn yng nghanol ei bumdegau oedd o, dipyn yn fyrdew a'i fochau'n goch o ganlyniad i weithio ym mhob tywydd dros y blynyddoedd. Roedd llinell amlwg ar draws ei dalcen lle'r oedd ei gap wedi cysgodi'r rhan uchaf ohono rhag yr haul. Gwisgai oferôls glas blêr, tyllog.

'Mae gen i dipyn bach mwy o waith i'w wneud eto,' atebodd Meic. 'Heb fod yma ryw lawer yn ystod y dyddiad dwytha 'ma.'

'Felly ro'n i'n clywed,' meddai Jeff. 'Pam hynny?'

'Dwi'n ei chael hi'n anodd, a deud a gwir. Meddwl am yr hen ddyn, Mr Powell. Fedra i ddim dallt be ddigwyddodd iddo fo. Ambell beth ddim yn gwneud synnwyr i mi. Ond ma' raid cario mlaen, yn does? A dyna be fysa fo isio ... ac mae 'na gymaint i'w wneud.'

Ysai Jeff i ddarganfod beth oedd ddim yn gwneud synnwyr, ond penderfynodd beidio â brysio Meic. 'Ydi, ma' hi'n amser prysur o'r flwyddyn,' cytunodd. 'Wyt ti'n gwybod pwy ydw i?' gofynnodd.

'Ydw,' atebodd. 'Sarjant Evans, 'te, roeddach chi'n ffrind i Mr Powell.'

'Oeddwn wir, Meic. Jeff ydi f'enw i, gyda llaw. Gan 'mod i'n nabod Morgan, mi wn dy fod ti wedi bod yn ffyddlon iawn iddo fo dros y blynyddoedd. Mi oedd y ddamwain yn beth ofnadwy, ac mi fydd yn golled fawr i bawb.'

'Pawb ond y Tegid 'na.'

Ceisiodd Jeff beidio â gwenu. Roedd o ar y trywydd cywir. 'Ia, wel,' meddai, 'Tegid ydi Tegid, yntê? Ond be yn union wyt ti'n feddwl, Meic?' Eisteddodd Jeff i lawr ar y fainc ac eisteddodd Meic yn ôl i lawr wrth ei ochr.

'Mae o'n cael ei facha' ar y lle 'ma, yn tydi? Ond nid fy lle fi ydi deud, naci?'

'Deud be, Meic?'

Oedodd Meic cyn ochneidio'n uchel. Ddywedodd o ddim am amser hir, ond doedd Jeff ddim am ei frysio.

'Ma' hi'n amlwg i bawb be sy wedi bod yn digwydd yma ers blynyddoedd rŵan, ac yn enwedig yn yr wsnosa dwytha 'ma. Mae gen i f'amheuon am y ddamwain, welwch chi. Dyna sy'n fy mhoeni fwya.' Gwasgodd ei gap yn ei ddwylo a gwelodd Jeff ei lygaid yn gwlychu. 'Ond wn i ddim ai hel meddyliau gwirion ydw i.'

Rhoddodd Jeff ei law chwith ar ysgwydd Meic i'w gysuro. 'Mi wn i pa mor glòs oeddach chi'ch dau.' Oedodd am ennyd. 'Sut fath o amheuon?'

'Dyma be dwi'n ei gael mor anodd i'w ddeud,' parhaodd. 'Ella nad ydw i'n meddwl yn glir, ac weithiau mae'n well cau ceg na chodi stŵr. Be taswn i'n cyboli? Dyna pam dwi'n cael traffarth deud wrthach chi be sy ar fy meddwl, yn enwedig a chitha'n dditectif. Ro'n i'n amau y bysach chi isio gair efo fi ryw dro, a do'n i ddim yn edrych ymlaen at hynny, rhaid imi ddeud. Ond rŵan, ar ôl meddwl am y peth, a dyma ni efo'n gilydd, ar ein pen ein hunain, wel ...'

Mae'n debyg mai hyn oedd wedi achosi iddo gadw draw o Adwy'r Nant cyhyd, meddyliodd Jeff.

'Beth bynnag sy gen ti ar dy feddwl, Meic, eith o'n ddim pellach. Ac ydan, mi ydan ni yma ar ein pennau ein hunain. Tydi Tegid na neb arall yma i ymyrryd.' Tybiodd fod y frawddeg olaf yn bwysig.

Cododd Meic ei ben i edrych i fyw llygaid Jeff, a gwyddai'r ddau ar unwaith eu bod yn deall ei gilydd.

Gwyrodd Meic ei ben drachefn a rhoddodd ei ddau benelin ar ei bengliniau. 'Ma' hyn i gyd yn ffaith, ydi, coeliwch fi. Mi o'n i yn y sied lle frifodd Mr Powell ddwy neu dair awr cyn i'r peth ddigwydd. Mi fydda i'n gweithio oriau hir yr adeg hon o'r flwyddyn, ac roedd Mr Powell yn gwerthfawrogi hynny hefyd. Mi oedd y planciau pren yn eu lle yr adeg honno, ar ben y pydew lle dylan nhw fod, a lle roeddan nhw wedi bod ers blynyddoedd heb eu symud. Tua'r adeg yma o'r nos oedd hi, dwi'n sicr o hynny, felly, ma' raid bod rhywun wedi'u symud nhw ar ôl i mi adael. Mi glois i'r drws ar f'ôl hefyd, felly ma' hi'n annhebygol dros ben bod unrhyw blant wedi bod yn chwarae yno ar ôl hynny.'

'A doedd dim arwydd fod neb wedi malu'r drws chwaith,' cadarnhaodd Jeff.

'A pham bod y planciau wedi'u gosod yng nghanol y llawr, mor bell oddi wrth y pydew, medda chi? Mi fysa hi wedi bod yn amhosib eu gweld nhw unwaith roedd hi wedi tywyllu.'

'Erbyn yr adeg pan fyddai Morgan yn mynd â'i gi am dro ti'n feddwl?'

'Ia, yn hollol. A heb olau ...'

'Y bylb,' meddai Jeff.

'Y bylb, ia. Wyddoch chi mai bylb gweddol newydd oedd yno? Fi roddodd o yn ei le yn ystod y gwanwyn. Mi barodd y bylb o'i flaen o am flynyddoedd.'

'A doedd 'na ddim golwg o'r bylb ar ôl y ddamwain, nagoedd?'

'Na, dim golwg. Dyna pam es i i chwilio amdano fo, welwch chi. Ac mi ddois i o hyd iddo fo hefyd. A wyddoch chi be, Jeff, mi fyswn i'n taeru nad oes dim byd o'i le efo fo. Dydi o ddim wedi duo fel tasa fo wedi ffiwsio, na dim byd felly.'

'Yn lle ddoist ti o hyd iddo fo, Meic?'

'Yn y gwrych wrth ochr y sied, fel 'sa rhywun wedi'i daflu o yno. Ffliwcan oedd 'mod i wedi'i ffendio fo hefyd. Ryw ddau ddiwrnod wedyn oedd hi – y diwrnod pan aethoch chi a'ch gwraig â Mrs Powell i'w weld o ym Mangor. Gweld rwbath yn y gwellt hir wnes i, yn sgleinio yn yr haul. Lwc mwnci.'

'Be wnaethoch chi efo fo?' gofynnodd Jeff.

Gwenodd Meic. 'Dwi'n lecio gwylio rhaglenni ditectifs ar y teledu, 'chi. Mi ddefnyddiais i hances lân i'w godi o'n ofalus, gan beidio cyffwrdd gwydr y bylb. Mae o yn y car gen i o hyd. Fedrwn i ddim penderfynu be i'w wneud... efo'r bylb na'r wybodaeth. Cadw'r peth i mi fy hun, ta be? Be oedd y pwynt i mi ddechra codi bwganod heb fod angen? A be tasa rhywun yn fy amau fi? Dyna pam nad ydw i wedi bod o gwmpas y lle 'ma.'

'Dy amau di? Choelia i ddim. Wel, dwi'n falch iawn dy fod ti wedi dweud wrtha i rŵan, Meic. Ty'd i'w ddangos o i mi.'

Cerddodd y ddau i gyfeiriad car Meic, a rhoddodd Jeff y bwlb mewn bag plastig.

'Deud i mi, be oedd agwedd Tegid ar noson y ddamwain?' Dewisodd Jeff barhau i ddefnyddio'r gair 'damwain' am y tro.

'Anodd deud,' meddai Meic o'r diwedd. 'Fyswn i ddim wedi ymddwyn fel y gwnaeth o petai tad i mi yn yr un sefyllfa. Dwi'n meddwl 'mod i dan fwy o deimlad na Tegid.' Bodiodd y gwas ei gap. 'Ond cofiwch, efallai mai effaith y ddiod oedd hynny. Mi ddychrynis i ei weld o yn y ffasiwn stad.'

'Wedi meddwi oedd o?'

'Roedd o wedi cael llond ei fol cyn cyrraedd, yn amlwg,

ac yna taflodd fwy o wisgi i lawr ei gorn gwddw ar ôl cyrraedd y tŷ – o flaen ei fam hefyd, y graduras. Dyna pam y bu'n rhaid i mi yrru Mrs Powell ar ôl yr ambiwlans i Fangor.'

'Sobor o beth, te?'

'A dyna i chi beth arall, Jeff. Ychydig iawn o sylw ddaru Tegid gymryd o'r planciau, a lle roeddan nhw. A ddaru o ddim gofyn dim i mi am y planciau, y bylb, na drws y sied chwaith. Gweld hynny'n beth od ydw i, ond cofiwch, ella mai'r ddiod oedd ar fai am hynny hefyd.'

'Mater arall y byswn i'n hoffi gwybod mwy amdano fo, Meic, ydi'r garafán mae Tegid wedi'i gosod allan am weddill y tymor.'

'Peth rhyfadd ar y diawl os ofynnwch chi i mi. Mae 'na griw o betha amheus iawn yr olwg wedi bod yno o dro i dro, a chyn belled ag y gwn i, rhyw betha ma' Tegid yn eu nabod ydyn nhw. Saeson, cyplau ifanc, y merched bron yn noeth, yn edrych yn fygythiol arnoch chi os ydach chi'n digwydd sbio arnyn nhw. Ond dwi wedi gweld dyn hŷn yno hefyd fwy nag unwaith. Gwallt cyrliog go hir wedi dechrau britho ganddo fo, a locsyn tywyll.'

'Rhywun arall?'

'Mae 'na bobol, lot o bobol, yn galw yno pan fydd y Saeson yn aros yna. Tacsis, a llafnau ifanc, lleol am wn i, ar feics. Ond does neb wedi bod ar gyfyl y lle ers dyddia rŵan.'

'Wyt ti wedi gweld Tegid efo nhw, neu yn agos i'r lle?'

'Naddo.'

Yn ôl yng ngorsaf heddlu Glan Morfa, gwnaeth Jeff drefniadau i yrru'r bwlb golau i'r labordy am archwiliad trwyadl. Edrychai'n debygol iawn erbyn hyn fod rhywun wedi symud y planciau pren oriau yn unig, efallai lai, cyn i Morgan ddisgyn i'r pydew. Roedd y bwlb wedi'i dynnu o'r golau yn fwriadol a'i luchio ymaith yn y gobaith na ddeuai neb o hyd iddo. A sut agorwyd drws y sied? Trodd ei feddwl at y garafán, oedd yn cael ei defnyddio i werthu cyffuriau ar raddfa sylweddol, ond dim ond yn achlysurol. Oedd ganddyn nhw rywle arall i ddelio pan nad oedd y garafán yn gyfleus, tybed? Hyd yma, yr unig dystiolaeth i gysylltu'r cyffuriau â'r raced ddiogelwch oedd y rhif ffôn ar y cerdyn. Byddai'n rhaid iddo geisio dilyn pwy bynnag oedd yn hel yr arian yn wythnosol ar ran Gwarchod Cyf. o'r meysydd gwersylla i gael dysgu mwy.

Roedd mater arall yn pwyso'n drwm ar ei feddwl – yr wybodaeth a gafodd gan Nansi'r Nos am Tony Taylor, mab ei gyfaill a'i gyd-weithiwr, Rob. Penderfynodd wneud mwy o ymholiadau cyn sôn gair wrth Rob. Er hynny, roedd pob darn o wybodaeth a gawsai hyd yma gan Nansi'r Nos yn agos iawn i'w le.

Pennod 29

Roedd pawb yn galw carchar diogelwch eithaf Wakefield yn 'Monster Mansion'. Ni wyddai neb i sicrwydd pwy roddodd yr enw hwnnw arno, ond doedd dim dwywaith ei fod yn addas dros ben. Dyma'r lle peryclaf ym Mhrydain i fyw, yn ddi-os, – os mai 'byw' oedd y gair cywir. Byddai 'bodoli' yn well disgrifiad. Wedi i Frank Murtagh gael ei garcharu yno yn nechrau 1990, roedd yn rhaid iddo ddefnyddio'i holl brofiad yn is-fyd troseddol Birmingham er mwyn goroesi ei fisoedd cyntaf. Ond o dipyn i beth, daeth i ddeall y sgôr. Dysgodd pwy y gallai ymddiried ynddo, pwy y gallai o ei reoli, pwy allai ei drin i'w fantais ei hun, a phwy i gadw'n glir ohono ar bob cyfrif. I raddau, roedd yr un peth yn wir ynglŷn â'r swyddogion.

Wedi i'w flwyddyn gyntaf yno fynd heibio, roedd Frank yn cael ei barchu gan y mwyafrif o'r carcharorion eraill, a'r swyddogion hefyd, a dysgodd sut i droi amgylchiadau i'w felin ei hun. Bu ambell ddigwyddiad treisgar, wrth gwrs, a bu'n rhaid iddo gael ei gosbi gan awdurdodau'r carchar fwy nag unwaith, ond dyna oedd y drefn yn y Monster Mansion. Gwyddai pawb hynny.

Un peth oedd yn sicr – doedd dim cyfle i ddianc. Doedd dim gobaith cael parôl am chwarter canrif chwaith, roedd y barnwr yn Llys y Goron Birmingham wedi penderfynu hynny, ond gobeithiai y byddai'r pum mlynedd ychwanegol o ddedfryd a gafodd am ddianc yn cael ei leihau. Dyna'r gorau y gallai freuddwydio amdano, ond gwyddai'n iawn y byddai o gwmpas trigain oed yn cael ei ryddhau. Penderfynodd ar ei strategaeth: ei uchelgais oedd cadw'i hun yn ddiogel ac ennill ei ryddid cyn gynted â phosib. Dechreuodd wneud ymarfer corff yn gyson bob dydd, bob cyfle a gâi. Roedd wedi gwneud ei enw yn y carchar yn barod a gwyddai mai annhebygol oedd y byddai unrhyw un yn ei fygwth. Ei nod oedd ymddwyn fel y carcharor perffaith, gan gydymffurfio â phob rheol. Felly, ni fyddai neb yn ymwybodol o'i wir fwriad, sef treulio cyn lleied o amser dan glo ag y gallai er mwyn ailafael yn ei fywyd treisgar, darganfod Anita a delio efo hi unwaith ac am byth. Doedd 'run noson dywyll yn ei gell yn mynd heibio nad oedd o'n meddwl amdani, a dychmygu sut y byddai'n dial arni.

Ar ôl i ddeng mlynedd gyntaf ei ddedfryd fynd heibio, sylweddolodd gymaint llai yr oedd yn meddwl am ei gyngariad. Wedi ugain mlynedd, anaml roedd Anita'n dod i'w feddwl o gwbl. Erbyn ei ben blwydd yn bum deg saith oed roedd Frank wedi bod yn garcharor am dros chwe blynedd ar hugain. Roedd yn dal i ymarfer ei gorff yn ddyddiol, ond waeth pa mor ffit oedd o, gwyddai fod blodau ei ddyddiau wedi mynd heibio. Am byth. Dim ond sŵn y drysau metel yn cau a sŵn allweddau a chadwyni fyddai o'n ei gofio o'r cyfnod hir hwn yn ei fywyd. Wedi blwyddyn a hanner o'i ail ddedfryd, yr un a gafodd am ddianc o garchar Winson Green, gwnaeth Frank gais am barôl. Nid oedd yn ffyddiog y byddai'n cael ei ryddhau, ond clywodd o fewn ychydig fisoedd ei fod am gael ei symud i garchar agored. Gwyddai mai cael ei baratoi tuag at ei ryddhau oedd o. Golygai hynny fod ei ymddygiad yn ystod y blynyddoedd diwethaf a'i ymgais i wneud argraff dda wedi bod yn llwyddiannus, twyllodrus neu beidio. Wyddai neb nad oedd o'n edifarhau am eiliad.

Ymhen tri mis arall, symudwyd Frank i garchar agored North Sea Camp yn swydd Lincoln. Y peth cyntaf a'i trawodd yno oedd arogl y môr – rhywbeth na fu Frank yn gyfarwydd ag ef erioed. Llanwodd ei ysgyfaint â'r aer ffres wedi iddo gamu allan o'r bws gyda thri dyn arall, a gwnaethant hwythau yn union yr un peth. Gadawyd i'r pedwar gerdded yn rhydd ymhlith y pedwar swyddog carchar heb efynnau llaw na goruchwyliaeth glòs am y tro cyntaf mewn dros chwarter canrif. Rhedodd cynnwrf trwy ei gorff wrth iddo deimlo'r rhyddhad hirddisgwyliedig.

Setlodd Frank i lawr yn gyflym yno, a dechreuodd gymryd diddordeb mewn tyfu llysiau, rhywbeth nad oedd wedi meddwl amdano erioed o'r blaen. Dysgodd am gyfrifiaduron a'u defnydd yn y byd y tu allan i'r carchar – byd a oedd wedi newid cymaint ers iddo gael ei ddedfrydu. Rhannai ystafell wely, nid cell, gydag un carcharor arall ac roedd ganddynt hyd yn oed allwedd bob un i'r drws. Cyn bo hir roedd gan Frank hawl i gerdded allan o'r carchar er mwyn mynd i'r siop leol.

Yna, yn 2017, rhyddhawyd Frank Murtagh ar barôl ar ôl treulio wyth mlynedd ar hugain dan glo. Roedd wedi colli dipyn go lew o bwysau a thorri ei wallt yn fyr iawn, ac o ganlyniad edrychai'n reit wael pan dynnwyd ei lun ar ei ddiwrnod olaf dan glo, ar gyfer y cofnodion swyddogol. Roedd yr amser wedi dod iddo ailddechrau ei fywyd.

Dychwelodd i Birmingham. Lle arall allai o fynd? Ond sylweddolodd yn gyflym fod y ddinas a'i phobl wedi newid. Wrth iddo ymweld â'i hen gynefinoedd, sylweddolodd ei fod yn ddyn dieithr ar ei batshyn ei hun. Roedd y clybiau a'r tafarnau bellach yn cael eu rhedeg gan ddynion a oedd yn blant ifanc pan gafodd Frank ei garcharu. Dysgodd fod ei gyfoedion wedi gadael y ddinas a'u busnesau ers blynyddoedd, a'u bod yn mwynhau haul cyson tiroedd cynhesach erbyn hyn. Prin oedd o'n adnabod neb, ac eithriad oedd i rywun ei gofio yntau. Roedd gormod o ddŵr wedi llifo dan y bont.

Sylweddolodd hefyd nad oedd neb bellach yn cerdded i mewn i fanciau gyda gynnau. Pam risgio dedfryd o dros ugain mlynedd pan oedd hi gymaint yn haws dwyn cannoedd o filoedd drwy dwyllo digidol? Yn fwy na hynny, roedd y siawns o gael eu dal gymaint yn llai.

Dysgodd pan oedd yn y carchar fod pwysigrwydd cyffuriau wedi tyfu yn y byd troseddol, ond nid oedd wedi dychmygu maint y tyfiant na'i effaith. Gwelodd ganlyniad cyffuriau ar rai o garcharorion Monster Mansion, a gwnaeth addewid iddo'i hun bryd hynny na fyddai'n disgyn i'r fagl honno ei hun. Er hynny, dysgodd fod delio cyffuriau yn faes llewyrchus iawn. Oedd wir, roedd y byd wedi newid, a hiraethai am yr hen ddyddiau a'i ffordd o fyw. Awgrymodd ei swyddog prawf y dylai gael swydd onest, ond doedd gan Frank ddim diddordeb yn hynny.

A dyma ei gyfle i chwilio am Anita. Nid yn unig roedd hi wedi rhoi'r dystiolaeth a'i gyrrodd i'r carchar, roedd hi hefyd wedi dwyn yr arian a guddiodd ar gyfer ei ymddeoliad. Dechreuodd drwy chwilio am gofnod o enedigaeth y plentyn a anwyd i Anita, ond yn ofer. Doedd ganddo 'run trywydd arall i'w ddilyn, a doedd ganddo fawr o amynedd chwaith, felly rhoddodd y gorau iddi. Allai o ddim parhau i edrych yn ôl i'r gorffennol a chanddo bellach rywfaint, o leiaf, o fywyd o'i flaen i'w fwynhau.

Ymhen sbel, cafodd Frank wahoddiad i ymuno ag un o'i hen gyfeillion a'i deulu am benwythnos hir mewn parc carafanau yn ardal y Llynnoedd. Synnodd pan welodd faint y parc – doedd o ddim wedi sylweddoli maint y diwydiant gwyliau a'r gwario a oedd bellach yn gysylltiedig â thwristiaeth. Dechreuodd feddwl am gost llogi'r carafanau a'r safleoedd gwersylla, a sylweddoli bod yr incwm yn sylweddol, a'r gwaith yn hawdd a didrafferth... yr un mor hawdd â gwaith perchnogion tai bwyta Indiaidd Birmingham bron i ddeugain mlynedd ynghynt. Tybiodd y byddai perchnogion y parciau gwyliau, fel perchnogion y tai bwyta, yn fwy na bodlon talu rhan fechan iawn o'u hincwm i atal unrhyw helynt a fyddai'n gyrru eu cwsmeriaid ymaith. Bywyd syml a llwyddiant didrafferth oedd uchelgais pawb ar ddiwedd y dydd. Gwelodd gyfle i wneud arian – doedd o ddim yn arian cyfiawn, ond ni wyddai Frank Murtagh am unrhyw ffordd arall i wneud ei fywoliaeth.

Dechreuodd wneud ei ymchwil. Teithiodd ar hyd arfordir gogledd Cymru, ardal lle gwyddai fod ymwelwyr o ogledd a chanolbarth Lloegr yn pentyrru i dreulio'u gwyliau. Synnodd o weld maint y diwydiant twristiaeth yno, yr holl ffordd o Brestatyn, trwy ardal Rhyl ac Abergele a chyn belled â Llandudno. Doedd dim rhaid iddo fynd ymhellach. Tybiodd na wyddai perchnogion y busnesau hyn lawer am ddiogelwch. Efallai eu bod yn gyfarwydd â thipyn o drafferth bob nawr ag yn y man, ond nid ar raddfa eang. Ac roedd yn sicr nad oedd neb yn yr ardal yn rhedeg ymgyrch debyg i'r hyn a wnaeth o yn Birmingham yn saithdegau ac wythdegau'r ganrif flaenorol. Byddai'n rhaid iddo fod yn gyfrwys, gwyddai hynny, gan ddechrau'n ofalus a gweithredu fel dyn busnes y tro hwn, nid fel lleidr arfog, ond roedd arian mawr i'w wneud.

Dri mis ar ôl cael ei ryddhau o'r carchar, teimlai Frank Murtagh yn ffyddiog fod ganddo ddyfodol. Tyfodd ei wallt yn hir fel yr oedd o ddeg mlynedd ar hugain ynghynt, a barf oedd yn dywyllach na'i wallt brith. Efallai y byddai'n syniad iddo ddewis enw newydd iddo'i hun hefyd, meddyliodd, dim ond iddo fod yn ofalus nad oedd ei swyddog prawf yn dechrau amau fod ganddo rywbeth ar y gweill.

Pennod 30

Wedi i Frank benderfynu ar dactegau ei raced ddiogelwch newydd, ac wedi iddo orffen gwneud ei ymchwil, dechreuodd ar ei ymgyrch. Un min nos Wener yng ngwanwyn 2018, cyrhaeddodd dau gar barc gwyliau o'r enw Rosie's ar y ffordd fawr rhwng Prestatyn a'r Rhyl. Roedd y parc wedi'i sefydlu rywdro yn ystod y pumdegau ac wedi tyfu gryn dipyn ers hynny. Erbyn 2018 roedd dau gant a hanner o garafanau statig yno, caffi, siop hwylus, neuadd gemau, arcêd a stondin prydau parod a oedd yn agored hyd ddeg o'r gloch y nos, bob nos. Dyma le candi-fflos a sglodion os bu un erioed. Un swyddog diogelwch oedd yn cael ei gyflogi yno, a hwnnw'n ddyn yn ei chwedegau hwyr a oedd wedi ymddeol unwaith yn barod.

Neidiodd chwech o lafnau ifanc o'r ddau gar, yn gwisgo jîns a chotiau lledr hir, eu pennau wedi'u heillio ac yn cario cadwyni trymion. Roedd y cyfleusterau ar fin cau am y noson, ond dechreuodd y dynion ifanc gadw reiat yn afreolus. Gwnaethant ddigon o sŵn i ddenu sylw'r swyddog diogelwch, a phan ofynnodd hwnnw iddynt dawelu, chwifiodd un o'r dynion ei gadwyn yn uchel o amgylch ei ben a hyrddio'i gorff i gyfeiriad y swyddog diogelwch gan ei daro ar ei dalcen. Disgynnodd hwnnw'n swp gwaedlyd i'r llawr. Yna trodd y llafnau eu sylw at stondin y prydau parod gan ddefnyddio'u cadwyni i chwalu popeth o fewn eu cyrraedd. Rhedodd y ddwy gogyddes oddi yno am eu

bywydau, cyn i'r chwe dyn rwymo'r stondin â rhaff i un o'r
ceir gyriant pedair olwyn a thynnu'r caban ar ei ochr.
Taniodd y saim poeth ar unwaith, ac o fewn eiliadau roedd
y stondin wedi mynd i ebargofiant. Wnaeth y cyfan ddim
ond para am ychydig eiliadau. Yna, diflannodd y chwech
i'r fagddu.

Disgwyliodd Frank Murtagh hyd y bore Llun canlynol
cyn ymweld â'r perchennog. Roedd wedi'i wisgo'n dwt
mewn siwt dywyll ac yn cario bag dogfennau lledr coch
tywyll. Cerddodd yn hyderus trwy'r fynedfa i mewn i
Rosie's, yna safodd yn stond i edrych o'i gwmpas ar y
difrod. Cerddodd dyn yn ei bumdegau hwyr tuag ato.

'Chi ydi'r dyn o'r cwmni yswiriant?' gofynnodd.

'Nage wir. Be ddigwyddodd yn fama?' gofynnodd
Frank.

'Ryw ffernols ddaeth yma nos Wener,' atebodd y dyn. 'A
sbiwch be mae'r bastads wedi'i wneud i mi.'

'Gwarthus wir, gwarthus,' cydymdeimlodd Murtagh.
'Does gan bobl ddim parch y dyddia' yma. Chi ydi'r
rheolwr?' gofynnodd.

'Fi ydi'r perchennog a'r rheolwr,' atebodd. 'Terence
Lofthouse.'

'Pwy ydi Rosie?'

'Fy mam oedd hi. Hi ddechreuodd y busnes. Duw a ŵyr
be 'sa hi'n ddeud tasa hi'n gweld hyn i gyd rŵan.'

'Be ddigwyddodd?'

'Doeddwn i ddim yma fy hun, a ddaru'r cwbl ddim
cymryd mwy na chydig funudau fel dwi'n dallt.' Dywedodd
yr hanes wrtho. 'Pwy ydach chi felly?' gofynnodd
Lofthouse.

'Dwi'n cynrychioli'r cwmni yma,' meddai, gan roi

cerdyn busnes Gwarchod Cyf. yn ei law. Ni roddodd ei enw. 'Mae'r cwmni'n ehangu i'r ardal hon, ond mae'n edrych i mi fel petawn i wedi cyrraedd rai dyddiau yn rhy hwyr i atal y drafferth yma i chi, gwaetha'r modd.'

'Be 'dach chi'n feddwl?' gofynnodd Lofthouse.

'Mae 'na fwy a mwy o'r math yma o helynt yn digwydd mewn parciau gwyliau y dyddiau hyn, a'n gwaith ni yn Gwarchod Cyf. ydi rhoi stop ar ddigwyddiadau o'r fath. Neu i fod yn fanwl gywir, atal y fath ddigwyddiadau cyn iddyn nhw ddigwydd.' Edrychodd o'i gwmpas yn araf ofalus ar y difrod. 'Neu cyn iddo ddigwydd eto,' ychwanegodd.

'A sut fyddwch chi'n gwneud hynny?' gofynnodd Lofthouse.

'Tydi hynny ddim o bwys i chi ar hyn o bryd. Yr unig beth sy'n bwysig ydi hyn. Fydd neb sy'n ein cyflogi ni, na'u cwsmeriaid chwaith, yn sylweddoli ein bod ni o gwmpas. Pwy sydd eisiau gweld rhyw fownsars mawr yn brasgamu o gwmpas y lle pan maen nhw'n ceisio mwynhau eu hunain ar wyliau, yntê? Ar ben hynny, os bydd 'na unrhyw helynt yn digwydd ar ôl i ni gael ein cyflogi, mi fyddwn ni'n talu pob ceiniog a dalwyd i ni yn ôl, a thalu cost unrhyw ddifrod. Rŵan ta, fedrwn ni ddim bod yn fwy teg na hynny, na fedrwn?'

'Swnio'n ddigon teg i mi,' meddai Lofthouse. 'Faint 'dach chi'n godi?'

'Pum cant yr wythnos drwy'r tymor, tra byddwch chi'n agored.'

'Pum cant!' ebychodd Lofthouse.

'Ia, ond be ydi hynny o'i gymharu â'ch colled chi heddiw? Rhent wythnos un o'r rhain faswn i'n tybio,' meddai, gan chwifio'i law i gyfeiriad y carafanau. 'Tydi o'n ddim llawer i'w dalu am y tawelwch meddwl gewch chi ar ôl ein cyflogi ni.'

'Wel, mae hynny'n wir. Dwi'n gobeithio y gwnaiff pobl yr yswiriant dalu am y difrod i'r stondin fwyd, ond mae 'na dipyn o bobl wedi gadael yn barod o ganlyniad i'r miri, a mwy byth wedi troi rownd ar ôl cyrraedd fore Sadwrn, a mynnu eu harian yn ôl, ar ôl gweld y fath lanast. Mae hynny ar ben anafiadau ein swyddog diogelwch ni. Wn i ddim be i wneud wir.'

'Wel mi wn i, Mr Lofthouse. Triwch ni am fis neu chwe wythnos i chi gael gweld. Mi fydd un o fy staff i yn galw bob wythnos i gasglu'r ffi. Arian parod os gwelwch chi'n dda.'

Dyna gytunwyd. Ysgydwodd y ddau ddwylo'i gilydd a cherddodd Murtagh allan yn ddyn hapus. Dyna'r cyntaf, meddyliodd. Chwarae plant i gymharu â delio efo perchnogion tai bwyta Indiaidd yn Birmingham.

Cyn diwedd y diwrnod canlynol rhoddwyd nifer o arwyddion o amgylch Rosie's, pob un yn datgan fod y parc yn cael ei warchod yn broffesiynol. Yn rhyfeddol, fu erioed unrhyw fath o helynt yno wedyn, er na welwyd neb ar batrôl yn agos i'r lle, ddydd na nos. Yr unig un o staff y cwmni a welodd Mr Lofthouse oedd y dyn ifanc a ddeuai i gasglu'r arian yn wythnosol.

Megis dechrau oedd ymgyrch newydd Frank Murtagh. Doedd pob perchennog ddim mor hawdd i'w drin â Lofthouse, a bu'n rhaid darbwyllo rhai o'r fantais oedd i'w gael o gyflogi'r cwmni. Cyn hir, roedd y mwyafrif helaeth wedi gweld yn dda i dderbyn gwasanaeth cwmni Murtagh, er bod y rhai a wrthododd y tro cyntaf wedi cael dipyn o ddifrod a chostau yn y cyfamser. Bu'n rhaid creu yr hyn roedd Frank yn ei alw'n 'anawsterau' ddwy a thair gwaith cyn i un neu ddau o'r perchnogion newid eu meddyliau.

Dechreuodd un dyn a oedd yn berchen ar wersyll bychan yn Sir Fôn amau Frank, a phwy yn union oedd yn gyfrifol am y difrod a wnaethpwyd yn y lle cyntaf. Pan ddywedodd wrth Frank y byddai'n trosglwyddo ei amheuon i'r heddlu, gwnaeth Frank gynnig iddo na allai ei wrthod. Tra oedd y perchennog yn eistedd tu ôl i'w ddesg yn ei swyddfa, gafaelodd Frank yn ei fraich a'i dal yn llonydd yn erbyn top pren y ddesg. Mewn fflach, tynnodd gyllell fawr o'i felt a thrywanu'r ddesg â hi, gan dorri croen llaw y perchennog wrth wneud hynny. Roedd tipyn o waed ond dim niwed mawr, a phrofodd hynny'n ddigon i berswadio'r dyn i dalu am wasanaeth cwmni Gwarchod Cyf.

Yn gyflym iawn, tyfodd y nifer o safleoedd gwyliau oedd dan warchodaeth Frank Murtagh. Bu'n rhaid iddo gyflogi mwy o ddynion, llafnau oddi ar strydoedd Birmingham, i hel yr arian wythnosol, ac eraill i greu'r difrod a oedd yn angenrheidiol ar adegau i ddarbwyllo'r perchnogion mwyaf cyndyn. Er gwaetha'r holl amser a dreuliodd dan glo, nid oedd wedi colli'r ddawn i ddewis dynion ifanc addas ar gyfer y gwaith hwn – dynion y gallai ymddiried ynddynt i beidio siarad nac i fynd dros ben llestri. Yn ystod yr haf cyntaf hwnnw, ehangodd ymerodraeth Gwarchod Cyf. ar hyd rhan helaeth o arfordir gogledd Cymru, ond sylweddolodd fod cymaint mwy o botensial.

Roedd y bobl a oedd ar eu gwyliau angen cyffuriau i'w helpu i fwynhau eu hunain, rhesymodd Frank, a byddai'r parciau gwyliau i'r dim fel canolfannau i'w dosbarthu. Byddai ganddo gwsmeriaid parod ar y parciau, ond hefyd ymysg trigolion ifanc y cymunedau Cymreig o'u cwmpas. Fyddai'r heddlu lleol byth yn meddwl chwilio drwy barciau gwyliau teuluol o'r fath am gyffuriau.

Roedd y tymor gwyliau yn dod i ben am y flwyddyn honno, ond roedd ganddo ddigon o amser i gynllunio ar gyfer y tymor canlynol.

Pennod 31

Treuliodd Frank Murtagh weddill y flwyddyn yn paratoi. Wedi'r cyfan, roedd o'n ddyn busnes bellach ac roedd dynion busnes yn cynllunio ar gyfer y dyfodol.

Roedd y diwydiant cyffuriau anghyfreithlon yn un llawer llai pan roddwyd Frank dan glo yn yr wythdegau, ond erbyn iddo gael ei ryddhau roedd yn fusnes enfawr ar hyd a lled Prydain. Gwyddai y byddai angen rhwydwaith o gysylltiadau newydd yn yr is-fyd os oedd o am fentro i'r farchnad honno – doedd neb yn Birmingham yn ei adnabod bellach, nag yn cofio'i deyrnasiad ar strydoedd y ddinas. Profiad newydd i Frank oedd delio â dynion llawer iau na fo, llanciau oedd yn llawer llai profiadol, ond yn mwynhau statws uwch yn yr is-fyd troseddol. Sylweddolai mai nhw oedd yr arbenigwyr ar y strydoedd bellach. Cyn hir cafodd ddringo ymhellach i fyny'r gadwyn at y rhai oedd yn gyfrifol am gyflenwi'r dinasoedd â'r cyffuriau, ond gwyddai nad oedd diben iddo sathru ar draed y rhai a oedd yn eu mewnforio i'r wlad yn y lle cyntaf. Doedd o ddim mewn unrhyw sefyllfa i ddechrau rhyfela â neb. Rhoddodd ei gynllun o flaen y cyflenwyr – byddai'n symud a gwerthu cyffuriau o bob math allan i farchnadoedd newydd yn ardaloedd gwledig ac arfordirol Cymru, lle'r oedd y boblogaeth yn chwyddo'n aruthrol yn ystod misoedd yr haf. Yn fuan iawn, trawyd bargen.

Rŵan ei fod wedi sicrhau cyflenwad o gyffuriau, roedd

yn rhaid iddo fynd i gael golwg ymhellach ar hyd arfordir gogledd Cymru. Fe ymwelodd â nifer o barciau gwyliau, yn fawr ac yn fach, yng Nghonwy, trwy Ben Llŷn, Eifionydd ac i lawr cyn belled ag Aberystwyth. Synnodd at brydferthwch y wlad, a pha mor wahanol oedd yr olygfa i ochrau Fflint, Prestatyn a'r Rhyl. Dim rhyfedd fod y Saeson mor hoff o'r ardal, ac yn fodlon gwario cymaint o'u harian yno. Edrychai ymlaen at gael cyfran o'r arian hwnnw yn y dyfodol agos.

Yn hwyr un prynhawn ar ddechrau'r tymor gwyliau dilynol, penderfynodd Frank Murtagh aros dros nos yn y gogledd-orllewin. Doedd ganddo ddim syniad ymhle i aros, ond wrth iddo basio drwy bentref distaw ar yr arfordir, tarodd ar le o'r enw Gwesty Glyndŵr. Edrychai'r adeilad yn urddasol gyda thyfiant o eiddew ar y waliau a adeiladwyd o garreg leol rywdro yn ystod y ganrif flaenorol. Edmygodd yr hen ffenestri pren a'r drws mawr derw cyn cerdded i mewn ac archebu ystafell dros nos.

Am saith o'r gloch yn noson honno eisteddai Frank yn y bar ymysg tua dwsin o gwsmeriaid eraill. Roedd y miwsig tawel yn ychwanegu at awyrgylch hamddenol y lle. Nid dyma'r math o westy fyddai'r Frank Murtagh ifanc wedi dewis mynd iddo yn Birmingham, ond pan yn Rhufain ... ac wrth gwrs, doedd o ddim yn ddyn ifanc bellach chwaith. Archebodd beint o gwrw a phryd oddi ar y fwydlen a gawsai gan y weinyddes ifanc, a dechreuodd ddarllen papur newydd tra oedd yn aros am ei fwyd. Yn sydyn, chwalwyd y tawelwch gyda chlec uchel pan agorwyd drws y bar yn galed yn erbyn y wal. Baglodd dau lanc meddw i mewn yn swnllyd gan ddisgyn ar draws ei gilydd i gyfeiriad y bar. Dynion yn eu hugeiniau cynnar oedd y ddau, wedi'u gwisgo mewn crysau pêl-droed.

Cododd Frank ei lygaid o'i bapur newydd a sylwi ar yr olwg ofnus ar wynebau'r ferch tu ôl i'r bar a'r cwsmeriaid eraill. Trodd ei sylw'n ôl at ei bapur.

'Peint, a wisgi bob un i fi a 'mrawd,' meddai llais meddw. Disgynnodd y ddau lanc yn erbyn y bar gan chwerthin. Roedd pawb arall yn dawel.

'Mi wyddoch chi fod Mr Smart wedi'ch banio chi ar ôl be ddigwyddodd wsnos dwytha,' meddai'r ferch. 'Fiw i mi'ch syrfio chi. Ewch o'ma, neu mi fydd yn rhaid i mi alw ar Mr Smart.'

'Gwranda'r gotsan hyll, does 'na neb yn banio'r brodyr Bevan o unrhyw bŷb yn y pentre 'ma. Dau beint a dau wisgi rŵan, neu mi fydd 'na ffwc o le, Bertie ffycin Smart neu beidio.'

Symudodd un neu ddau o'r cwsmeriaid eraill ymhellach oddi wrthynt.

Cododd Frank hefyd. Cerddodd yn hamddenol at y bar a rhoi ei wydr peint gwag arno. 'Yr un peth eto, os gwelwch yn dda,' gofynnodd i'r ferch.

'Ni sy' gynta,' cyfarthodd un o'r bechgyn arno.

Edrychodd Frank arnynt – roedd llygaid y ddau ddyn ifanc yn rowlio yn eu pennau. Pethau eitha tal, yn fain efo boliau cwrw, ac roedd eu breichiau tenau yn cadarnhau nad oedd yr un o'r ddau yn gwneud gwaith corfforol na llawer o ymarfer corff – er bod briwiau ffres ar eu dyrnau. Gwelodd Frank ddynion digon tebyg iddyn nhw yn y carchar, rhai oedd yn ymhél â chyffuriau a diod a fawr ddim arall.

'Gyda phob parch,' meddai Frank, 'mae'r ferch ifanc 'ma wedi gofyn i chi adael. Does dim angen iaith mor warthus chwaith. Cymerwch fy nghyngor i ac ewch o'ma fel mae'r ferch yma'n gofyn i chi wneud. Does neb isio twrw ar noson braf fel hon.'

Roedd Frank yn edrych ymlaen at y sialens o ddelio â'u hymateb. Safodd o flaen y llanciau wrth iddynt ystyried eu cam nesaf – wedi'r cwbl, mae'n debyg nad oedd dyn o oed Frank wedi eu gwrthwynebu o'r blaen.

Cododd un o'r brodyr ei ddwrn, ond llwyddodd Frank i achub y blaen arno. Prin y gwelodd neb arall yn yr ystafell y symudiad, ond plannodd ddwrn caled ym mol y llanc nes iddo ddisgyn yn ôl yn erbyn ei frawd. Cyn i hwnnw sylweddoli beth oedd yn digwydd roedd Frank wedi camu ymlaen a defnyddio'r un dwrn i roi ergyd iddo yng nghanol ei wyneb, gan chwalu ei drwyn. Wrth i'r llanc godi ei ddwylo i atal y gwaed, gafaelodd Frank ynddo a'i lusgo allan drwy'r drws, i lawr i'r palmant isod. Pan gyrhaeddodd yn ôl i'r bar, roedd y brawd cyntaf yn dal ar ei liniau yn ceisio adennill ei wynt. Hebryngodd Frank o allan at ei frawd.

'Rŵan ta,' meddai wrthynt. 'Fel y deudis i, does neb isio twrw yma heno. Ewch adra, a pheidiwch â dod yn ôl.'

Aeth Frank yn ôl at y bar, lle'r oedd yr awyrgylch wedi newid yn hollol. 'Hen bryd i'r rheina gael eu haeddiant,' meddai rhywun wrtho, gan ysgwyd ei law.

'Ga' i newid fy meddwl, os gwelwch yn dda,' meddai Frank wrth y ferch tu ôl i'r bar, fel petai dim wedi digwydd. 'Anghofiwch y peint – 'swn i'n lecio archebu gwin i'w gael efo fy mhryd.'

Ychydig funudau'n ddiweddarach daeth dyn tal, canol oed o'r cefn, a siarad am ychydig funudau â'r ferch y tu ôl i'r bar. Yn ystod y sgwrs, roedd hi'n amneidio i gyfeiriad Frank. Yna, cerddodd y dyn at fwrdd Frank yn cario'r botel win yr oedd Frank wedi'i harchebu, a dau wydryn. Rhoddodd y botel a'r gwydrau i lawr ac estyn ei law dde i gyfeiriad Frank.

'Bertie. Bertie Smart,' meddai. 'Perchennog y gwesty. Mi glywais i be wnaethoch chi gynnau ... diolch yn fawr i chi. Dwi'n gobeithio y gwnewch chi dderbyn hon gen i fel gwerthfawrogiad,' meddai, gan amneidio at y botel. 'Ga' i ymuno efo chi am funud? Fydd eich bwyd ddim yn hir.'

'Wrth gwrs.' Cododd Frank ar ei draed ac ysgydwodd ei law.

Eisteddodd y ddau i lawr a thywalltodd Smart fymryn o'r gwin i'r ddau wydr.

'Mae'n ddrwg gen i am y ddau foi 'na. Mae 'na ffyliaid ym mhob pentre, yn anffodus.'

'Dwi'n dallt eich bod chi wedi'u gwahardd nhw chydig ddyddiau'n ôl?'

'Do. Dwi'n cael dim byd ond trafferth efo nhw. Mae 'na frawd hŷn hefyd, ac mae o'n lot mwy – ac yn fwy o lond llaw – na'r lleill. Mi driodd o greu gyrfa yn baffiwr proffesiynol, ond wnaeth o ddim llawer o farc ar y gêm. Newydd ddod allan o'r carchar mae o ar ôl blwyddyn am niweidio.'

Wrth i'r sgwrs ddatblygu, esboniodd Frank ei fod o yn y busnes diogelwch, a'i fod yn ceisio ymestyn ei fusnes i'r ardal. Chafodd o ddim cyfle i drafod ymhellach gan i'w bryd bwyd gyrraedd, ond addawodd Smart y byddai'n dod yn ôl i orffen y sgwrs ar ôl i Frank orffen bwyta.

Ar fin gorffen ei bwdin roedd Frank pan glywodd weiddi a ffraeo: y trydydd brawd. Sychodd ei geg â'i napcyn a cherddodd allan i'r dderbynfa. Yno, gwelodd Bertie Smart yn cael ei wthio yn erbyn y wal a'i ddal yno gan ddyn a oedd bron mor dal â Bertie Smart ei hun, ond yn llawer lletach a mwy cyhyrog. Roedd ei ben wedi'i eillio a thatŵs tywyll ar hyd ei wddw.

'Lle mae'r bastad roddodd gweir i 'mrodyr i?' gwaeddodd y dyn. 'Mi ladda i'r cont. Does neb yn gwneud hynna i un o'r brodyr Bevan a chael get-awê efo hi.'

'Amdana i ydach chi'n chwilio?' gofynnodd Frank o'r tu ôl iddo.

Trodd y brawd hynaf i edrych i lawr ar Frank. Tybiodd Frank ei fod o tua deg ar hugain oed, a sylwodd yn syth ar y creithiau ar ei wyneb. Doedd hwn ddim y math o ddyn a fyddai'n barod i gymryd cyngor, ond roedd digon bodlon i roi'r cyfle iddo.

'Mi ro' i'r un cyfle i ti ag a gafodd dy frodyr bach meddw gynna,' meddai Frank yn ddigyffro. 'Does neb isio twrw ar noson braf fel heno. Dwi'n siŵr, petaet ti'n ymddiheuro i Mr Smart, a pheidio byth â dod yn ôl yma, y byddai popeth yn iawn. Y dewis arall ydi i ni'n dau fynd allan i'r maes parcio i sortio'r cwbwl allan. Fi roddodd gweir i dy frodyr. Neb arall. Does 'na ddim pwynt gwneud llanast yn y gwesty 'ma. Be ti'n feddwl?'

'Ffonia am ffycin hers, Smartie boi,' meddai'r brawd. Trodd ar ei sawdl a swagro allan i'r maes parcio.

Roedd Frank wedi dysgu cryn dipyn yn ystod ei fywyd treisgar, yn enwedig yn Monster Mansion. Doedd dim diben rhoi'r cyfle cyntaf i ddyn a oedd â'i fryd ar wneud niwed iddo. Cododd Frank garreg o'r bordor blodau yr oedd y brawd Bevan newydd gerdded yn hyderus heibio iddo, ac mewn un symudiad chwim tarodd ben moel y cawr o'i flaen â'r garreg drom nes yr oedd hwnnw'n gweld sêr. Tra oedd o ar y llawr, tarodd Frank ef sawl gwaith wedyn â'r garreg. Wnaeth o ddim mynd dros ben llestri – wedi'r cyfan, doedd dim angen lladd y dyn, dim ond dysgu gwers iddo.

Ymhen munud neu ddau roedd Frank yn ôl yn y gwesty. Rhuthrodd Bertie Smart ato.

'Ydach chi'n iawn?' gofynnodd. 'Wyddwn ni ddim a ddylwn i fod wedi galw am yr heddlu.'

'Na, does dim angen yr heddlu. Mi allwch fod yn ffyddiog na chewch chi ddim trafferth gan unrhyw un o'r brodyr Bevan byth eto.'

'Ond does 'na ddim marc arnoch chi,' meddai Smart yn syn.

'Nagoes, fel mae'n digwydd bod.'

Ychydig yn ddiweddarach eisteddai'r ddau mewn cadeiriau cyfforddus yn lolfa ddistaw'r gwesty gyda gwydryn bob un o Remy Martin yn cynhesu yn eu dwylo. Trodd y sgwrs at fusnes, a'r trafferthion a gâi Smart gyda chyffuriau ac ati yn ystod misoedd yr haf.

'Mi all fy nghwmni i ddarparu'r math o wasanaeth 'dach chi ei angen,' cadarnhaodd Frank. 'Mi wna i warantu na fyddwch chi'n cael unrhyw drafferth ar ôl ein cyflogi ni.'

'Mae gen i ddiddordeb wrth gwrs, ond faint fyddwch chi'n godi?'

Meddyliodd Frank cyn ateb. Beth oedd trosiant ac incwm y gwesty, tybed? Penderfynodd fod yn gyfrwys. 'Wel, pum cant yr wythnos fydda i'n ei godi ar barciau gwyliau mwyaf yr ardal lle mae miloedd o ymwelwyr yn aros bob wythnos, ond mae gwesty fel hwn yn fater dipyn yn wahanol.'

'Mi fysa hynny bob wythnos yn ormod i mi,' atebodd Smart. 'Fysa'r busnes byth yn gallu fforddio'r fath swm.'

'Mi ddeuda i be wna i efo chi, Mr Smart,' meddai Frank. 'Dwi'n gobeithio y bydd gen i lawer iawn mwy o fusnes yn yr ardal hon o hyn ymlaen. Os gwnewch chi ddarparu stafell i mi aros ynddi pan fydda i yn yr ardal, mi edrycha i ar eich hôl chi am ddim. Wna i ddim cymryd mantais, ac os fydd eich ystafelloedd chi i gyd yn llawn pan fydda i'n galw, fydda i ddim dicach.'

Cododd y ddau eu gwydrau i selio'r fargen.

Y bore canlynol, cyn i Frank adael, cafodd wybod fod hanes y noson cynt yn dew drwy'r pentref. Yn ôl y sôn, daethpwyd o hyd i'r brawd Bevan hynaf yn cerdded y strydoedd yn lled-anymwybodol gydag anaf difrifol i'w ben. Hefyd, roedd pob asgwrn yn ei ddwy law wedi'u torri. Yn ôl y sôn, roedd rhywbeth trwm wedi cael ei ddefnyddio i'w taro drosodd a throsodd. Roedd ei ddyddiau paffio yn sicr ar ben.

Pennod 32

Am unwaith yn ei fywyd, roedd Jeff Evans mewn penbleth. Sut oedd o'n mynd i ddelio â'r wybodaeth a gafodd gan Nansi'r Nos ynglŷn â Tony Taylor? Os oedd Nansi'n barod i ddweud wrtho fod y bachgen yn delio, y tebygrwydd oedd ei bod hi'n gywir. Ac wrth gwrs, roedd pryderon ei dad yn tueddu i gadarnhau fod rhywbeth o'i le.

Dwy ar bymtheg oedd Anthony, neu Tony fel roedd pawb heblaw ei rieni'n ei alw, ac roedd Jeff wedi ei gyfarfod sawl gwaith dros y blynyddoedd. Fu o erioed yn fachgen academaidd, ond roedd yn blentyn boneddigaidd a hoffus bob amser, hyd yn oed wedi iddo gyrraedd ei arddegau. Unig blentyn wedi cael ei fagu'n dda – beth oedd wedi mynd o'i le, tybed, ers iddo adael yr ysgol a dechrau gweithio i Ed Mason yn Hwyliau'r Weilgi?

Wyddai Jeff ddim a ddylai sôn wrth Rob am y cyffuriau cyn dechrau ei ymholiadau ai peidio. Ond roedd Rob yn gyfaill oes, a'r lleiaf a allai ei wneud oedd bod yn agored efo fo a'i wraig, Heulwen. Roedd yn rhaid iddo ystyried hefyd sut fath o awyrgylch fyddai yn y tŷ petai Jeff yn rhannu ei wybodaeth â Rob, a'r bachgen yn byw gartref. Byddai'n rhaid i Rob gael gwybod, penderfynodd, ond yn gyntaf, câi Jeff air ag Ed Mason. Roedd Ed ac yntau'n adnabod ei gilydd yn ddigon da fel y gallai Jeff fynd ato am sgwrs heb godi amheuaeth ei fod yn ei holi'n broffesiynol.

Roedd mymryn o awel y bore trannoeth oedd yn

gwneud i'r rhaffau dincian ar fastiau'r cychod hwyliau yn y marina, ond roedd hi'n dal yn gynnes dan yr awyr las. Dewisodd Jeff wisgo shorts a chrys T fel na fyddai'n sefyll allan ynghanol y bobl oedd yn paratoi am ddiwrnod ar eu cychod. Cerddodd i gyfeiriad swyddfa Ed Mason ac aros i hwnnw orffen siarad â chwsmer.

'Sut wyt ti, Jeff? Be sy'n dod â dyn y mynyddoedd fel chdi i lawr at y môr?'

Chwarddodd Jeff. 'Mae'n braf iawn arnat ti'n gweithio mewn lle fel hyn bob dydd, Ed.'

'Ydi, ar ddiwrnod fel heddiw, a phawb yn hapus. Ond mae petha'n wahanol iawn pan fydd y stormydd yn malu cychod a phawb yn mynnu blaenoriaeth i'w cychod *nhw* ar unwaith.'

'Mi fedra i ddychmygu pa mor brysur ydi hi'r adeg hon o'r flwyddyn, a'r pwysa sydd arnat ti a dy staff. Gobeithio fod gen ti hogia da yma, rhai y medri di ddibynnu arnyn nhw.'

'Dyna lle dwi'n lwcus, Jeff. Mae gen i wyth o staff profiadol, a phrentis sydd i'w weld yn frwdfrydig iawn hefyd.'

'O, aros am funud – nid mab Rob Taylor?'

'Ia, dyna ti, Tony. Mi wnaiff o'n champion, ond iddo gadw'i feddwl ar ei waith.'

'O?'

'Mae o'n iawn yn ystod oriau gwaith, ond pan mae o ar ei frêc neu'i ginio, i ffwrdd â fo at berchnogion y cychod... wel, un yn neilltuol. Mae o yno bob amser cinio yn lle'i fod o'n bwyta efo gweddill yr hogia, ac maen nhw'n dechra siarad. Wedyn, yn ôl y sôn, mae o'n ôl yno gyda'r nos.'

'Be ydi'r atyniad, Ed?' Gwenodd Ed Mason o glust i

glust. 'Ty'd 'laen, Ed, 'dan ni'n nabod ein gilydd yn ddigon da.'

'Merched a phartis, Jeff, dyna 'di'r atyniad, er bod y merched dipyn hŷn na fo. Mae'r hogyn wedi cael ei hudo i ryw fyd newydd, cyffrous – a wela i ddim bai arno fo am hynny.'

Cododd Jeff ei glustiau. 'Ia, dwi'n cofio bod yr un oed â fo,' gwenodd. 'Lle mae'r partis 'ma'n cael eu cynnal felly, Ed?'

'Ar un o'r cychod.'

'Rargian, ma' raid ei fod o'n gwch go fawr!'

'Ydi, y mwya yn y marina 'ma. Sunseeker 75: 76 troedfedd o foethusrwydd pur. Pedwar caban i gysgu wyth, a chaban arall i griw o ddau. Nid bod angen criw chwaith – tydi'r cwch ddim wedi bod allan o'r marina 'ma ers iddo gyrraedd ddwy flynedd yn ôl. Palas jin ydi o a dim byd arall, neu dŷ haf drud ar ddŵr, os leci di.'

'Pwy ydi'r perchennog?' gofynnodd Jeff.

'Rhyw foi o Loegr wnaeth ennill y loteri, medda nhw. Dipyn o goc oen fyswn i'n deud – mwy o bres nag o synnwyr. Mi wn ei fod o wedi talu bron i filiwn amdano. Tim Goodwin ydi 'i enw fo. Dyn yn ei saithdegau sy'n hoff iawn o ferched ifanc, a'r rheini'n gwmni iddo fo ddydd a nos, am wn i. Fi drefnodd i ddod â'r cwch yma o dde Lloegr. Uffern o gwch.'

'Oes 'na siawns i mi fynd yno am sbec, Ed? Fues i 'rioed yn agos i'r fath gwch.'

'Wn i ddim wir. Dwi ddim yn meddwl ei fod o'n hoff iawn o ymwelwyr heb wahoddiad.'

'Gwna ffafr â mi, Ed. Cyflwyna fi iddo fo fel rhywun sy'n ystyried prynu cwch tebyg, a gofyn a ga' i edrych o gwmpas. A phaid â deud mai ditectif ydw i, cofia.'

'Fysa neb yn coelio fod rhywun ar gyflog plismon yn gwario miliwn ar gwch beth bynnag,' chwarddodd Ed. 'OK, ty'd 'ta,' ychwanegodd. 'Mi driwn ni.'

Cerddodd y ddau i gyfeiriad y cwch a edrychai fel petai newydd gyrraedd oddi ar set ffilm James Bond. Roedd y corff yn sgleinio'n wyn a phob man yn dwt yr olwg.

'Mr Goodwin,' galwodd Ed yn uchel.

Daeth dynes i'r golwg, yn ei thridegau, tybiodd Jeff, yn gwisgo bicini nad oedd yn gadael llawer i'r dychymyg. Roedd ei gwallt golau yn wlyb ac yn disgyn yn hardd dros ei hysgwyddau noeth. Doedd dim rhaid iddo ddychmygu'r atyniad i fachgen fel Tony Taylor.

'Be 'dach chi isio?' gofynnodd y ddynes yn anghroesawus.

'Gair efo Tim, plis,' eglurodd Ed.

'Pwy sy 'na, Gloria?' Ymddangosodd gŵr yng nghanol ei saithdegau o grombil y cwch.

Trodd y ddynes i wynebu'r dyn, a meddyliodd Jeff ei bod hi'n ysgwyd ei phen yn anghymeradwyol ond allai o ddim bod yn siŵr.

Dyn bychan, main oedd Tim Goodwin, a'i groen yn frown tywyll gan liw haul. Roedd ei wallt tonnog yn berffaith wyn a gwisgai bar o shorts glas gyda chrys o'r un lliw a oedd yn agored yr holl ffordd i lawr at ei ganol. Roedd gemwaith aur trwm o amgylch ei wddf a'i arddyrnau.

'Ed, be ga' i wneud i ti?' gofynnodd.

'Bore da, Tim. 'Swn i'n lecio cyflwyno Mr Jefferson yn fama i chi. Mae ganddo ffansi prynu cwch tebyg i hwn, ond does ganddo ddim llawer o brofiad yn y maes. Meddwl oeddwn i fysach chi'n fodlon iddo gael golwg o gwmpas.'

Gwenodd Jeff wrth glywed yr enw ffug.

Edrychodd Goodwin yn ansicr i gyfeiriad y ddynes, fel petai'n gofyn am ei chaniatâd. 'Â chroeso,' atebodd o'r diwedd.

Doedd y ferch yn y bicini yn amlwg ddim yn cytuno â phenderfyniad Goodwin, meddyliodd Jeff. Pwy oedd y bòs, tybed? Trodd y ferch a diflannu o'r golwg.

Eglurodd Ed Mason na allai aros gan fod cwsmer yn disgwyl amdano, a chamodd Jeff ymlaen i ysgwyd llaw Goodwin. 'Dave Jefferson, galwch fi'n Dave,' meddai.

'Acen Gymraeg,' sylwodd Goodwin. 'A chyfenw fel Jefferson.'

'Ia, y drydedd genhedlaeth yn y rhan hon o'r byd – dwi'n siarad yr iaith hefyd.' Doedd dim pwynt ceisio cuddio'r amlwg.

'Mae 'na goffi ar fynd. Gymerwch chi un?'

'Du, heb siwgr os gwelwch chi'n dda, Tim.'

Arweiniwyd Jeff trwy lolfa agored. Y tu ôl i fwrdd coffi yn llwythog o bapurau newydd a chylchgronau trwchus roedd jacuzzi, a'r dŵr fel petai'n mudferwi yn yr haul. Ynddo eisteddai dwy ferch ifanc, eu bronnau noeth yn amlwg ymysg y swigod. Tynnodd un ei sbectol haul a gwenu ar Jeff heb wneud ymdrech o gwbl i guddio'i noethni. Gwenodd yntau yn ôl a chodi ei law arni.

'Gweld eich bod chi'n gwerthfawrogi pethau tlws, fel finnau,' meddai Goodwin wrtho gan wenu.

'Siŵr iawn,' atebodd Jeff, gan sefyll yn anghyfforddus wrth i Goodwin rwbio eli haul i groen un o'r merched ifanc.

Ar ôl iddo orffen, sychodd Goodwin ei ddwylo a thywallt paned o goffi bob un iddynt. 'Sut fath o gwch 'dach chi'n bwriadu ei brynu?' gofynnodd.

'Dwi ddim yn siŵr eto,' atebodd Jeff, gan nad oedd o'n gwybod y peth cyntaf am gychod. Gwelodd lygaid Goodwin yn culhau, a phenderfynodd ymhelaethu. 'Yn y byd ffermio dwi wedi bod, Tim, ond mae fy amgylchiadau ariannol wedi newid yn ddiweddar.' Rhoddodd wên a winc i Goodwin, a gwenodd yntau'n ôl. Sylwodd Jeff fod y ddynes yn y bicini yn glustiau i gyd.

Ar ôl adrodd rhinweddau sawl cwch moethus cynigiodd Goodwin fynd â fo o gwmpas y cwch. Roedd prif ystafell wely, caban ar gyfer gwestion arbennig, yn ôl Goodwin, ac un arall dwbl gydag ystafell ymolchi gystal ag y gwelodd Jeff erioed mewn unrhyw dŷ. Roedd dillad merched ar hyd yn lle yn y fan honno.

Fel yr oeddynt yn camu'n ôl i'r awyr agored, clywodd Jeff y merched yn sgrechian. Rhedodd Goodwin i gyfeiriad y sŵn – roedd un o'r merched noeth a oedd yn y jacuzzi yn plygu dros gefn y cwch, ac yn dal i weiddi. Ceisiodd Jeff ei orau i anwybyddu'r olygfa o'i flaen. Roedd yn amlwg yn ôl y sŵn sblasio fod un ohonynt yn y dŵr.

'Be sy?' gofynnodd Goodwin yn gyffrous.

'Slefren fôr,' meddai'r ferch oedd â'i thin noeth yn dal i wynebu Jeff. 'Mynd i nofio ddaru hi, a chael ei phigo. Helpa hi, brysia!'

Roedd ysgol ar ochr y cwch i ddringo allan o'r dŵr, ond roedd y ferch wedi ypsetio cymaint fel na allai ei chyrraedd.

'Fedra i mo'i thynnu hi allan,' meddai Goodwin. 'Dwi ddim yn ddigon cryf.'

Camodd Jeff hanner ffordd i lawr yr ysgol a gafael ym mraich y ferch er mwyn ei thynnu allan. Roedd hon hefyd yn hollol noeth. Pan gyrhaeddodd y dec dechreuodd y ferch wylo mewn poen.

Wrth i'r ferch arall ei chysuro, edrychodd Jeff i'r dŵr i geisio gweld sut fath o slefren fôr oedd yn gyfrifol am y pigiadau, ond doedd 'run i'w gweld yn unman. Wrth i'r ddwy ferch ddod ato a'i gofleidio, a diolch iddo am fod mor ddewr, sylwodd Jeff drwy gornel ei lygad fod y ferch hŷn a'i cyfarchodd pan gyrhaeddodd y cwch yn sefyll ar ddec uwch eu pennau â ffôn symudol yn ei llaw. Oedd hi wedi bod yn ffilmio'r digwyddiad, tybed?

'Wel, dwi wedi gweld digon am heddiw,' meddai Jeff yn gellweirus. 'Amser i mi fynd.'

'Ond ma' raid i ti ddod am ddiod bach aton ni heno, er mwyn i mi gael diolch i ti'n iawn,' mynnodd Goodwin, a chytunodd y merched noeth yn eiddgar. 'Ty'd tua naw,' ychwanegodd. ''Dan ni'n meddwl cael parti bach beth bynnag, ac mi gawn ni dipyn o hwyl.' Winciodd ar Jeff.

Cytunodd Jeff. Dim ond wrth gerdded oddi yno y sylwodd Jeff ar enw'r cwch: *Wet Dream*. Digon addas, dychmygodd. Yna meddyliodd am Tony Taylor druan. Pa siawns oedd gan fachgen ifanc fel fo ymysg y fath griw?

Wrth yrru allan o'r marina gwelodd Jeff gar cyfarwydd yn gadael y maes parcio. Rhoddodd ei droed ar y sbardun er mwyn ei basio, a'i annog i stopio mewn encil barcio ar ochr y ffordd. Cerddodd at y car ac agorodd y gyrrwr ei ffenest.

'Be oeddat ti'n wneud yn y marina, Emyr?' gofynnodd Jeff i Emyr Huws, gohebydd y *Daily Post*.

'Helô, Jeff. Sut wyt ti? Ffansi dy weld di mewn lle fel hyn.'

'Be ti'n wneud yma, Emyr?' gofynnodd Jeff eto.

'Dal i wneud fy ymholiadau, Jeff. Mae'r farchnad dwristaidd yn lot ehangach na pharciau carafanau, yn tydi?'

'Ddysgist ti rwbath heddiw?' gofynnodd. Roedd ei amheuaeth wedi dyblu.

'Dim byd o bwys,' atebodd y newyddiadurwr.

Gwelodd Jeff y camera ar sedd y teithiwr wrth ei ochr. 'Welaist ti rywbeth difyr 'ta?'

'Uffar o ddim, ddrwg gen i ddeud.'

'Wel, cofia gadw mewn cysylltiad.'

'Siŵr o wneud, Jeff, a chofia ditha wneud hynny hefyd.'

Gyrrodd Emyr Huws ymaith ac edrychodd Jeff ar ei gar yn diflannu i'r pellter.

Pennod 33

Dechreuodd y tymor hwnnw, ail dymor llawn ymgyrch newydd Frank, yn eithaf llwyddiannus, ond roedd o eisiau mwy. Wrth i'r ymwelwyr lifo i ogledd Cymru yn ôl eu harfer, llifodd eu harian hefyd, a chyfran dda o hwnnw i'w bocedi ef. Ailgyflogwyd cwmni Gwarchod Cyf. gan y mwyafrif o'i gwsmeriaid am yr ail flwyddyn, a dechreuodd Frank a'i lanciau berswadio'r gweddill yn eu ffordd unigryw eu hunain.

Unig broblem Frank oedd beth i'w wneud â'r holl arian parod roedd ei ddynion yn ei gasglu bob wythnos. Roedd ffyrdd banciau o weithio wedi newid cryn dipyn yn ystod y blynyddoedd y bu Frank dan glo – erbyn hyn, roedd cyfrifoldeb arnynt i hysbysu'r awdurdodau am unrhyw drosglwyddiadau amheus yn ymwneud ag arian parod, neu gyfalaf na ellid ei olrhain. Doedd y term 'glanhau arian budur' ddim yn bod cyn i Murtagh gael ei garcharu, ond heddiw roedd pob banc yn y wlad yn ymwybodol o'u cyfrifoldebau, a doedd dim arian butrach yn y wlad na'r arian yr oedd o angen darganfod cartref iddo. Byddai'n rhaid iddo ddatrys y broblem, a hynny'n gyflym.

Ar brynhawn Llun Gŵyl y Banc yn nechrau Mai, gyrrodd Frank Murtagh i mewn i barc gwyliau nad oedd o wedi ymweld ag ef o'r blaen. Edrychai'n safle mawr a llewyrchus, meddyliodd Frank wrth sylwi ar y giatiau a'r porth cerrig trawiadol oedd yn croesawu'r ymwelwyr.

Edrychodd ar yr enw: Adwy'r Nant. Tynnodd ei ffôn o'i boced er mwyn chwilio am wefan y safle. Rhywun o'r enw Powell oedd yn rhedeg y sioe. Gyrrodd i mewn.

Er mai dechrau'r tymor oedd hi, roedd y lle yn eitha llawn. Safai carafanau statig bob ochr i afon fechan ger y môr, ac roedd dau gae mawr ar gyfer carafanau teithiol ac un mwy byth ar gyfer pebyll. Lle braf. Gyrrodd o gwmpas cyn dod ar draws Mercedes-Benz GLC 350d arian wedi'i barcio y tu allan i'r hyn a edrychai fel swyddfeydd. Sylwodd Frank ar blatiau preifat y car: TP100. Mae'n rhaid bod y 'P' yn dynodi Powell. Diffoddodd injan ei gar ac roedd ar fin dod allan ohono pan welodd ddyn canol oed mewn dillad hamdden smart yn dod allan o'r swyddfa a cherdded i gyfeiriad y Merc.

'Prynhawn da,' cyfarchodd Murtagh ef. 'Fe hoffwn i gael gair os oes ganddoch chi funud.'

Edrychodd Tegid ar Frank, oedd yn gwisgo siwt las olau smart ac yn camu'n hyderus i'w gyfeiriad. Gwnaeth dipyn o sioe o edrych ar ei watsh er mwyn awgrymu nad oedd ganddo lawer o amser i'w wastraffu.

'Chwilio am Mr Powell, y perchennog ydw i,' eglurodd Frank.

'Wel, mi ydach chi wedi dod o hyd iddo fo,' atebodd Tegid yn swta.

'Mr Powell, dwi'n cynrychioli cwmni sy'n edrych ar ôl perchnogion parciau gwyliau fel eich un chi, ac mi ydan ni'n ehangu ein busnes i'r ardal hon.'

'Edrych ar ôl y perchnogion?' gofynnodd Tegid.

'Ia,' atebodd Murtagh, a rhoi cerdyn busnes Gwarchod Cyf. yn ei law. 'Rydan ni eisoes yn cael ein cyflogi gan berchnogion safleoedd gwyliau ar hyd a lled gogledd

Cymru, i sicrhau fod tymor yr ymwelwyr yn rhydd o unrhyw broblemau. Mi wyddoch chi be ydw i'n feddwl – lladron, llanciau afreolus ac yn y blaen. Y math o bethau sy'n sbwylio gwyliau'ch cwsmeriaid a gwneud eich gwaith chi'n anoddach.'

'Does gen i ddim diddordeb, diolch yn fawr,' atebodd Tegid. 'Fyddwn ni ddim yn cael problemau felly yn fama.'

'Am lai na phris rhent un garafán am wythnos, mi fedrwn ni sicrhau na chewch chi unrhyw fath o helynt drwy'r tymor.'

'Fel deudais i, na, dim diolch. Mi ydan ni'n edrych ar ôl ein hunain.'

Dringodd Tegid i mewn i'r Mercedes a gyrru ymaith heb air arall gan godi cwmwl o lwch tywodlyd o'r teiars. Estynnodd Frank ei ffôn o'i boced wrth gerdded yn ôl i'w gar, yn sicr fod Powell yn haeddu dysgu gwers go galed.

'Mae gen i fwy o waith i'r hogiau,' meddai pan atebwyd yr alwad. 'Adwy'r Nant.' Sillafodd yr enw. 'Mae o ar y we. Mewn tridiau. 'Run fath ag arfer, heb frifo neb.'

Erbyn canol y bore Gwener canlynol roedd y rhan fwyaf o ymwelwyr Adwy'r Nant wedi gadael eu carafanau a'u pebyll am y diwrnod. Sylwodd fawr neb ar y babell fechan a godwyd yn gyflym gan ddau ddyn ifanc yng nghornel y cae a oedd wedi'i glustnodi ar gyfer pebyll. Beth oedd un babell arall ymysg cynifer? Ni sylwodd neb chwaith nad oedd yr un enaid byw wedi bod ar ei chyfyl hi yn ystod y dydd.

Y noson honno y digwyddodd yr ymosodiad ar Adwy'r Nant. Am rai munudau, bu gweiddi, sgrechian, dychryn, malurio a thân. Yna, bu distawrwydd. Roedd y ceir gyriant pedair olwyn a'r llanciau a ddaeth ynddynt wedi diflannu mor gyflym ag y daethant. Yr unig arwydd amlwg o'u hymweliad oedd y fflamau lle bu'r babell wag.

Ugain munud yn ddiweddarach, cyrhaeddodd ceir yr heddlu a'u goleuadau glas, ond roedd hi'n rhy hwyr. Rhy hwyr i arbed unrhyw ddifrod, rhy hwyr i ddal y rhai a oedd yn gyfrifol, a rhy hwyr hyd yn oed i ddarganfod i ba gyfeiriad yr oedd y ceir wedi dianc.

Rhuthrodd Morgan Powell, y noson honno, o un babell i'r llall, o un garafán i'r llall ac o un teulu i'r llall i geisio tawelu eu meddyliau a'u cysuro, ond yn ofer.

Ni ddaeth cwsg yn hawdd i drigolion Adwy'r Nant y noson honno.

Y bore wedyn, daeth Tegid Powell i glywed am y miri. Tarodd olwg o amgylch y lle a phenderfynodd na allai yntau wneud dim byd chwaith.

Gadawodd nifer o'r ymwelwyr Adwy'r Nant y bore hwnnw wrth i'r gwaith o glirio ac atgyweirio ddechrau.

Gwenodd Frank Murtagh wrth gynllunio'i gam nesaf.

Pennod 34

Trefnodd Frank Murtagh i aros yng Ngwesty Glyndŵr ar y nos Sul ar ôl i'w ddynion ymweld ag Adwy'r Nant.

'Chest ti ddim mwy o drafferth gan y brodyr Bevan?' gofynnodd Frank. Roedd o a'i gyfaill newydd, Bertie Smart, yn mwytho gwydryn o frandi bob un yng nghornel ddistaw lolfa'r preswylwyr.

'Dim o gwbl, diolch i ti, Frank,' atebodd Smart gan godi'i wydr i'w gyfeiriad. 'Does unlle arall yn y pentre wedi'u gweld nhw chwaith, yn ôl y sôn. Tydyn nhw byth yn mentro allan y dyddiau yma … dyna ydi'r si, beth bynnag.'

'Deud i mi Bertie, be ydi hanes y lle carafanau 'na ryw ddwy filltir y tu allan i Lan Morfa … Adwy'r Nant?'

'Lle bach eitha llwyddiannus sy'n cael ei redeg gan hen fachgen o'r enw Morgan Powell.'

'Hen fachgen? Dyn yn ei ganol oed welais i o gwmpas y lle, yn gyrru Mercedes drud.

'O, y mab, Tegid, ydi hwnnw. Uffern drwg. Fyswn i ddim yn ei drystio fo o gwbl. Ei dad o, Morgan, sydd berchen y lle. Dyn parchus, dyn busnes ardderchog, sydd wedi adeiladu'r busnes dros gyfnod o ddeugain mlynedd a mwy. Ond mae o'n agos at ei wythdegau erbyn hyn. Synnwn i ddim fod Tegid ar binnau eisiau cael ei ddwylo ar y lle. Cyfreithiwr ydi o yn y dre, ond does gan neb ddim byd da iawn i'w ddeud amdano.'

'Sut felly?'

'Dim ond gwaith masnachol fydd o'n wneud – fydd o byth yn cyffwrdd gwaith y llysoedd troseddol na'r llysoedd sifil. Paid â deud wrtha i fod 'na ddigon o waith yn yr ardal 'ma i dwrnai wneud bywoliaeth ar waith masnachol yn unig. Ddim i dalu am ei ffordd o o fyw beth bynnag.'

'Diddorol.'

'Dim ond tri pheth sydd ar ei feddwl o: ceir drud, merched a gamblo. Mae o'n treulio mwy o'i amser yn yfed yn y clwb golff nag yn gweithio ar ran ei gleientiaid. A sut mae o'n ariannu hynny i gyd, medda chdi?'

'Deud ti,' awgrymodd Frank, yn awyddus i ddysgu mwy.

'Mae 'na arian mawr yn mynd trwy gyfrifon cleientiaid cyfreithwyr sy'n edrych ar ôl busnesau, cleientiaid sy'n prynu a gwerthu eiddo megis tai, ffermydd, busnesau, gwestai ac yn y blaen. Os oes 'na ddigon o fusnes cyson, meddylia di am y cannoedd ar filoedd o bunnau sydd dan ei reolaeth o'n ddyddiol. Y cyfan yn mynd i mewn ac allan o'i gyfrif cleientiaid. Siŵr gen i fod 'na swm sylweddol yn eistedd yn y cyfrif bob amser.'

'Arian mawr iawn, siŵr gen i. Ond nid ei arian o.'

'Yn hollol. Dal yr arian ar eu rhan nhw mae o, tra mae'r gweithredu masnachol yn digwydd. Weithiau, mae hynny'n gyfnod o fisoedd. Y cwestiwn dwi'n ofyn ydi hyn, Frank.' Edrychodd Smart i fyw llygaid Murtagh. 'Oes 'na ddigon yn y cyfrif i dalu pawb petai ei holl gleientiaid yn mynnu eu harian ar unwaith?'

'Wn i ddim ydw i wedi dallt yn iawn, Bertie. Wyt ti'n awgrymu bod Tegid Powell yn defnyddio'i gyfrif cleientiaid i ariannu'i ffordd foethus o fyw?'

Ni ddywedodd Smart air o'i ben ond roedd ei wyneb yn dweud cyfrolau.

'Straeon ydi'r rhain, Bertie?' gofynnodd Murtagh. 'Mae'n hawdd deud petha mawr heb fath o brawf.'

Eisteddodd Bertie Smart yn ôl yn ei gadair a chymryd llymaid bychan o'i frandi cyn dechrau. 'Cafodd Tegid Powell ei gyflwyno i mi dair blynedd yn ôl pan brynais i'r gwesty 'ma – ro'n i isio defnyddio cyfreithiwr lleol y pen yma, er mwyn esmwytháu'r pryniant. Mi oeddwn i ar fin gwerthu fy musnes ym Manceinion ac mi wyddwn i fod yr arian i brynu'r gwesty 'ma ar fin cyrraedd fy nghyfrif banc ym Manceinion. Mi ofynnodd Tegid Powell i mi am saith deg pum mil o bunnau yn flaendal er mwyn cyfnewid cytundebau'r pryniant – doedd dim byd yn anghyffredin am hynny.'

Yn glustiau i gyd, cymerodd Frank lymaid o'i frandi yntau. Anwybyddodd y temtasiwn i bwyso ar Bertie i ymhelaethu.

'Aeth pythefnos heibio, yna mis, heb i ni gwblhau. Erbyn hyn, ro'n i'n ei ffonio fo'n ddyddiol, ac yn cael yr un ateb bob tro – fod popeth yn iawn ein hochr ni, ac y byddai o'n cysylltu â chyfreithwyr y gwerthwr er mwyn cwblhau cyn gynted â phosib.'

'Lle oedd gweddill dy arian di erbyn hyn?' gofynnodd Frank.

'Dal yn saff yn fy nghyfrif i. A doeddwn i ddim am drosglwyddo hwnnw nes 'mod i'n sicr ein bod ni wedi cyfnewid y cytundebau.'

'A sicrhau bod y blaendal wedi'i dalu.'

'Yn hollol,' cytunodd Smart. 'Meddylia sut sioc ges i ar ôl pum wythnos pan wnes i ddarganfod nad oedd y cytundebau wedi'u cyfnewid, na'r blaendal wedi'i dalu chwaith.'

'Sut wnest ti ddarganfod hynny?'

'Ffonio twrnai'r gwerthwr wnes i, er mwyn cael gwybod be oedd yn dal petha'n ôl. I fy syndod, mi ddywedodd hwnnw ei fod o a'r gwerthwr wedi bod yn barod i gwblhau ers wythnosau ac wedi cael y neges gan Tegid Powell mai fi oedd yn oedi. Fi, myn diawl? Mi wylltiais i'n gacwn a mynd i weld Powell yn syth, a bygwth y byddwn i'n gwneud cwyn i Gymdeithas y Gyfraith. Wyddost ti be, Frank, mi oedd o bron ar ei liniau o 'mlaen i, yn crio ac yn erfyn arna i am ddiwrnod arall, ac i beidio â'i riportio. Welais i erioed ddyn proffesiynol yn y ffasiwn gyflwr.'

'Be ddigwyddodd?'

'Ddiwrnod yn ddiweddarach mi dalwyd y blaendal, a chyfnewidiwyd y cytundebau o fewn dau ddiwrnod. Ond mi wnes i'n sicr fy mod i'n talu'r gweddill yn syth i gyfreithiwr y gwerthwr fy hun, yn hytrach na thrwy Powell.'

'Be oedd o'n feddwl o hynny?'

'Ddaru o ddim gwrthwynebu ... yn falch o gael cau pen y mwdwl ar y peth, am wn i.'

'Be aeth o'i le, ti'n meddwl, Bertie?'

'Heb os, doedd yr arian ddim gan Tegid i fedru talu'r blaendal. Pam arall oedd o ar ei liniau yn gofyn am ddiwrnod ychwanegol?'

'Ond mae'n siŵr gen i fod digon o arian yn ei gyfrif cleientiaid o i fod wedi gallu gwneud y taliad o saith deg pum mil?'

'Fedra i ddim deud be oedd y sefyllfa, Frank, ond dwi'n sicr nad oedd o mewn sefyllfa i drosglwyddo'r arian pan ddylai fod wedi gwneud.'

'O ble ddaeth yr arian felly, ti'n meddwl, y saith deg pum mil i wneud y taliad?'

Edrychodd Bertie Smart yn awgrymog ar Murtagh. 'Lle

wyt ti'n feddwl, Frank? Mae ei dad o'n ddyn cyfoethog, llwyddiannus ac uchel ei barch yn yr ardal 'ma. A beth bynnag mae o'n feddwl o'i fab, mi oedd enw da'r teulu yn y fantol. Mae'n rhaid ei fod o wedi talu'n ddrud i'w warchod.'

'Sut berthynas sydd gen ti efo Tegid bellach?'

Chwarddodd Smart. 'Perffaith, o'i safbwynt o beth bynnag, er na fedra i drystio'r dyn byth eto. Mae o'n dod yma i ddiota ac i fwyta heb fath o gywilydd, yn union fel petai dim wedi digwydd. Cofia, Frank, mi oedd y stori'n dew yn yr ardal wedi'r digwyddiad – er nad fi oedd yn gyfrifol am hynny – ond mae o'n dal i swagro'n haerllug rownd y lle 'ma fel tasa dim wedi digwydd.'

Yn ddiweddarach y noson honno, gorweddodd Frank Murtagh yn ei wely yn un o lofftydd moethus Gwesty Glyndŵr yn meddwl sut y gallai ddefnyddio'r wybodaeth newydd hon i'w fantais ei hun. Dysgodd fod Tegid Powell yn ddyn gwastraffus ac, yn ôl pob golwg, yn ddyn anonest hefyd. Gallai hynny agor pob math o ddrysau iddo.

Pennod 35

Y bore ar ôl ei sgwrs â Bertie, teithiodd Frank i Lan Morfa a cherddodd i mewn i swyddfa yn y stryd fawr oedd â'r arwydd 'Tegid Powell Cyfreithiwr' uwch y drws. Gwelodd fod y Mercedes wedi'i barcio wrth ochr yr adeilad.

'Mr Powell, os gwelwch yn dda,' meddai Murtagh wrth y ferch yn y dderbynfa.

'Does ganddoch chi ddim apwyntiad,' atebodd honno ar ôl taro golwg ar y dyddiadur o'i blaen. 'Ydi o'n eich disgwyl chi?'

Tynnodd Frank gerdyn Gwarchod Cyf. o'i boced a'i roi iddi. 'Mae o'n debygol o fod isio fy ngweld i,' meddai.

Cerddodd y ferch drwodd i'r ystafell gefn a chau'r drws ar ei hôl. Ailymddangosodd ymhen llai na munud.

'Fydd o ddim yn hir. Steddwch.'

Edrychodd Frank ar ei watsh, a gwnaeth hynny eto ymhen pum munud. Yna, agorwyd y drws i'r ystafell gefn. Safai Tegid Powell yno heb fath o fynegiant ar ei wyneb.

'Dewch,' meddai.

Dilynodd Frank o i'w swyddfa. Ynddi roedd desg, dwy gadair a thipyn o lyfrau ar silffoedd, a dyna'r cyfan. Doedd hi ddim yn swyddfa a fyddai'n creu argraff arbennig ar gleient newydd. Os oedd y dyn o'i flaen yn hoff o wario'i arian, neu wario arian pobl eraill, nid ar ei swyddfa roedd o'n gwneud hynny.

'Eisteddwch i lawr,' meddai Tegid.

Ufuddhaodd Frank, ond wnaeth o ddim dweud gair. Eisteddodd yn ôl yn hamddenol yn ei gadair, a disgwyl i'r cyfreithiwr ymateb i'w bresenoldeb.

'Chi eto,' meddai Tegid o'r diwedd.

'Ia. Fi eto.'

'Dydw i ddim yn siŵr be i'w wneud ohonoch chi.'

'O?'

'Wythnos i heddiw, mi oeddach chi am i mi eich cyflogi i warchod Adwy'r Nant. Efallai mai camgymeriad oedd gwrthod, neu efallai ...'

Parhaodd Frank yn fud.

'... efallai ddim,' parhaodd Tegid. 'Mi gawson ni ddigwyddiad acw nos Wener.'

'Peidiwch â sôn.'

'A dyma chi, yn ymddangos ar y bore Llun canlynol, nid yn Adwy'r Nant ond yn fy swyddfa i. Be ydw i fod i'w wneud o hynny?'

'Gwnewch chi be liciwch chi o'r peth. Ond mae'r cynnig yn dal i fod yna. Mae'r gallu gen i i atal unrhyw drafferth yn y dyfodol...'

Oedodd Tegid. Wnaeth o ddim sôn am drafferth, meddyliodd, dim ond am ddigwyddiad. 'Mae'n hen bryd i ni roi gorau i'r mân siarad dibwrpas 'ma, Mr ... ches i mo'ch enw chi.'

'Wnes i ddim ei roi o. Murtagh. Frank Murtagh.'

'Wel, Frank, be ydach chi'n feddwl fedrwch chi ei wneud i mi ac i fusnes Adwy'r Nant?'

'Fel ro'n i'n deud, mae'r modd gen i i atal unrhyw fath o ddigwyddiad annifyr i chi yn y dyfodol.'

'Mae'n edrych yn debyg i mi eich bod chi'n gwybod ein bod ni wedi cael cryn dipyn o golled dros y penwythnos. Ac mae'n siŵr gen i fod cost yn gysylltiedig ag atal y fath ddigwyddiad eto?'

'Meddwl gwneud cynnig i chi o'n i, un na allwch ei wrthod.'

''Dach chi'ch swnio'n debyg i'r Maffia rŵan, Frank,' chwarddodd Tegid yn nerfus.

'Mi wna i warchod Adwy'r Nant a sicrhau na chewch chi helynt na thrafferth am weddill y tymor, os wnewch chi rywbeth i mi. Cymwynas yn unig. Ac efallai bydd mymryn o fantais i chitha hefyd.'

'Dwi'n dal i wrando.'

'Mae gen i hyn a hyn o arian parod sy'n dod i'm meddiant yn gyson. Arian nad ydw i isio i bobl y dreth ddod i wybod amdano. Dwi'n amau bod symiau helaeth o arian parod yn dod i'ch dwylo chithau yn Adwy'r Nant drwy gydol y tymor hefyd. Hoffwn i chi dderbyn fy arian parod i, edrych ar ei ôl o a'i guddio yng nghanol elw Adwy'r Nant, ac yna ei symud i'ch cyfrif cleientiaid chi yn y fan hyn. Ymhen amser, mi fydda i mewn sefyllfa i'w ddefnyddio mewn rhyw ffordd neu'i gilydd.'

Gwelodd Frank y cyfreithiwr yn ystyried y cynnig. Y manteision, ac yn bwysicach byth, y risg.

'Ydach chi'n sylweddoli eich bod chi'n gofyn i gyfreithiwr, un o swyddogion y llys, wneud rhywbeth sy'n anghyfreithlon?' gofynnodd.

Rŵan, cawsai Frank weld a oedd honiadau Bertie Smart yn wir. 'Nid chi fyddai'r cyfreithiwr cyntaf i ddefnyddio cyfrif cleientiaid ei ffyrm i wneud rhywbeth sydd, sut ddweda i, allan o'r cyffredin.'

Gwelodd fod Tegid yn aflonyddu yn ei sedd, ac yn chwarae â phensil rhwng ei fysedd. I ychwanegu at ei benbleth, rhoddodd Frank un tamaid bach arall o wybodaeth iddo.

'Does dim rhaid i chi roi ateb i mi'r munud yma, Mr Powell,' meddai. 'Hoffwn roi dipyn o amser i chi ystyried fy nghynnig. Ga' i brynu swper i chi heno? Dwi'n aros yng Ngwesty Glyndŵr. Mi wyddoch chi am y lle?'

Gwelodd fod y frawddeg wedi taro'r cyfreithiwr fel mellten. Cododd Frank Murtagh ar ei draed a throi i fynd allan, ond wedi oedi, ychwanegodd, 'Wyth o'r gloch yn iawn efo chi, Mr Powell?' Ni ddisgwyliodd am ateb.

Ar ôl i Frank Murtagh adael, parhaodd Tegid Powell i eistedd yn llonydd yn ei gadair, yn syllu i'r gwagle o'i flaen ac yn dal i chwarae gyda'i bensil. Beth oedd Murtagh yn ei wybod amdano, dyfalodd? Oedd o'n gwybod mai ei dad oedd yn rhedeg a rheoli Adwy'r Nant? Yn bwysicach, beth oedd ei berthynas â Bertie Smart?

Gofynnodd Frank i Bertie Smart gadw'n glir oddi wrtho fo a Powell yn y gwesty'r noson honno, ac er na wyddai Bertie pam, ufuddhaodd. Yn y cyfamser, roedd Tegid Powell yn chwilfrydig. Pwy oedd Murtagh a sut roedd o'n gwybod cymaint? Beth oedd ffynhonnell yr arian roedd y dieithryn hwn eisiau ei guddio? A beth oedd y fantais iddo fo?

Esboniwyd y cwbl dros bryd o fwyd a photel o win.

Tegid Powell ddechreuodd y sgwrs. 'Mi ydach chi'n disgwyl i mi wneud rwbath a allai ddifetha fy musnes i petai rhywun yn darganfod ein trefniant ni, Frank.'

'Fedra i ddim gweld sut y bysa neb yn medru gwneud hynny, Tegid.'

'Ac mi ddeudoch chi y bysa 'na fantais i mi.'

'Dim mwy o firi yn Adwy'r Nant fel yr hyn a welsoch chi

ychydig ddyddiau'n ôl. Mi wnaiff fy nynion i sicrhau hynny.'

'A finnau'n meddwl mai mantais i mi yn bersonol oeddech chi'n feddwl. Mi fysa hynny'n angenrheidiol os ydw i am gymryd y fath risg.'

'Ro'n i'n meddwl cynnig pump y cant o'r holl arian fydd yn symud trwy eich cyfrifon chi.'

'A faint o arian ydach chi'n feddwl ei symud?'

'Miloedd, Tegid. Miloedd o bunnau bob wythnos.'

Bron i Tegid dagu ar ei win. 'Swnio'n addawol,' meddai, gan geisio gwneud y symiau yn ei ben ar yr un pryd. 'Ond dydi petha ddim mor syml â hynny. Mi fysa'n anodd i mi roi eich arian chi'n syth i mewn i gyfrif cleientiaid fy ffyrm gan fod angen cofnod yn y llyfr cyfrifon ar gyfer pob trosglwyddiad arian. Ar y llaw arall, mae 'na daliadau cyson yn dod i mewn i'r cyfrif hwnnw o gyfrifon Adwy'r Nant. Pryniant carafanau drud ac ati, a dyna'r unig ffordd y medrwn i wneud trosglwyddiadau o'r fath.'

'Felly be ydi'r broblem?' gofynnodd Frank.

'Nid fi sy'n edrych ar ôl cyfrifon Adwy'r Nant. Busnes teuluol ydi o, a fy nhad sy'n gwneud y mwyafrif o'r gwaith rheoli, er bod ganddo fo ddynes sy'n rhedeg y swyddfa a'r cyfrifon. Ychydig iawn o gyfrifoldeb sydd gen i.'

'Dwi'n siŵr mai problem fach ydi hynny i ddyn busnes profiadol fel chi, Tegid.' Gwenodd Frank arno.

Meddyliodd Tegid am ennyd. 'Mi fydda i'n siŵr o sortio rwbath, Frank, fydd o fantais i'r ddau ohonan ni.'

'Ond mae un peth bach arall yr hoffwn ei gael hefyd.'

'A be ydi hynny?' gofynnodd Tegid. ''Dach chi'n gofyn am dipyn go lew yn barod, a fi fydd yn cymryd y risg i gyd.'

'Tydi hyn ddim yn risg, Tegid. Isio defnyddio carafán

ydw i am ychydig wythnosau. Gweddill y tymor, ella. Ar gyfer gwarchod y lle, a fydd neb yn ddim callach ein bod ni yno.

Gwenodd Tegid arno'n fodlon. 'Dwi'n siŵr y medra i sortio hynny i chi.'

Ysgydwodd Frank a Tegid ddwylo'i gilydd i selio'r fargen a chododd y ddau ar eu traed. Roedd Frank gryn dipyn talach na Tegid, a chamodd y Sais yn agos iawn at y dyn iau, gan afael yn llabedi'r siaced roedd Tegid yn ei gwisgo efo bysedd a bodiau ei ddwy law, fel petai'n esmwytho'r defnydd yn ysgafn. Ond gwyddai'r ddau mai dangos ei oruchafiaeth oedd Frank.

'A chofia, Tegid,' meddai'r dyn treisgar o Birmingham, ei lais yn ddistaw ond yn gadarn. 'Rŵan bod y trefniant wedi'i selio, cadwa at dy air. Reit? Fydd neb yn fy nghroesi fi, yn enwedig ar ôl gwneud cytundeb fel hwn. Ti'n dallt?' Edrychodd Frank i lygaid Tegid, a gwelodd y cyfreithiwr o Lan Morfa yr edrychiad mwyaf bygythiol a brofodd erioed.

Wrth iddo gerdded allan o'r gwesty, sylweddolodd Tegid beth roedd o wedi cytuno iddo, a'r twll yr oedd o wedi'i balu iddo'i hun. Sut ar y ddaear roedd o'n mynd i gadw'i dad allan o'r trefniant? Doedd ganddo ddim syniad sut i weithredu ei gytundeb, ond gwyddai na allai newid ei feddwl.

Pennod 36

Gwyddai Jeff y byddai parti ar fwrdd y *Wet Dream* y noson honno. Sut fath o barti, tybed? Byddai alcohol yn llifo, yn sicr, a byddai'n ddifyr gweld a fyddai Tony Taylor yno. Os oedd y llanc yn delio mewn cyffuriau, roedd Jeff yn fodlon betio cyflog mis mai gan rywun ar y cwch yr oedd o'n eu cael nhw.

Ond gan bwy? Tim Goodwin? Ynteu a oedd rhywun yn cymryd mantais o'r hen ddyn cyfoethog drwy ddefnyddio'i gwch drudfawr i gadw cyffuriau ac i ddelio? Roedd wedi gweld nad oedd llawer ym mhen Goodwin ac mai Gloria, y ddynes y gwnaeth o ei chyfarfod gyntaf, oedd y bòs, ond i bwy oedd hi'n gweithio, tybed? Adloniant oedd y ddwy ferch arall, penderfynodd. Rhywbeth i gadw'r hen fachgen – a phwy bynnag arall ddeuai ar fwrdd y *Wet Dream* – yn hapus. Oedd y sefyllfa ar y cwch yn esiampl o'r hyn oedd wedi dod i gael ei alw yn gogio – meddiannu cartref rhywun gwan, neu hawdd ei reoli, er mwyn gwerthu cyffuriau oddi yno? Rhyw, yn sicr, oedd yn cael ei ddefnyddio i gadw Tim Goodwin dan y fawd, ond pwy fysa'n meddwl bod y fath beth yn digwydd ym marina Glan Morfa?

Edrychai'n debyg mai rhyw oedd wedi denu Tony Taylor yno hefyd. Wedi'r cyfan, roedd ei dad wedi darganfod condomau yn ei waled. Ond faint o ran oedd Tony yn ei chwarae yn y tîm? Ai dilyn cyfarwyddiadau yn unig yr oedd o, fel Wayne druan, ynteu a oedd ganddo fwy o ddylanwad? Roedd yn bryd dweud y cyfan wrth ei dad, penderfynodd Jeff. Cododd ei ffôn symudol a phwysodd y botymau cyfarwydd.

'Nansi, dwi isio i ti wneud cymwynas â mi.'

'Mi wna i rwbath i ti, Jeff.'

'Dwi isio i ti fy nghyfarfod i lawr wrth y marina tua hanner awr wedi tri pnawn 'ma. Mi esbonia i'r cwbl i ti bryd hynny.'

'Paid â deud dy fod ti am adael i mi gael fy ffordd efo chdi o'r diwedd, Jeff.'

'Bihafia, ddynes,' meddai, ac yna oedodd. 'Ond Nansi, mi *ydw* i isio i ti wisgo dy ddillad mwya rhywiol ... ond nid ar fy nghyfer i fydd o.'

'Sboilsbort.'

Yn ddiweddarach y prynhawn cynnes hwnnw, roedd Jeff wedi parcio'r gar mewn llecyn cuddiedig nid nepell o'r marina. Yfed dŵr allan o botel blastig yr oedd o pan agorwyd drws teithiwr ei gar a llithrodd Nansi i mewn i eistedd wrth ei ochr. Rhwbiodd ei llaw chwith i fyny ac i lawr ei goes, yn union fel y byddai'n wneud bron bob tro y byddai'n ei gyfarfod. Tarodd arogl ei phersawr rhad ei ffroenau.

'Wnaiff hyn y tro?' gofynnodd Nansi.

Roedd hi'n gwisgo'r sgert ledr ddu fyrraf a welodd Jeff hi'n ei gwisgo erioed, teits ffishnet a wnâi i'w chluniau helaeth edrych hyd yn oed yn fwy a chrys T gwyn a oedd damed yn rhy fach iddi ac yn amlygu'r ffaith nad oedd hi'n gwisgo bra. Roedd ei cholur yn dew a'i gwefusau'n goch. Ni allai Jeff beidio â chwerthin.

'Be sy?' gofynnodd Nansi.

'Wyt ti wedi mynd dros ben llestri, dwâd?'

'Chdi ofynnodd.'

'Digon teg,' atebodd Jeff, gan egluro iddi beth roedd o eisiau iddi ei wneud.

Dringodd Nansi allan o'r car a cherdded cystal ag y gallai yn ei sodlau uchel i lawr y ffordd tua'r marina. Dechreuodd Jeff amau oedd o wedi gwneud y peth iawn.

Erbyn pedwar o'r gloch roedd Nansi yn sefyll mewn llecyn distaw ar y ffordd oedd yn arwain o'r marina tuag at y dref. Ychydig yn ddiweddarach gwelodd Tony Taylor yn cerdded tuag ati – roedd o ar ei ben ei hun, diolchodd. Camodd Nansi allan o'i flaen.

Stopiodd y llanc yn stond pan welodd y ddynes ganol oed yn bownsio tuag ato. Ceisiodd ei hosgoi, ond roedd hi'n rhy hwyr. Safai Nansi'n gadarn o'i flaen.

'Gwranda, Tony,' meddai. 'Dim chdi ydi'r unig un sy'n potsian efo cyffuriau yn y dre 'ma. Paid â sathru ar fy nhraed i neu mi fydd 'na le.' Gafaelodd Nansi ynddo rhwng ei goesau, a gwasgu. Rhewodd y bachgen. Yna, rhyddhaodd Nansi ei gafael ond wnaeth hi ddim symud ei llaw ymaith. 'Ond fel mae'n digwydd bod, fedra i ddim cael gafael ar be dwi isio'r wsnos yma, a dyna pam dwi isio gair efo chdi.'

Ni wyddai Tony druan lle i droi. 'Does gen i ddim byd,' oedd ei unig ateb.

'Fyswn i ddim yn deud hynna,' meddai, gan ddechrau rhwbio gafl y dyn ifanc.

'Wir ...' Ni allai Tony gael ei eiriau allan.

'Paid â deud celwydd,' meddai Nansi, yn dal i rwbio. 'Mi fedran ni'n dau wneud busnes efo'n gilydd. Deud ti wrtha i pan fydd gen ti dipyn o grac, a gwertha beth ohono fo i mi. Dyna'r cwbwl. Does gen i ddim diddordeb o ble ti'n ei gael o.'

'Reit,' meddai Tony o'r diwedd mewn llais crynedig. 'Dewch yn ôl i fama heno, am hanner nos. Faint 'dach chi isio?'

'Ydi o'n stwff da?'

'Y gorau.'

'Mi dria i werth tri chan punt felly. A well iddo fod yn stwff gwerth chweil, neu mi fydda i ar dy ôl di. Dallt?'

'Dim problem.'

'Cofia di rŵan, Tony. Hanner nos. Dwi'n gwybod lle ti'n byw, ac mi ddo' i acw i gael gafael arnat ti eto.'

'Mi fydda i yma.'

Edrychodd Tony o'i gwmpas ar ôl iddi fynd, rhag ofn fod rhywun wedi gweld y digwyddiad. Diolchodd nad oedd neb o gwmpas.

Ymhen ychydig funudau roedd Nansi wedi adrodd yr holl hanes wrth Jeff, gan ddweud ei bod hi'n ffyddiog y byddai Tony'n dychwelyd y noson honno.

Ceisiodd Jeff roi trefn ar bopeth yn ei feddwl. Byddai'r cyffuriau ym meddiant Tony erbyn hanner nos – roedd hynny'n awgrym cryf mai yn y parti ar fwrdd y *Wet Dream* y byddai'n eu derbyn. Byddai'n rhaid iddo gael gair efo Rob cyn hynny, a doedd o ddim yn edrych ymlaen at orfod gwneud hynny.

Roedd shifft Rob Taylor wedi gorffen am chwech y prynhawn hwnnw, felly ffoniodd Jeff ei gartref am wyth gan ddweud ei fod angen cymorth efo rhywbeth y noson honno. Doedd Rob erioed wedi cael cais o'r fath gan Jeff o'r blaen ond cytunodd, ac yn y cyfamser gwnaeth Jeff gais am warant i chwilio am gyffuriau ar gwch y *Wet Dream*.

Roedd y ddau gyfaill yn eistedd yn un o geir cudd yr heddlu pan ddechreuodd Jeff dorri'r newydd i'w gyfaill.

'Wyddost ti'r sgwrs 'na gawson ni ynglŷn ag Anthony?' dechreuodd, 'wel, ma' hi'n edrych yn debyg dy fod ti'n iawn i boeni.'

Gwelodd edrychiad dryslyd ar wyneb Rob, a dechreuodd ddweud yr hanes wrtho, gan hepgor rhan Nansi'r Nos yn y cyfan.

Ni wyddai Rob ble i droi.

'Dyma fydd ei ddiwedd o, Jeff. Mi fydd Heulwen yn torri'i chalon. A sut fedra i ddangos fy wyneb yn y stesion 'cw?'

'Paid â phoeni gormod, Rob – ella medrwn ni sortio hyn.'

'Be ti'n feddwl?'

'Yn fy marn i mae'r hogyn wedi cael ei hudo gan griw proffesiynol, a hyd yma, does dim tystiolaeth fod Anthony wedi gwneud dim o'i le. Does neb wedi gweld unrhyw gyffuriau yn ei feddiant o. Mae gen i gynllun – fedra i ddim deud wrthat ti be ydi o eto, ond dwi isio i ti fy nhrystio i.'

'O'r gorau.'

'Lle oedd o pan adawaist ti'r tŷ gynna?' gofynnodd Jeff.

'Adra, yn paratoi i fynd allan.'

'Gobeithio mai ar ei ffordd i'r *Wet Dream* mae o felly.'

O'u cuddfan i lawr yn y marina gallai Jeff a Rob weld Anthony yn cerdded ar hyd y platfform at y cwch moethus a dringo iddo. Os oedd parti yno roedd o'n un distaw iawn, gan nad oedd fawr neb o gwmpas. Erbyn un ar ddeg o'r gloch, a hithau wedi tywyllu, dim ond goleuadau gwan y marina oedd yn goleuo'r lle, ond gallai Jeff weld fan fawr wen, un debyg i Ford Transit, yn parcio nid nepell o'r cwch. Daeth un dyn allan ohoni yn cario bag ar ei gefn, a cherddded ar fwrdd y cwch. Arhosodd Jeff lle'r oedd o, ac ymhen ugain munud ailymddangosodd y gŵr a gyrru oddi yno. Roedd hi'n rhy dywyll i Jeff wneud cofnod o rif y fan, felly ffoniodd i ofyn i un o blismyn y dref gadw golwg amdani.

Am chwarter i hanner nos, ymddangosodd Anthony o'r cwch a dechrau cerdded i gyfeiriad y dref. Stopiodd yn yr un lle ag y bu iddo gyfarfod Nansi'r Nos.

'Allan yn hwyr heno, Anthony,' meddai Jeff, wrth gamu allan o'r tywyllwch.

Rhewodd Anthony a throdd i redeg ymaith, ond daeth wyneb yn wyneb â'i dad.

'Paid â bod yn wirion rŵan, Anthony,' meddai Rob.

Dechreuodd y llanc wylo.

Chwiliodd Jeff drwy ddillad Anthony, a darganfod y pecyn yn syth ym mhoced ei gôt. Yn amlwg nid oedd Anthony'n un o'r delwyr cyffuriau mwyaf craff.

'Sori, Dad,' oedd ei unig eiriau.

'Gwna ffafr â mi plis, Rob?' gofynnodd Jeff. 'Dos i nôl y car, wnei di?' Winciodd Jeff ar ei gyfaill ac ufuddhaodd Rob ar unwaith.

'Wel, Rob,' meddai Jeff ar ôl i'w gyfaill ddychwelyd, ''dan ni wedi cael noson lwyddiannus hyd yn hyn. Gweithio'n gudd i mi oedd Anthony heno – ma' hi'n edrych yn debyg bod ymgyrch i gyflenwi cyffuriau caled yn cael ei rhedeg oddi ar y cwch 'na, a heb gymorth dy fab, byddai llwyth mawr wedi hitio'r ardal yma yn ystod y dyddiau nesa. Dos di ag Anthony adra, a phaid â deud gair wrth neb nes bydd bob dim drosodd. Mae Anthony wedi dweud wrtha i lle yn union ar y cwch mae gweddill y cyffuriau wedi cael eu cuddio, a phwy ar y cwch sydd tu ôl i'r ymgyrch, er nad ydi o'n gwybod pwy sy'n dod â'r stwff yma. Gloria, dynes yn ei thridegau, sy'n rhedeg y sioe yn ôl Anthony, a tydi'r perchennog, Tim Goodwin, yn dallt fawr ddim am y peth.'

'Diolch i ti, mêt,' meddai Rob yn ddistaw, allan o glyw ei fab. 'Wyt ti'n meddwl y gwnaiff y cynllun weithio?'

'Gawn ni weld,' atebodd. 'Ond dos adra rŵan, mae gen i waith i'w wneud.'

Ymhen deng munud cyrhaeddodd hanner dwsin o blismyn y marina, a dilyn Jeff ar fwrdd y cwch.

'Dave, ti'n hwyr iawn,' cyfarchodd Tim Goodwin ef, yn gwisgo dim byd ond ei drôns a golwg feddw arno. Roedd y ddwy ferch ifanc mewn cyflwr digon tebyg i Goodwin ac yn gwisgo cyn lleied o ddillad ag ef.

'Ditectif Sarjant Evans, CID, Glan Morfa, ydw i, Mr Goodwin. Mae gen i warant i chwilio'r cwch 'ma am gyffuriau.'

Diflannodd Gloria i lawr y grisiau i un o'r cabanau, a rhoddodd Jeff arwydd i blismones ei dilyn hi. Clywyd sŵn ymladd o'r llawr gwaelod cyn i'r ddwy ailymddangos.

'Ar ôl hwn oedd hi,' meddai'r blismones, gan ddal ffôn symudol yn ei llaw. 'Roedd hi'n trio ei luchio fo i'r môr.'

'Diolch,' meddai Jeff, gan sylwi fod y tair merch erbyn hyn yn gwgu arno wrth i'r swyddogion roi gefynnau llaw ar eu harddyrnau. 'Mi gymera i hwnna.' Rhoddodd y teclyn yn ei boced.

Er bod gan Jeff syniad eitha da lle'r oedd y cyffuriau wedi'u cuddio, wnaeth o ddim mynd yn syth i'r fan honno i chwilio. Byddai hynny wedi datgelu gormod am ffynhonnell yr wybodaeth. Ond ymhen yr awr, darganfuwyd swp mawr o wahanol gyffuriau yng nghaban y criw – gwerth miloedd o bunnau.

Aethpwyd â Goodwin a'r merched i orsaf yr heddlu, ac ar ôl cofnodi eu manylion, dechreuodd tair awr o holi. Roedd y canlyniad yn amlwg bron cyn iddynt ddechrau. Ddywedodd yr un o'r merched air o'u pennau, ond wnaeth ceg Tim Goodwin ddim cau. Glanhawr mewn bloc o swyddfeydd ger Tamworth oedd o nes iddo ennill miliynau ar y lotri dair blynedd ynghynt. Wedi hynny, welodd o ddim llawer pellach na'i falog, gan dreulio'i fywyd yng nghwmni merched llawer iawn iau na fo a oedd yn fodlon gwneud unrhyw beth am ran fechan o'i gyfoeth. Roedd y tair yma wedi bod yn ei gwmni ers chwe wythnos ac wedi rheoli ei fywyd mewn mwy nag un ffordd. Tueddai Jeff a'r swyddogion eraill i gredu nad oedd ganddo unrhyw wybodaeth ynglŷn â'r cyffuriau, a'i fod wedi'i dwyllo er mwyn i'r merched allu defnyddio'i gwch i ddelio cyffuriau i'r ardal.

Archwiliodd Jeff y ffôn symudol a gymerwyd oddi ar Gloria. Roedd ynddo luniau o nifer o fechgyn ifanc yn cael rhyw gyda'r ddwy ferch arall. Tony oedd un. Dyna sut roedden nhw'n cael dynion ifanc i rannu cyffuriau iddyn nhw, meddyliodd. Yna, daeth ar draws llun ohono ei hun yng nghwmni'r merched noeth. Chwiliodd yn gyflym drwy'r rhifau yng nghof y ffôn – i'w syndod, doedd dim ond un, a rhif cyfarwydd oedd hwnnw – y rhif oddi ar gerdyn Gwarchod Cyf.

Pennod 37

Roedd Nerys a Gerallt Davies bellach yng nghanol eu pumdegau ac wedi cael bywyd priodasol eithriadol o hapus am wyth mlynedd ar hugain. Ymhyfrydai'r ddau yn llwyddiant eu plant, a phrin yr oedd Nerys wedi meddwl am y bywyd a brofodd cyn iddi gyfarfod â Gerallt. Ond o dro i dro digwyddai rhywbeth i'w hatgoffa hi am y babi a roddodd i ofal y gwasanaethau cymdeithasol. Ceisiai daflu'r atgofion i gefn ei meddwl.

Un prynhawn Sul braf ar ddechrau'r haf, eisteddai Gerallt Davies yn yr ardd ar ôl treulio dwy awr a hanner yn torri glaswellt y lawnt a thwtio dipyn ar y border o'i hamgylch. Mwynhâi weld y blodau'n tyfu a'r lliwiau'n datblygu yr adeg hon o'r flwyddyn, ond meddyliai weithiau fod y gwaith o edrych ar ôl y cwbl yn cymryd gormod o'i amser. Byddai'n well ganddo pe gallai ymlacio mwy yn ystod y penwythnosau a threulio mwy o amser yng nghwmni Nerys a'r teulu.

Roedd ei amser hamdden yn brin ers iddo gael ei ddyrchafu'n un o gyfarwyddwyr cwmni Adeiladwaith Copa Cyf. ddeng mlynedd ynghynt. Efallai ei bod hi'n amser iddo gyflogi garddwr rhan amser, myfyriodd, wrth edrych i lawr y lawnt hir a thaclus i gyfeiriad y Fenai. Wedi'r cyfan, gallasai yn hawdd fforddio hynny.

Ystyriodd pa mor ffodus roedd o wedi bod. Yn sicr, mi weithiodd yn galed ar hyd ei yrfa, ond er ei fod wedi ennill llawer iawn mwy o gyflog na chyfartaledd uchel o weithwyr yr ardal, roedd yn cydnabod mai arian Nerys oedd wedi sicrhau eu sefyllfa gyfforddus. Yn wahanol i'r rhan fwyaf o deuluoedd, ni fu erioed angen iddynt ddibynnu ar forgais – roedd etifeddiaeth ei wraig wedi sicrhau hynny – ac ers iddynt ei brynu, roedd eu cartref, Uwch y Fenai, wedi cynyddu yn ei werth i dros dri chwarter miliwn o bunnau. Roedd Nerys, yn ogystal, wedi bod yn gefn cadarn, cariadus a di-fai iddo ar hyd blynyddoedd hapus eu priodas, heb sôn am fod yn fam arbennig i'w plant. Roedd o'n ddyn lwcus iawn.

Rhoddodd ei bapur newydd i lawr a chau ei lygaid yn fodlon. Ni wyddai am faint y bu'n cysgu yn yr haul pan glywodd lais cyfarwydd wrth ei ochr:

'Ddrwg gen i dy ddeffro di, cariad, ond mi fyddan nhw yma ymhen hanner awr. Meddwl o'n i y bysat ti'n gwerthfawrogi un o'r rhain cyn mynd i newid.' Rhoddodd Nerys ddau jin a thonic ar y bwrdd wrth ei ochr, a rhoi ei dwylo ar ei ysgwyddau i'w tylino.

'Rargian, mae dy ddwylo di'n oer!' ebychodd.

'Be ti'n ddisgwyl a finna wedi bod yn gafael yn y gwydrau rhewllyd 'na? O leia dwi wedi dy ddeffro di.' Plygodd i lawr i roi cusan swnllyd ar ei foch.

'Mae 'na ffordd arall, well o lawer, i 'neffro fi,' atebodd, gan ei thynnu i lawr ar ei lin a'i chusanu'n hir. Ar ôl yr holl flynyddoedd, roedd o'n dal i gael ei hudo gan ei harddwch.

'Dyna ddigon o hynna!' chwarddodd Nerys gan godi o'i freichiau ac eistedd wrth ei ymyl. 'Be tasan nhw'n cyrraedd yn gynnar?'

Cymerodd y ddau lymaid o'u diodydd.

'Do'n i ddim wedi disgwyl i ti fod mor hir yn y capel.'

'O, mi wyddost ti fel mae'r Chwiorydd yn medru siarad,

ac mi oedd 'na dipyn o waith trefnu at gyfarfodydd yr hydref. Maen nhw wedi gofyn i mi fod yn gadeirydd a llywydd y Gymdeithas eleni. Dwi ddim math o angen mwy o waith, ond mae'n anodd gwrthod, fel y gwyddost ti. Yli, yfa hwnna'n reit handi a dos am gawod cyn cinio, neu mi fyddan nhw yma. Well i mi fynd i wneud y grefi.'

Daeth Gerallt i lawr y grisiau ugain munud yn ddiweddarach yn gwisgo'i ddillad hamdden gorau. Roedd o a Nerys wrth eu boddau yn bwydo'u teulu bach ar ddyddiau Sul – roedd cael pawb efo'i gilydd yn brofiad braf.

Sioned, eu merch hynaf, a'i gŵr, Medwyn, oedd y cyntaf i gyrraedd.

'A' i i helpu Mam,' meddai Sioned gan anwesu ei bol beichiog. 'Gewch chi a Medwyn ddiod bach. Mi wna i yrru adra ... fel arfer,' chwarddodd.

'Na wnei di wir,' mynnodd Gerallt. 'Wneith bod ar dy draed yn y gegin 'na ddim lles yn dy gyflwr di. Dos i eistedd i lawr ac mi ddo' i â diod oer i ti.'

'Peidiwch â bod yn wirion, Dad – mae gen i dros dri mis i fynd.'

'Does dim iws dadlau, nagoes, Medwyn? Gymeri di jin fel fi, ta oes well gen ti gwrw?'

'Cwrw plis, Gerallt. Lle mae Gwion bach?' gofynnodd.

'Oes rhaid i ti ofyn? I fyny yn ei lofft yn chwarae rhyw gêm ar ei gyfrifiadur fel arfer. Ond paid â gadael iddo fo dy glywed di'n ei alw'n fach – er mai dim ond pedair ar ddeg ydi o, mae o bron mor dal â chdi.'

'Digon gwir. A buan y bydd o'n bymtheg.'

'Ia, mae o'n tyfu'n rhy sydyn. Mae o 'di dechrau sôn am ei ben blwydd yn barod, er bod pythefnos i fynd,' chwarddodd Gerallt.

Roedd beichiogi'n annisgwyl â Gwion wedi newid eu bywydau, ond roedd y bachgen wedi cyfoethogi eu bywydau ym mhob ffordd. Gwirionodd ei ddwy chwaer fawr arno o'r cychwyn cyntaf, ac roeddynt wedi ei sbwylio'n rhacs byth ers hynny. Gwaeddodd Gerallt ar ei fab i ddod i lawr y grisiau.

'Dau funud,' daeth y llais o'r llofft. 'Jyst safio hwn.'

Ymhen dim carlamodd Gwion yn swnllyd i lawr y grisiau.

'Haia Meds – be oeddat ti'n feddwl o'r gêm gwpan ddoe?' gofynnodd Gwion.

Dal i drafod pêl-droed yn awchus yr oedd y ddau pan ddychwelodd Gerallt efo'r diodydd. 'Be ti 'di bod yn wneud drwy'r bore – chwarae gemau, siŵr gen i?'

'Nage, Dad – mae gen i draethawd i'w roi i mewn bore fory. Mynd trwyddo fo oeddwn i rŵan.'

'Da chdi, 'ngwas i. Dos i weld ydi dy fam a Sioned isio help yn y gegin 'na.'

Agorodd y drws ffrynt, a daeth llais Cerys o'r cyntedd. 'Sori 'mod i'n hwyr!' Cerddodd yn syth i mewn i'r gegin. 'Ew, ogla da,' meddai. 'Be sy 'na i ginio?'

'Bîff, atebodd ei mam.'

'O grêt. Oes 'na Iorcshyrs?'

'Wrth gwrs! Lle ti 'di bod tan rŵan?'

'O, peidiwch â sôn, Mam bach. Mi fu'n rhaid i mi fynd i 'ngwaith.'

'Problemau?'

'Ia. Mae 'na blentyn bach llai na mis oed yn cael ei fabwysiadu – fory i fod, ac mae 'na dipyn o ddryswch efo'r trefniadau. Fel'na mae petha'n digwydd weithia. Fysa neb call isio gweithio i'r gwasanaethau cymdeithasol tasan nhw'n gwybod be 'dan ni'n gorfod delio efo fo weithia.'

'O, druan o'r bobol sy'n gorfod mynd drwy'r holl drafferth i gael plentyn,' meddai Sioned gan afael yn ei bol chwyddedig. 'Fydda i'n meddwl yn aml pa mor lwcus ydi Medwyn a finna.'

Trodd Nerys i edrych allan drwy'r ffenestr i'r ardd. 'Dos i ddeud helô wrth dy dad a Medwyn,' meddai, yn lle dy fod di dan draed yn fama.'

Hanner ffordd drwy'r pryd bwyd trodd y sgwrs at ben blwydd Gwion.

'Be ti isio'n bresant gen i a Medwyn, Gwion?' gofynnodd Sioned.

'Sach gysgu,' atebodd Gwion ar ei union. 'Un wnaiff fy nghadw i'n gynnes yn y gaeaf. Maen nhw i'w cael yn y siop Gelert 'na ym Meddgelert, a tydyn nhw ddim rhy ddrud. Ond 'swn i'n lecio un y medra i ei bacio'n fach fel 'i fod o'n ffitio i mewn i sach gefn yn hawdd.'

'Ond does gen ti ddim sach gefn, Gwion,' meddai Nerys, gan giledrych ar Gerallt. Gwyddai ei rieni yn iawn i ba gyfeiriad roedd y sgwrs yn mynd.

Edrychodd Gwion yn chwareus i gyfeiriad Cerys gan wenu.

'Paid â deud bod y rheini i'w cael yn siop Gelert hefyd, Gwion,' meddai hithau.

'Ydyn, a tydi'r rheini ddim yn rhy ddrud chwaith,' meddai'r bachgen.

'A lle wyt ti'n meddwl defnyddio'r petha 'ma?' gofynnodd ei fam.

'Meddwl mynd i gampio ydw i a fy ffrindiau.' Trodd ei ben i wenu ar ei dad. 'Plis ga' i babell ar fy mhen blwydd, ganddoch chi a Mam, Dad? Dim ond un fach, digon mawr i ddau berson. Mi fyswn i'n medru mynd i Maes B ... ma' lot o'r hogia yn cael mynd.'

'Ti wedi meddwl am y cwbwl, yn do? Ond pwyll pia' hi, 'ngwas i,' atebodd ei dad. 'Mi wyt ti'n rhy ifanc i fynd i fanno leni. Os brynwn ni babell i ti, mi gei di ei defnyddio hi'n nes at adra gynta.'

Gwenodd Gwion o glust i glust. 'Taswn i'n cael un ddigon da i wrthsefyll tywydd mawr, mi fedrwn ni fynd i gampio yn Eryri. Wrth ochr Llyn Ogwen neu rwla tebyg.'

Edrychodd ei rieni ar ei gilydd. Gerallt atebodd. 'Pymtheg oed neu beidio, dwyt ti ddim yn meddwl dy fod ti braidd yn ifanc i gampio mewn llefydd fel'na, ymhell o bob man, Gwion?'

Gwelodd pawb y siom yn ymddangos ar draws wyneb y bachgen.

'Dyma be wnawn ni, Gwion,' meddai Gerallt o'r diwedd. 'Mi brynwn ni babell i ti. Un fel wyt ti isio, un dda wnaiff bara i ti am flynyddoedd.'

'O, diolch – ac mi edrycha i ar ei hôl hi hefyd, Dad. Dwi'n addo.'

'Ond mae'n rhaid i ti ddysgu sut i'w chodi hi'n iawn, a sut i wneud bob dim arall sy'n gysylltiedig â gwersylla.' Roedd Gwion yn glustiau i gyd. 'Mi awn ni i gyd, fel teulu, i gampio am benwythnos, i rywle sydd ddim yn rhy bell. Gawn ni logi pabell fawr i'r gweddill ohonan ni ac mi gei ditha gysgu yn dy babell di. Sut mae hynny'n swnio?'

'Grêt, dad. Geith Sam ddod efo ni? Mi fysa fo wrth ei fodd.'

'Ceith siŵr,' atebodd Gerallt, gan wybod mor agos oedd Gwion a'i ffrind gorau. 'Be amdanoch chi'ch dau, Medwyn a Sioned?'

'Mi ddyla bod bob dim yn iawn,' atebodd Sioned, 'ond mi ga' i air efo'r fydwraig rhag ofn. Pythefnos sydd 'na tan benwythnos ei ben blwydd o ac mae gen i dri mis arall i fynd.'

'A chditha, Cerys?'

'Dwi'n gêm. Lle awn ni?'

'Dewis di, Gwion,' meddai Nerys. 'Ac os ydi dy dad a finna'n cytuno, mi ffonia i fory i fwcio lle i ni. Ydi pawb yn hapus efo hynny?'

Roedd y wên ar wyneb pawb, yn enwedig ar wyneb Gwion, yn dweud y cyfan.

Cythrodd Gwion i orffen ei bwdin, ac ar ôl cael caniatâd i adael y bwrdd rhuthrodd i fyny'r grisiau i wneud ei waith ymchwil. Ymhen deng munud roedd o yn ei ôl.

'Dwi 'di cael hyd i le,' meddai. 'Mae ganddyn nhw le yno hefyd ar benwythnos fy mhen blwydd i. Lle o'r enw Adwy'r Nant, ar gyrion Pen Llŷn. Ac mae o reit ar lan y môr hefyd.'

Ar y prynhawn Gwener bythefnos yn ddiweddarach cychwynnodd y teulu a Sam, ffrind gorau Gwion, i Adwy'r Nant mewn dau gar gorlawn. Ymhen dim roedd y ddau fachgen wedi codi'r babell fach newydd ac wedi trefnu eu heiddo'n daclus y tu mewn iddi. Yna rhoddodd y ddau fachgen gyngor i'r oedolion ar sut i godi'r babell fawr roedd Gerallt wedi'i llogi.

Cysgodd pawb yn dda y noson honno, gan godi'n gynnar i goginio brecwast o gig moch, wyau a selsig. Cafodd pawb ddau ddiwrnod bendigedig yn mwynhau'r gwersyll a'r ardal, yn union fel gweddill yr ymwelwyr o'u cwmpas.

Pennod 38

Ar ôl i Jeff adolygu'r holl ymchwil a'r dystiolaeth a gafwyd o'r *Wet Dream*, a'r cyhuddiadau yn erbyn y tair merch, rhoddwyd hwy gerbron y llys. Penderfynodd yr ynadon eu cadw yn y ddalfa ac aed â nhw i ganolfan gadw nes y byddent yn mynd o flaen Llys y Goron. Roedd gormod o gyffuriau wedi'u darganfod ar y cwch i'r llys ystyried rhoi mechnïaeth.

Doedd Jeff ddim yn siŵr o hyd beth oedd perthynas Gloria â Gwarchod Cyf. Roedd yn amlwg bod gweithredoedd y cwmni hwnnw a'r busnes cyffuriau yn rhan o'r un ymgyrch, a bod Wayne, nai Nansi, wedi cael ei hudo i fod yn rhan o'r un ymdrech yn y garafán yn Adwy'r Nant. Pam oedd angen dau safle yn yr un dref ar gyfer delio? Yswiriant, efallai? Nawr bod un o'r lleoliadau wedi'i gau, efallai y byddai'r ail yn cael ei ddefnyddio'n amlach, er gwaetha'r risg. Byddai ffôn symudol Gloria yn ddefnyddiol, meddyliodd, gan mai hwn oedd y cyswllt rhwng y cyffuriau a Gwarchod Cyf.

Roedd diwrnod arall wedi mynd heibio ac yntau heb ddysgu llawer mwy am ddamwain Morgan, ond roedd y dirgelwch yn tyfu. Meddyliodd Jeff am yr hyn ddywedodd Meic yn Adwy'r Nant am gyflwr y sied, a phenderfynodd fynd i holi am ganlyniadau'r profion ar y bwlb golau y peth cyntaf yn y bore.

Erbyn iddo gyrraedd adref roedd y plant yn eu gwlâu.

'Dwi bron â llwgu –ma' hi wedi bod fel ffair eto heddiw,' meddai wrth Meira, oedd yn gorffen clirio'r llestri swper.

''Dan ni wedi bwyta ers meitin,' atebodd ei wraig. 'Mae 'na lasagne yn fan'cw i ti ei aildwymo. A chymera hwn,' meddai, gan roi gwydryn mawr o win coch yn ei law. 'Ella gwnaiff o dy helpu di i ymlacio.'

'Ti werth y byd, Meira bach.'

Eisteddodd Jeff ar stôl yn y gegin i fwyta. Cymerodd lymaid mawr o'r gwin, ond roedd digwyddiadau'r dyddiau diwethaf yn dal i'w gorddi.

'Be sy'n dy boeni di? Mae dy feddwl di yn rwla arall yn ôl bob golwg,' gofynnodd Meira. Roedd hi'n ei adnabod mor dda.

'Mae 'na drwbwl efo cyffuriau wedi codi'i ben, ac mae'r busnes Adwy'r Nant 'ma wedi drysu bob dim.'

'Be, damwain Morgan ti'n feddwl? Sut felly?'

'Synnwn i ddim nad oes mwy i'r peth na damwain.'

Trodd Meira i'w wynebu, y syndod yn amlwg ar ei hwyneb. 'Be?' ebychodd, 'ti 'rioed yn meddwl bod rhywun wedi ymosod arno fo? Bod rhywun yn gyfrifol am ei farwolaeth?'

'Rhaid i mi wynebu'r posibilrwydd hwnnw,' atebodd Jeff. 'Mi oedd y planciau yn eu lle dros y pydew ddwyawr ynghynt, y drws wedi'i gloi ac, am wn i, y bylb golau yn ei le. Mi gafodd y bylb ei ganfod ar ôl i rywun ei daflu i'r gwrych, a dwi'n trio darganfod oedd rhywun wedi medru mynd i mewn i'r sied i symud petha o gwmpas.'

'A gwneud i bopeth edrych fel damwain, ti'n feddwl? Ond pwy goblyn fysa'n dymuno niwed i Morgan druan?'

'Oes rhaid i ti ofyn, Meira?' Edrychodd Jeff i waelod y gwydr o'i flaen.

'Ti 'rioed yn meddwl bysa Tegid yn gwneud y fath beth.'

Cododd Jeff ei ben. 'Wn i ddim wir, Meira bach. Fo sydd ar ei ennill. Liciais i erioed mo'r dyn, ond ddylwn i ddim gadael i hynny liwio fy marn broffesiynol i. Mae ei feddwl o wedi bod ar adeiladu bragdy neu ddistyllfa ar y safle ers blynyddoedd, fel y gwyddost ti. A'i dad yn erbyn y fath beth. Ond does gen i ddim owns o dystiolaeth sy'n pwyntio bys ato fo, rhaid i mi gyfaddef. A'r peth rhyfeddaf ydi fod pob math o bethau eraill yn digwydd ar yr un pryd – fel ti'n gwybod, Meira, fydda i ddim yn credu mewn cyd-ddigwyddiadau.'

Ar ôl i Jeff orffen ei fwyd, eisteddodd y ddau yn y stafell haul yn edrych ar y machlud.

Ailafaelodd Jeff yn y sgwrs. 'Fedra i ddim penderfynu oes 'na gysylltiad rhwng y cwbl. Mae rhywun yn rhedeg rhyw fath o raced amddiffyn yng ngogledd Cymru ar hyn o bryd. Hon ydi'r ail neu efallai'r drydedd flwyddyn iddyn nhw fod wrthi cyn belled ag y medra i ddeud, yr holl ffordd o ochrau Prestatyn i Fôn, Arfon, Llŷn ac i lawr yr arfordir am Aberystwyth. Gwarchod Cyf. ydi enw'r cwmni, ond does 'run cwmni o'r enw hwnnw wedi'i gofrestru'n swyddogol.' Eglurodd Jeff am yr hyn a ddigwyddodd yn Adwy'r Nant a'r parciau gwyliau eraill.

'Dwi ddim wedi clywed sôn am raced amddiffyn ers fy nyddiau yn plismona Lerpwl,' meddai Meira ar ôl iddo orffen, 'a dim ond sôn oedd hynny – plismyn yn siarad am yr hen ddyddiau pan oedd un neu ddau o droseddwyr mawr yn rheoli dinasoedd cyfan.'

'Chlywais i erioed am y math yma o beth yng ngogledd Cymru chwaith,' ychwanegodd Jeff, gan estyn am y botel win. Ochneidiodd yn uchel cyn parhau â'r hanes. 'Mae 'na rywun wedi bod yn defnyddio cwch mawr i lawr yn y marina i guddio cyffuriau, ac mae'n edrych yn debyg bod yr un bobl yn defnyddio un o garafanau Adwy'r Nant i ddelio hefyd, gan gymryd mantais o fechgyn ifanc i'w symud nhw o gwmpas yr ardal.'

'Mae'r busnes *County Lines* 'ma wedi'n cyrraedd ni felly.'

'Do. Ond fedra i ddim cysylltu'r cwbl efo'i gilydd. Yr unig beth fedra i ei wneud ydi cysylltu Tegid â'r garafán maen nhw'n ei defnyddio i ddelio cyffuriau.'

'Tegid? A hwnnw'n dwrnai?'

'Ia. Fo roddodd ddefnydd y garafán iddyn nhw. Wn i ddim ydi o'n rhan o'r busnes.'

'Felly mae'r cwbwl – y cwch, y cyffuriau, y garafán a'r raced ddiogelwch – yn dod â ni'n ôl i gyfeiriad Tegid.'

'Felly mae petha'n edrych, ond mae pob ymdrech hyd yma i wneud y cysylltiad rhwng y niwed i Morgan, y raced amddiffyn a'r cyffuriau yn taro'n erbyn wal frics.'

'Felly, be ydi dy gam nesa di?'

'Mi wn i am o leia ddau barc gwyliau hanner can milltir i'r de o'r dre 'ma sy'n talu arian sylweddol i Gwarchod Cyf. bob wythnos. Arian parod bob amser. Mae gen i awydd mynd yno i ddisgwyl amdanyn nhw, a dilyn pwy bynnag sy'n hel yr arian ar ran y cwmni. Ga' i weld lle gwnaiff hynny fy arwain i.'

'Bydda'n ofalus, Jeff bach. Mi wn i sut un wyt ti am gymryd risg. Mae'r bobl 'ma'n debygol o fod yn beryglus iawn. Pam nad ei di â rhywun efo chdi?'

'Na, mae'r hogia'n rhy brysur yn y dre ar hyn o bryd, a does dim rheswm i mi fynd yn rhy agos at bwy bynnag sy'n hel yr arian. Dim ond eu dilyn nhw, a thynnu ambell lun.'

'Pryd ei di?'

'Aros am funud. Ti newydd roi syniad i mi.'

Edrychodd Jeff ar ei oriawr. Roedd bron yn hanner awr wedi deg. Braidd yn hwyr, efallai, ond penderfynodd Jeff roi cynnig arni. Deialodd rif ffôn symudol.

'Helo?' atebodd llais merch ifanc.

'Sally? Mae'n ddrwg gen i'ch ffonio chi mor hwyr,' meddai. 'Ditectif Jeff Evans sy 'ma. Mi wnes i alw acw'r diwrnod o'r blaen. Ydi hi'n gyfleus i siarad efo chi? Fyswn i ddim yn cysylltu'r adeg yma o'r nos heblaw ei fod o'n bwysig.'

'Arhoswch am funud, plis, i mi gael ffendio lle distaw,' meddai.

Disgwyliodd Jeff am funud llawn cyn iddi ailddechrau siarad. 'Sori – cael drinc efo ffrindia ydw i, ond dwi allan o'u clyw nhw rŵan.'

'Wel, dwi wedi bod yn poeni am yr hyn sy'n digwydd acw yn Aran Fawr. Nid Mr Humphreys ydi'r unig un sy'n debygol o ddioddef ar gownt y bobl diogelwch 'ma. Isio gwybod ydw i pryd mae'r dynion sy'n gwarchod y lle 'cw'n debygol o fod yn galw am eu harian.'

Atebodd Sally yn syth: 'Bore fory.'

'Ydach chi'n siŵr, Sally?'

'Fydd Mr Humphreys byth yn methu taliad ar ôl y miri 'na tro dwytha. Maen nhw'n galw fory, ond mae Mr Humphreys yn gorfod mynd â'i wraig i ysbyty ym Manceinion i weld ei chwaer ar yr un pryd, felly mae o wedi gofyn i mi wneud y taliad ar ei ran o.'

Gwenodd Jeff. 'Be ydi'r trefniant?'

'Mi roddodd o amlen wedi'i selio i mi yn hwyr pnawn 'ma, a deud wrtha i am ei rhoi hi yn sêff yr offis tan fory, ac y bysa rhywun yn galw amdani. Mi wn i'n iawn be sydd ynddi hi a phwy i'w disgwyl. Dwi wedi'u gweld nhw o'r blaen, fwy nag unwaith. Dynion sy ddigon i godi ofn arnoch chi.'

'Faint o'r gloch fyddan nhw'n galw?'

'Reit gynnar yn y bore fel arfer, rhwng naw a deg. 'Dach chi ddim yn mynd i ofyn i mi wneud dim byd, gobeithio?'

'Na dim byd, Sally. Gwnewch yn union fel mae Mr Humphreys wedi gofyn i chi wneud. Ond mi fydda i o gwmpas, er na fydd y dynion yn ymwybodol o hynny. Ond rŵan, ewch yn ôl i fwynhau eich hun, a dim gair am hyn wrth neb, os gwelwch yn dda.'

'Dim problem.'

Trodd Jeff yn ôl i gyfeiriad Meira. 'Wel, mi glywaist ti hynna, cariad. Gwely cynnar felly, ac mi fydda i'n cychwyn allan y peth cynta'n y bore. Sori, ond fedra i ddim mynd â'r plant i nofio unwaith eto wsnos yma.'

'Dwi'n dallt siŵr. Bydda'n ofalus.'

Am hanner awr wedi wyth y bore canlynol roedd Jeff yn disgwyl yn amyneddgar wrth ochr ei gar y tu ôl i res o garafanau ym mharc gwyliau Aran Fawr. Eisteddai ar gadair wersylla yn coginio bwyd ar farbeciw bychan, er mwyn rhoi'r argraff ei fod yn aros yno. Roedd yn ddigon pell o'r swyddfa i beidio tynnu sylw, a digon agos i ddefnyddio'r sbienddrych a'r camera oedd yn ei fag i gael golwg dda ar y casglwyr arian. Gwisgai bâr o shorts a chrys lliwgar, a chap pig glas tywyll gyda'r llythrennau NY ar y blaen. Rhywbeth roedd rhywun wedi'i adael yn y celloedd yng ngorsaf yr heddlu fisoedd lawer ynghynt oedd hwnnw – wedi'i olchi yn y cyfamser, wrth gwrs – os oedd raid iddo edrych fel ymwelydd, waeth iddo wneud ymdrech deg ddim. Wrth iddo aros i'r bwyd goginio, tynnodd y camera Nikon o'i fag a rhoi'r lens bwerus yn sownd ynddo.

Ychydig cyn naw, trwy'r sbienddrych, gwelodd Robat Humphreys a'i wraig yn dod allan o'r ffermdy, mynd i'r car a gyrru allan drwy'r brif giât. Funudau'n ddiweddarach cyrhaeddodd Sally mewn Nissan bach gwyn. Cyn iddi ddatgloi drws y swyddfa edrychodd y ferch o'i chwmpas yn fanwl. Gwenodd Jeff – mae'n rhaid mai chwilio amdano fo roedd hi.

Bu dipyn o fynd a dod yn ystod yr awr nesaf, ond dim o bwys. Yna, am ddeng munud wedi deg, gwelodd Jeff Ford Mondeo glas yn cael ei yrru'n bwyllog i lawr y dreif o gyfeiriad y ffordd fawr. Roedd dau ddyn ynddo. Rhoddodd Jeff y sbienddrych i lawr a chodi'r Nikon.

Pennod 39

Pwysodd Jeff ei fys yn ysgafn ar fotwm y Nikon a throdd lens bwerus y camera yn awtomatig i ffocysu. Stopiodd y Mondeo o flaen y swyddfa a dringodd dau ddyn mewn dillad tywyll allan ohono. Cliciodd y camera. Dyn gweddol ifanc oedd y gyrrwr, ychydig dros ugain oed, tybiodd Jeff. Safodd hwnnw y tu allan i ddrws yr adeilad gan edrych o'i gwmpas i bob cyfeiriad. Clic, clic. Y dyn a ddaeth allan o sedd y teithiwr oedd yr hynaf, yn ei dridegau cynnar efallai, ac roedd yn ddyn tal, cyhyrog yr olwg, ei ben wedi'i eillio ac yn gwisgo sbectol haul ddu i guddio'i lygaid. Clic, clic ... Gallai Jeff weld pam fod Sally'n eu hystyried yn fygythiol. Arhosodd yr ieuengaf o'r ddau tu allan i'r drws tra aeth y llall i mewn, yn cario bag dogfennau brown. Daeth allan ymhen hanner munud ar y mwyaf, yn cario'r un bag. Clic, clic, clic. Dringodd y ddau yn ôl i mewn i'r Mondeo a gyrru i gyfeiriad y ffordd fawr yn araf. Roedd gan Jeff rhwng dau a thri dwsin o luniau ohonynt erbyn hynny. Bendith yr oes ddigidol, meddyliodd. Taniodd injan ei gar a dechreuodd eu dilyn o bell. Gan ddefnyddio system awtomatig y car, deialodd rif ffôn symudol Sally.

'Dwi'n cymryd mai rheina oedden nhw?'

'Ia,' cadarnhaodd yr eneth. 'Mae'r amlen yn y cês brown 'na.'

'Dim gair wrth neb, Sally, cofiwch,' meddai Jeff cyn diffodd y ffôn.

Parhaodd i ddilyn y Mondeo'n ofalus. Gwyddai fod angen tri neu bedwar cerbyd, o leiaf, i ddilyn car yn effeithiol, ond doedd ganddo ddim amser i alw am gymorth. Gobeithiodd Jeff nad oedd y dynion yn cymryd mesurau i ddiogelu nad oeddynt yn cael eu dilyn – neu eu bod nhw'n rhy hyderus i ystyried y fath beth.

Nid oedd yn llawer o syndod i Jeff pan drodd y Mondeo i mewn i safle gwersylla Meysydd Tirion ychydig yn ddiweddarach. Penderfynodd ei ddilyn, ac yn ystod y munudau canlynol tynnodd nifer o luniau o'r ddau ddyn yn sgwrsio ag Idris Foulkes. Edrychai'r sgwrs fel petai'n un gyfeillgar a hamddenol, a gwelodd rywbeth a ymdebygai i arian parod yn newid dwylo a'i roi yn y cês lledr. Gobeithiai nad oedd Foulkes wedi sôn bod heddwas wedi galw ychydig ddyddiau ynghynt – byddai'n rhaid iddo fod yn fwy gofalus byth, rhag ofn. Er i'r Mondeo ymweld â thri pharc gwyliau arall ar ôl gadael Meysydd Tirion, penderfynodd Jeff beidio eu dilyn i mewn i'r safleoedd hynny – byddai'n ddigon hawdd gwneud ymholiadau ynddynt ryw dro eto. Ei fwriad heddiw oedd dysgu lle'r oedd casglwyr arian Gwarchod Cyf. yn mynd â'r arian, a cheisio gwneud cysylltiad cadarn rhwng y busnes hwnnw â'r digwyddiadau yn Adwy'r Nant. Edrychai hynny'n debygol, gan fod y Mondeo i weld yn anelu i gyfeiriad Glan Morfa. Pan drodd y Mondeo i mewn i barc gwyliau arall, penderfynodd Jeff gario ymlaen ar y ffordd fawr gan obeithio ailymuno â nhw ymhellach ymlaen. Roedd wedi bod yn ei ddilyn am gryn dipyn o filltiroedd erbyn hyn, ac roedd ei holl brofiad yn dweud wrtho y byddai parhau i wneud hynny'n ychwanegu at y risg o gael ei weld, er gwaethaf traffig y penwythnos.

Gwyddai fod maes parcio mawr ar ochr y ffordd ymhen

ychydig filltiroedd, un oedd yn perthyn i bentref gwyliau Hafan Deg lle'r oedd rhwng wyth a deng mil o bobl yn dod i aros bob wythnos. Byddai'r maes parcio hwnnw yn llawn o geir a phobl, ac yn lle campus iddo guddio i ddisgwyl i'r Mondeo ei gyrraedd a'i basio. Ei fwriad oedd ailddechrau dilyn y Mondeo pan ddigwyddai hynny. Parciodd Jeff ymysg y ceir eraill gan sicrhau fod ganddo olygfa o'r ffordd fawr i gyfeiriad y de. Hyd yn hyn roedd y Mondeo wedi galw mewn pum parc gwyliau ers iddo adael Meysydd Tirion: saith ymweliad i gyd. Petaent wedi casglu pum cant o bunnau ym mhob un, roedd tair mil a hanner mewn arian parod yn y car. Tybed beth oedd y cyfanswm wythnosol? Roedd amheuon Emyr Huws o'r *Daily Post* ynglŷn ag effaith y fenter anghyfreithlon ar economi diwydiant twristiaeth y Gogledd yn dechrau gwneud mwy o synnwyr nag erioed.

Tynnodd ei ffôn o'i boced i wneud ymholiadau ynglŷn â pherchnogaeth y Mondeo. Car wedi'i logi o Birmingham oedd o – doedd hynny'n ddim rhyfeddod. Yna, sylwodd ar gar arall cyfarwydd yn y maes parcio: car Emyr Huws. Doedd hwn ddim yn gyd-ddigwyddiad.

Camodd Jeff yn ddistaw tuag at ddrws gyrrwr car y newyddiadurwr a'i agor yn gyflym, gan dynnu'r dyn allan o'i sedd.

'Emyr, be ddiawl wyt ti'n wneud yn fama?'

'O, ty'd 'laen, Jeff. Mae gen inna waith i'w wneud hefyd, 'does? A chyfrifoldeb i'r cyhoedd yn union yr un peth â chdi.'

'Ond does gen ti ddim hawl i 'nilyn i o gwmpas. Atal gwaith yr heddlu ydi peth fel'na. Mi wnes i addo i ti y bysat ti'n cael y stori pan fydd yr amser yn iawn, ond na, doedd

266

hynny ddim digon da i ti.' Roedd llais Jeff yn codi. Ers faint wyt ti wedi bod yn fy nilyn i?'

Roedd yn rhaid i Emyr gyfaddef: 'Drwy'r dydd.'

Ni allai Jeff gredu'r peth. Roedd wedi cymryd cymaint o sylw o'r Mondeo a'r dynion oedd ynddo, nes ei fod wedi llwyr esgeuluso edrych ar ôl ei gefn ei hun. Teimlai'n siomedig, ond ei dymer enillodd y dydd. Gafaelodd yn frwnt yng ngholer y gohebydd a'i wthio'n ôl i'r car.

'Gwranda di, mistar,' meddai. 'Ti'n nes nag y buost ti erioed i gael dy arestio am atal gwaith yr heddlu. Mi wyt ti wedi peryglu'r holl ymchwiliad, heb sôn am dy roi dy hun – a finna hefyd – mewn perygl. Be welaist ti?'

'Dim ond chdi'n tynnu lluniau rhywun, dyna'r cwbwl,' atebodd Huws yn nerfus.

'Lluniau pwy?' cyfarthodd Jeff.

'Y bois yn y Mondeo. Wn i ddim mwy na hynny, wir rŵan. Ro'n i'n rhy bell i weld mwy.'

Estynnodd Jeff am gamera Emyr Huws a dechrau edrych ar ei gynnwys.

'Hei, chei di ddim gwneud hynna,' ebychodd Huws.

'Rhy hwyr, Emyr. Dwi wedi gwneud,' meddai, ar ôl dileu nifer o luniau a dynnwyd yn ystod y dydd. 'Dos o ma'r munud 'ma, a chofia di pa mor lwcus wyt ti, *Daily Post* neu beidio. Heblaw 'mod i'n brysur, yn y celloedd fysat ti am weddill y dydd.'

Nid oedd posib dweud pa un o'r ddau oedd wedi cynhyrfu fwyaf. Gwyliodd Jeff y newyddiadurwr yn gyrru o'r maes parcio.

Doedd dim rhaid i Jeff aros yn hir am y Mondeo, ond yn hytrach na phasio ar hyd y lôn fawr, arafodd y car cyn cyrraedd giatiau mawr Hafan Deg gyferbyn â'r maes parcio, a throi i mewn i'r safle. Stopiwyd y car wrth y giatiau gan swyddog diogelwch y cwmni, ond gadawyd i'r Mondeo yrru ymlaen yn syth, heb wrthwynebiad. Doedd Jeff ddim yn deall – roedd hwn yn anferth o bentref gwyliau mawr a oedd yn rhan o gwmni cenedlaethol. Doedd bosib fod rheolwyr Hafan Deg yn talu i Gwarchod Cyf. am eu gwasanaeth? Byddai'n rhaid iddo ymchwilio ymhellach, a hynny ar unwaith, felly gyrrodd yntau at y giatiau.

Gan fod Hafan Deg yn rhan o'i batshyn o, roedd Jeff yn gyfarwydd iawn â'r lle. Cododd ei law ar y swyddog diogelwch wrth nesáu at y giât, a gwnaeth yntau'r un fath wrth agor y giât iddo.

Teithiodd Jeff yn araf ar hyd lonydd llydan y parc, a chyn bo hir daeth ar draws y Mondeo wedi'i barcio tu allan i swyddfa'r prif reolwr. Parciodd hanner can llath oddi yno a disgwyl yn amyneddgar, ei gamera wrth ei ochr yn barod. Ymhen hanner awr ymddangosodd dynion y Mondeo yn nrws y swyddfa yng nghwmni'r rheolwr, gŵr yr oedd Jeff yn gyfarwydd iawn ag o. Roedd y cês brown yn saff yn llaw un o'r dynion. Clic, clic, clic. Cerddodd y tri yn hamddenol o gyfeiriad y swyddfa i un o dai bwyta'r pentref gwyliau gan sgwrsio wrth fynd, fel petai'r tri yn adnabod ei gilydd yn dda. Diflannodd y tri drwy'r drws. Rhoddodd Jeff ddeng munud dda iddyn nhw cyn cerdded heibio i'r bwyty ac edrych i mewn drwy'r ffenest. Roedd y tri yn gwledda efo'i gilydd. Pam fod Hafan Deg angen defnyddio Gwarchod Cyf. a chanddyn nhw nifer o swyddogion diogelwch eu hunain?

Penderfynodd Jeff fynd yn ôl i faes parcio Hafan Deg i aros am y Mondeo. Aeth dwyawr heibio, a dechreuodd bol llwglyd Jeff gnoi. Roedd hi'n hwyr yn y prynhawn cyn i'r Mondeo ddechrau teithio i gyfeiriad y gogledd unwaith eto.

Ymhen ychydig filltiroedd trodd y car i mewn i Adwy'r Nant a theimlodd Jeff, o'r diwedd, fod ei ymdrechion yn dwyn ffrwyth. Daliodd Jeff yn ôl unwaith eto, a gwelodd y Mondeo yn parcio wrth ochr y garafán a logwyd gan Tegid Powell.

'Bingo!' meddai Jeff yn falch. Roedd y cysylltiad wedi'i wneud. Y raced amddiffyn, y cyffuriau a Tegid Powell. Ond eto, ni wyddai pwy oedd y tu ôl i Gwarchod Cyf. na'r ymgyrch gyffuriau, nac ychwaith faint a wyddai Tegid am y cyfan.

Daeth dyn allan o'r garafán i gyfarfod dynion y Mondeo – dyn llawer hŷn na'r ddau arall, yn ei chwedegau cynnar, efallai, yn dal gyda gwallt hir cyrliog brith a locsyn llawn. Gwisgai siwt dywyll. Ai hwn oedd y pennaeth, tybed? Dechreuodd y Nikon glicio unwaith eto.

Ychydig yn gynharach y prynhawn Sul hwnnw, gwyliodd Gerallt Davies ei fab, Gwion, yn cydweithio â'i ffrind gorau i dynnu'r babell fach i lawr a'i phacio'n ofalus yn ei bag. Roedd y bechgyn eisoes wedi llwyddo i bacio'r babell fawr ymaith yn dwt, ac roedd Nerys wedi arolygu'r gwaith o bacio'r gêr i'w dau gar. Roedd penwythnos pen blwydd Gwion wedi bod yn un llwyddiannus, meddyliodd Gerallt. Doedd ganddo ddim syniad bod ei fyd ar fin cael ei chwalu.

Wrth dynnu lluniau, sylwodd Jeff fod yr hynaf o'r tri dyn o'i flaen, yr un a ddaeth allan o'r garafán, wedi troi ei sylw at deulu o ymwelwyr a oedd, yn ôl pob golwg, ar fin gadael Adwy'r Nant.

Gwelodd Jeff fod saith yn y grŵp i gyd: dwy ferch yn eu hugeiniau a dyn tua'r un oed â nhw, dau o fechgyn ifanc a chwpl hŷn. Roedd y ddynes hŷn yn ceisio stwffio bagiau ac offer gwersylla i BMW a VW Golf. Pam roedd dyn y garafán yn cymryd cymaint o ddiddordeb yn y teulu, tybed? Cododd Jeff ei gamera drachefn.

Pan ddaeth Frank Murtagh allan o'r garafán i gyfarfod y casglwyr arian, ni allai'r troseddwr caled o Birmingham gredu'r hyn a welai o'i flaen. Ar ôl yr holl flynyddoedd, ac ar ôl ei holl ymdrechion. Er bod Anita wedi heneiddio yn ystod y deng mlynedd ar hugain ers iddo'i gweld hi ddiwethaf, roedd yn sicr mai hi oedd hi. Doedd dim amheuaeth yn ei feddwl. Er bod y prynhawn Sul hwnnw'n un poeth, rhedodd ias oer i lawr ei gefn. Llifodd degawdau o gasineb a dialedd drwyddo. Dyma hi, y ddynes a'i bradychodd, yr un a oedd yn gyfrifol am iddo golli blynyddoedd gorau ei fywyd. Yr un oedd wedi dwyn ei gyfoeth a dwyn ei ddyfodol. Dyma hi, yn sefyll ugain llath yn unig oddi wrtho. Yn y fan hon, o bob man. Ond doedd Frank Murtagh ddim yn un am ruthro. Roedd y datblygiad hwn yn haeddu pwyll ac ystyriaeth ofalus cyn iddo benderfynu sut y byddai'n dial arni. Galwodd ar y ddau arall i mewn i'r garafán ar ei ôl.

Wedi i Jeff dynnu digon o luniau eisteddodd yn ôl i ystyried ei gam nesaf, ond yn sydyn gwnaethpwyd y penderfyniad drosto. Daeth y ddau y bu'n eu dilyn drwy'r dydd allan o'r garafán, dringo'n ôl i mewn i'r Mondeo a dechrau gyrru allan o Adwy'r Nant am y ffordd fawr. Penderfynodd eu dilyn unwaith eto. Roedd wedi llwyddo i wneud y cysylltiad rhwng Tegid a'r cwmni diogelwch, ond er hynny ni allai'r diafol ynddo anwybyddu'r cyfle i ddarganfod cam nesaf y ddau. Milwyr troed ar gyfer y dyn a ymddangosodd o'r garafán oedd y rhain, gwyddai hynny bellach, ond i ble roedden nhw'n mynd, tybed? Dilynodd hwy, ond y tro hwn cadwodd un llygad barcud ar y drych ôl. Doedd dim arwydd fod neb yn ei ddilyn ... dim hyd yn oed Emyr Huws.

Ymhen ugain milltir sylweddolodd Jeff fod y Mondeo yn dilyn y BMW a'r Golf a welodd yn gynharach yn Adwy'r Nant. Pam hynny? Ymhen hir a hwyr daeth y Mondeo i stop mewn llecyn braf yn edrych ar draws y Fenai ar gyrion Bangor, yn agos i dŷ moethus o'r enw Uwch y Fenai. Gwelodd fod y BMW a'r Golf wedi troi i mewn i ddreif y tŷ. Parciodd Jeff ganllath i ffwrdd a dechrau tynnu lluniau unwaith eto. Agorodd drws y Mondeo a chamodd yr hynaf o'r ddau gasglwr arian, y teithiwr, i gyfeiriad y dyn a oedd wedi bod yn gyrru'r BMW. Siaradodd y ddau am ychydig eiliadau cyn i'r casglwr arian ddychwelyd i'r Mondeo a gyrru yn ôl i gyfeiriad Adwy'r Nant. Penderfynodd Jeff beidio ei ddilyn. Byddai'n rhaid iddo gynllunio'i gam nesaf yn ofalus.

'Be oedd y boi 'na isio o flaen y tŷ gynna, Gerallt?' gofynnodd Nerys.

'Rhyw Wyddel oedd o,' atebodd ei gŵr, 'isio gwybod o'n i isio prynu llif gadwyn neu rwbath yn rhad oedd o. Ar y ffordd yn ôl i Iwerddon a ddim isio mynd â nhw adra efo fo, dyna ddeudodd o.'

'Wedi'u dwyn oeddan nhw, siŵr gen i,' atebodd Nerys.

'Synnwn i ddim.'

Pennod 40

Waeth sut roedd Jeff yn meddwl am y datblygiadau diweddaraf, roedd yn ei chael yn anodd dod â'r cysylltiadau ynghyd. Doedd dim dwywaith fod Emyr Huws wedi bod yn graff iawn, ond ni allai faddau iddo am ei ffolineb yn ymyrryd â'i ymchwiliad, gweithred a allai fod wedi difetha popeth. Ystyriodd ei ffonio i'w rybuddio unwaith yn rhagor, ond gobeithiodd ei fod wedi dysgu ei wers. Roedd dyn fel Emyr Huws yn well cyfaill na gelyn. Er bod y cysylltiad rhwng y cwmni diogelwch ac Adwy'r Nant wedi'i wneud, doedd ganddo ddim syniad pwy oedd y dyn barfog a ddaeth allan o'r garafán er ei fod yn sicr mai fo oedd yn rheoli Gwarchod Cyf. A beth am gysylltiad y cwmni hwnnw â'r cyffuriau yn y garafán ac ar gwch Goodwin? Roedd synnwyr yn dweud fod yr ymgyrch yn dreisgar ac yn eang, ac yn cael ei rheoli gan droseddwr caled a phrofiadol. Edrychai'n debyg mai'r dyn barfog oedd hwnnw. Daeth cwlwm i'w fol wrth iddo ystyried y cysylltiad pwysicaf, sef marwolaeth Morgan Powell. Lle yn union oedd Tegid yn sefyll yng nghanol y fath gymhlethdod? Syllodd Jeff ar y llun a dynnodd o'r dyn a ddaeth allan o'r garafán, a'i chwyddo gymaint ag y gallai ar sgrin y cyfrifiadur oedd o'i flaen yn y swyddfa. Syllodd ar y gwallt cyrliog hir a oedd wedi hen ddechrau gwynnu, a'r locsyn llawn a oedd ychydig tywyllach. Pwy oedd o, tybed? Penderfynodd yrru'r ddelwedd i holl heddluoedd Prydain gan obeithio y byddai rhywun yn ei adnabod.

Gwyddai y byddai'n angenrheidiol iddo gael cymorth nifer o'i gyd-weithwyr cyn hir. Roedd ei awydd i roi cymorth i Enid Powell wedi troi'n ymchwiliad mawr o fewn byr amser. Pan fyddai'n arestio a holi'r rhai oedd dan amheuaeth, byddai'n rhaid eu cyhuddo o fewn pedair awr ar hugain neu eu rhyddhau. Doedd o ddim eisiau cael ei orfodi i'w rhyddhau am nad oedd digon o dystiolaeth. Byddai angen nifer o ddatganiadau a thystiolaeth i gyhuddo arweinydd yr ymgyrch, ond gwyddai nad oedd unrhyw ymchwiliad i farwolaeth Morgan yn mynd i fod yn hawdd. Gwyddai hefyd ei bod yn rhy gynnar i feddwl am holi Tegid Powell eto.

Ystyriodd fynd i holi rheolwr Hafan Deg, ond gwyddai pa mor ofalus y byddai'n rhaid iddo droedio pe byddai'n penderfynu gwneud hynny. Roedd o'n gyfeillgar iawn â dau o filwyr troed Gwarchod Cyf. – pa mor gyfeillgar, tybed? Hwyrach y byddai'n achwyn wrthynt yn syth petai Jeff yn cysylltu â fo. Roedd yn bosib, ar y llaw arall, mai eu hofn nhw oedd y rheolwr. Efallai y byddai'n rhaid iddo gymryd y risg, ond gwyddai Jeff fod ganddo gerdyn bach i fyny ei lawes petai'n rhaid iddo ei ddefnyddio.

Mater arall oedd ceisio darganfod y cysylltiad rhwng y casglwyr arian a'r teulu o ochrau Bangor. Ond Hafan Deg amdani gyntaf, penderfynodd.

Wrth iddo godi o'i gadair, ymddangosodd pen Sarjant Rob Taylor rownd y drws. Ar ôl sicrhau fod Jeff ar ei ben ei hun, camodd i mewn i'r swyddfa a chau'r drws ar ei ôl.

'Fedra i ddim diolch digon i ti am be wnest ti'r noson o'r blaen, Jeff,' meddai, gan eistedd yn y gadair wag o flaen y ddesg. Dyma'r tro cyntaf i'r ddau gyfarfod oddi ar y noson honno. 'Mae'r darlun yn gliriach erbyn hyn, a dwi'n gobeithio fod Anthony wedi dysgu gwers werthfawr.'

'Mae pawb yn haeddu ail gyfle, Rob.'

'Mae o wedi dysgu mwy o lawer na'r disgwyl,' meddai Rob, gan wenu ar ei gyfaill.

'Ym mha ffordd?'

'Un ar y diawl wyt ti, Jeff. Pwy oedd y ddynes 'na gododd gymaint o ofn arno fo?'

Ni allai Jeff beidio â gwenu 'Dilys Hughes, yr un y bydda i'n ei galw'n Nansi'r Nos oedd honna, Rob. Dyna sut y gwnes i sicrhau y byddai cyffuriau ar y cwch y noson honno.'

'Dilys blydi Hughes. Dim rhyfedd bod yr hogyn ofn trwy'i din bob tro mae o'n mynd allan o'r tŷ.'

'Mi ddysgith hynna iddo fo beidio â chyboli efo merched hŷn na fo o hyn allan, Rob.'

Cyflwynodd Jeff ei hun yn swyddfa ysgrifenyddes prif reolwr Hafan Deg. Roedd o wedi bod yn ymwelydd cyson yno dros y blynyddoedd gan fod y pentref gwyliau yn gyfrifol am ei siâr o drafferthion.

'Ddrwg gen i alw heb drefnu,' meddai. 'Ydi Richard i mewn, os gwelwch yn dda, Rhian? Dwi angen ei weld o ar fyrder.'

'Dwi'n siŵr y bydd o'n ddigon balch o wneud amser i'ch gweld chi, Ditectif Sarjant Evans.'

Cododd y ffôn, ac ymhen llai na munud, daeth Richard Ellis o'i swyddfa yng nghwmni dyn a dynes a aeth allan drwy'r drws allanol ar ôl ffarwelio â'r rheolwr.

'Jeff, dewch i mewn. Be fedra i ei wneud i chi?'

'Ddrwg gen i os ydw i wedi torri ar draws eich cyfarfod chi,' ymddiheurodd Jeff.

'Ddim o gwbl. Ar fin gorffen oedden ni beth bynnag,' atebodd. 'Dau goffi, os gwelwch yn dda, Rhian,' gofynnodd i'r ysgrifenyddes. 'Du, heb siwgr os dwi'n cofio yn iawn, ia Jeff?'

Diolchodd yntau ac eisteddodd y ddau i lawr.

'Sut mae'r tymor yn mynd hyd yma?' gofynnodd Jeff.

'Eitha da wir, rhaid i mi ddweud. Mwy o ymwelwyr nag erioed, mwy o incwm, a dyna be mae cyfarwyddwyr a chyfrifwyr y cwmni 'ma'n hoff o'i weld. Felly fedra i ddim cwyno, ond ddaethoch chi ddim yma i holi am elw'r cwmni, siŵr gen i, Jeff?'

'Naddo wir. Mae 'na sefyllfa wedi codi yn y diwydiant twristiaeth yn ddiweddar, un sy'n fy mhoeni i braidd. Ro'n i'n meddwl mai parciau gwyliau bychain yn unig oedd yn cael eu heffeithio ... hynny ydi, tan ddoe.'

'O?'

Ar hynny, agorodd y drws a daeth Rhian â chwpanaid o goffi bob un iddynt. Disgwyliodd Jeff iddi adael cyn ymhelaethu.

'At raced amddiffyn dwi'n cyfeirio.'

Gwelodd fod Richard Ellis yn aflonyddu yn ei gadair a gwyddai Jeff ar ei union ei fod ar y trywydd iawn. 'Mae perchnogion safleoedd gwersylla a charafanio bychain, nifer ohonynt, yn fodlon talu symiau sylweddol o arian er mwyn atal trafferthion ar eu tir,' parhaodd. 'Mae difrod ofnadwy wedi cael ei wneud mewn sawl un o'r parciau.'

Nid atebodd Ellis. Doedd o ddim am ildio unrhyw wybodaeth ar chwarae bach.

Ochneidiodd Jeff. 'Be mae'r enw Gwarchod Cyf. yn ei olygu i chi, Richard?'

'Dim, hyd y medra i feddwl,' meddai, yn dal i wingo fel cynrhonyn.

Gwyddai Jeff y byddai'n rhaid iddo fod yn ofalus iawn.

Pa mor agos oedd Ellis i'r rhai oedd yn rhedeg y raced? Gallai unrhyw wybodaeth a ddatgelai Jeff gael ei drosglwyddo'n ôl yn syth i'r dyn oedd yn rhedeg y sioe.

'Ylwch, Richard, rydan ni'n nabod ein gilydd yn ddigon da bellach. Ro'n i yma ddoe pan oeddach chi yng nghwmni dau o'r dynion sydd ynghlwm â'r raced. Oes raid i mi ddeud mwy?' Gwelodd Jeff y chwys yn byrlymu ar hyd talcen Richard Ellis. Cadwodd y pwysau arno. 'Be gawsoch chi i ginio efo nhw?'

Llyncodd Richard Ellis ei boer ac ochneidiodd. 'Mae'n ddrwg gen i, Jeff. Dwi ddim isio rhwystro'ch ymholiadau chi, yn enwedig os ydi hyn yn effeithio ar fusnesau eraill tu allan i Hafan Deg. Ar ddiwedd y dydd, dwi'n rhedeg y ganolfan 'ma orau medra i, ac am y rheswm hwnnw dwi ddim yn fodlon deud mwy wrthach chi.'

Roedd Ellis yn amlwg ofn rhywun, ac yn gwybod pa mor frwnt y gallai fod, ond penderfynodd Jeff ddal i bwyso.

'Ydi'ch cyfarwyddwyr chi'n ymwybodol eich bod chi'n talu'n ychwanegol am ddiogelwch y safle?'

Cododd Richard Ellis ar ei draed, wedi gwylltio erbyn hyn. 'Does ganddoch chi ddim syniad be ydach chi'n ddelio efo fo. 'Dach chi allan o'ch dyfnder, coeliwch fi.'

'Gadewch i mi boeni am hynny, Richard, ond cofiwch 'mod i ar delerau da efo un neu ddau o'ch cyfarwyddwyr chi, ac mae'r drws yn agored i mi gysylltu efo nhw ryw dro.'

Eisteddodd Richard Ellis yn ôl yn ei gadair i chwilio am ateb addas.

'Dydi'r broblem ddim yn mynd i ddiflannu, Richard. Mae 'na fwy yn y fantol nag y medrwch chi ddychmygu. Pam na ddwedwch chi'r cwbl wrtha i, o'r dechrau?'

Ochneidiodd Ellis yn ddwfn cyn dechrau siarad. 'Mi

ddaeth dyn yma yn cynnig gwasanaethau ei gwmni i mi, i sicrhau diogelwch Hafan Deg – rhag trafferthion, medda fo. Mi gawson ni sgwrs dros goffi ond yn y diwedd mi ddeudis i wrtho y byddai'n rhaid i mi wrthod ei gynnig. Mi eglurais fod gen i swyddogion diogelwch fy hun – dau ddwsin o ddynion profiadol. Diolchodd am fy amser ac ysgwyd fy llaw wrth adael. Do'n i ddim yn disgwyl clywed ganddo wedi hynny. Ymhen yr wythnos mi oedd 'na goblyn o lanast yma. Cwffio diawledig, mwy nag y gwelis i erioed cynt. Poteli a gwydrau'n cael eu malu yn y bar. Pobl yn sgrechian ac yn rhedeg o 'ma. Rhoddwyd yr arcêd ar dân ac mi gostiodd hynny filoedd i ni. Doedd gan fy hogia diogelwch i ddim gobaith – roedd hi'n edrych yn debyg bod tua dau ddwsin o hogia ifanc wedi torri i mewn drwy'r ffens. Diflannodd y cwbl lot ohonyn nhw ar ôl gwneud coblyn o lanast ac anafu fy hogia diogelwch i.'

Yr un hen stori, dychmygodd Jeff. 'Pam na ddaru chi alw'r heddlu?'

'Mi oedd y cwbl drosodd cyn i ni droi rownd, a beth bynnag, mae'n bolisi gan y cwmni i beidio galw'r heddlu os nad oes rhaid, rhag styrbio'r ymwelwyr. Ac wedyn, y diwrnod canlynol, mi ddaeth yr un dyn yn ei ôl, yn f'annog i i ailystyried.'

'Ddaru chi feddwl mai fo oedd tu ôl i'r holl beth?'

'Do siŵr iawn. Mi ddeudis i wrtho lle i fynd ac y byddai fy nynion i'n barod amdano y tro nesa. A dyna pryd y gwnaeth o'r bygythiad, a dangos y lluniau mwya dychrynllyd i mi. Dyna wnaeth i mi newid fy meddwl, Jeff. Mi oedd yn rhaid i mi.'

Roedd dwylo Richard Ellis yn crynu wrth iddo gael ei atgoffa o'r digwyddiad.

'Mi oedd o'n awgrymu nad oedd mil o bunnau'r

wythnos yn ddim i fusnes fel hwn; pris bach i'w dalu am "fywyd dymunol, diogelwch a thawelwch" fel y deudodd o. Dyna pryd ddangosodd o'r lluniau i mi. Mi syllodd i fyw fy llygaid i, yn oer ac yn faleisus, a dangos llun o 'nghartref i mi. Mi o'n i wedi dychryn yn barod ond wedyn, mi ddangosodd luniau o Llinos, fy merch – lluniau ohoni'n dod allan o'r ysgol, yn disgwyl am y bws ysgol, ac yn cerdded ar ei phen ei hun ar hyd llwybr cyhoeddus distaw i gyfeiriad y tŷ 'cw. Yn y llun hwnnw, mi oedd 'na ddyn mewn du ychydig lathenni y tu ôl iddi. Allwch chi fentro sut o'n i'n teimlo, Jeff. Rargian, pymtheg oed ydi hi. Doedd gen i ddim dewis, nag oedd, ond cyflogi'i blydi cwmni fo.' Erbyn hyn, roedd Ellis yn ddagreuol.

'Mae'n wir ddrwg gen i, Richard,' meddai Jeff yn ddiffuant. 'Edrychwch ar y rhain, os gwelwch yn dda.'

Estynnodd Jeff ei ffôn o'i boced a dangos nifer o'r lluniau a dynnwyd y diwrnod cynt iddo. Adnabu Richard Ellis y dyn ddaeth i'w fygwth yn syth – y dyn a ddaeth allan o'r garafán yn Adwy'r Nant. Y dyn oedd yn talu cymaint o sylw i'r teulu o Fangor a oedd yn gadael yr un pryd. Roedd yn adnabod y ddau arall fu'n gyrru o gwmpas y parciau gwyliau yn y Mondeo hefyd.

'Ddaru o roi ei enw i chi?' gofynnodd Jeff.

'Naddo, dim ond gadael ei gerdyn. Dim ond enw'r cwmni oedd arno, a rhif ffôn.'

'Ydi o wedi gyrru mwy o luniau i chi ar ôl hynny?'

'Na, ond mae 'ngwraig yn mynd i nôl Llinos o'r ysgol bob dydd rŵan ... a dwi'n teimlo chydig yn fwy cyfforddus gan 'mod i'n talu'r arian iddyn nhw am eu gwarchodaeth.'

'Faint 'dach chi'n ei dalu?'

'Mil bob wythnos, fel y gofynnodd o. Arian parod. Piso

dryw bach yn y môr ydi hynny o'i gymharu â throsiant ariannol y lle 'ma, ac mae gen i hawl i awdurdodi symiau fel'na heb orfod adrodd yn ôl.'

'A chi dalodd am eu cinio nhw ddoe hefyd?'

'Ia, y ddau foi yna fydd yn galw bob tro. Chydig o yswiriant ychwanegol ydi'r bwyd, i'w cadw nhw'n hapus.' Oedodd am ennyd. 'Be wnewch chi rŵan, Jeff? Peidiwch â gwneud dim fydd yn peryglu Llinos, dwi'n erfyn arnoch chi.'

'Fyswn i byth yn gwneud hynny, Richard. Dwi am i chi ymddwyn fel petaen ni heb gael y sgwrs yma. Ac os oes raid, gwnewch daliad eto'r wythnos nesaf. Gadewch iddyn nhw feddwl fod popeth yn union fel y dylai fod. Ella y bydd petha wedi symud ymlaen erbyn hynny, ond dim gair wrth neb 'mod i wedi galw, plis.'

Cytunodd Richard Ellis.

Ystyriodd Jeff yr wybodaeth ar ei ffordd yn ôl i'w swyddfa y prynhawn hwnnw. Yn amlwg roedd yn delio â dyn peryglus iawn, pwy bynnag oedd o. Ymosodiadau ar eiddo, mynnu arian dan bwysau, blacmel seicolegol, gwerthu cyffuriau – edrychai'n debyg ei fod yn fodlon gwneud unrhyw beth am arian. Oedd hynny'n cynnwys cael gwared â Morgan Powell, tybed, petai'r hen ddyn yn rhwystr iddo?

Ar y ffordd adref gwnaeth Jeff alwad ffôn.

'Gwranda Nansi, dwi isio diolch i ti am yr hyn wnest ti i'n harwain ni at y cyffuriau caled 'na. Mae'n edrych yn debyg mai'r un criw oedd yn gyfrifol am hudo Wayne, hogyn dy chwaer. Mi fyswn i'n licio iddo fo edrych ar un neu ddau o luniau pan fydd hi'n gyfleus, yn y gobaith y medrwn ni ddysgu mwy amdanyn nhw.'

'Mae Wayne a'i fam yma rŵan – ty'd draw.'

'Mi fydda i acw ymhen pum munud.'

'Ac mi gei di ddiolch i minna tra wyt ti wrthi ... ryw dro leci di.'

Roedd Nansi'n disgwyl yn y drws pan gyrhaeddodd Jeff, ac am unwaith roedd hi'n edrych yn reit normal. Efallai nad oedd hi wedi bod ar y botel heddiw.

'Wel, Wayne, wyt ti wedi cadw allan o drwbwl ers ein sgwrs fach ni?'

'Ydw, Sarjant Evans. Wna i byth fynd yn agos atyn nhw eto. Pryd ga i ddechra defnyddio'r beic eto?' roedd yn amlwg beth oedd blaenoriaeth y llanc.

'Well i ti ddisgwyl tan wsnos nesa, ond dwi isio i ti edrych ar dipyn o luniau i mi rŵan, i weld fedri di adnabod y boi roddodd y beic a'r cyffuriau i ti.'

Dangosodd Jeff nifer o luniau iddo ar ei gamera.

'Hwnna ydi o,' meddai Wayne yn gyffrous, gan bwyntio at yr ieuengaf o'r ddau gasglwr arian – gyrrwr y Mondeo. 'Saff i chi, fo ydi o.'

'Be am y gweddill?'

'Na, dim ond un welais i, yr un boi bob tro, er bod 'na ddynes efo fo yn y garafán un tro.'

Symudodd bys Jeff ar hyd y sgrin nes iddo ddod o hyn i luniau'r merched a arestiwyd ar fwrdd y *Wet Dream*. Adnabu Wayne y llun o Gloria ar ei union.

'Dyna hi, honna oedd yn y garafán.'

Ar ôl i'w chwaer a'i nai fynd, dechreuodd Nansi ar ei thriciau arferol.

'Wel, yr hync o dditectif, sut wyt ti'n meddwl diolch i mi?'

Gwenodd Jeff arni. 'Yn yr un ffordd ag arfer,' atebodd, a rhoddodd hanner canpunt yng nghledr ei llaw.

''Sa'n well gen i lond llaw o dy gnawd di, Jeff, i weld sut wyt ti'n cymharu â Tony Taylor.' Ni allai Jeff beidio â chwerthin. 'Os nag wyt ti isio chydig o hwyl efo fi, Jeff, deud ti wrtho fo am ddod yma i 'ngweld i ryw dro.'

'Rwyt ti'n werth y byd, Nansi bach. Werth y byd.'

Erbyn hyn, gwyddai Jeff ei bod hi'n amser rhoi tîm o dditectifs at ei gilydd er mwyn casglu cymaint o dystiolaeth â phosib, a hynny ar frys.

Pennod 41

Doedd Frank Murtagh ddim yn un am wastraffu amser, yn enwedig a chymaint yn y fantol. Roedd wedi disgwyl blynyddoedd am y pleser o gael dial ar Anita. A dyma'r cyfle wedi ymddangos o'r diwedd, yn hollol annisgwyl. Roedd yn mynd i fwynhau'r broses o gynllunio sut i ddelio â hi, ond roedd eisoes wedi penderfynu y byddai'n gwneud iddi ddioddef cyn iddo'i lladd. Dioddef wrth weld ei theulu bach yn cael ei dynnu'n griau.

Wedi iddo ddysgu lle'r oedd hi'n byw, gyrrodd ei ddynion yn eu holau i wylio'i thŷ moethus ar lan y Fenai. Roedd o angen gwybod cymaint â phosib am weddill y teulu. Pwy oedd y dyn a'r ddynes feichiog yn y VW Golf, y ferch arall a'r bechgyn ifanc? Roedd yn cymryd yn ganiataol mai ei gŵr oedd y dyn hŷn.

Yn hwyr y noson honno, dychwelodd y ddau ddyn gyda mwy o wybodaeth. Edrychai'n debygol mai Anita a'i gŵr oedd yn byw yn Uwch y Fenai efo'u mab. Cyfaill iddo oedd y llall, a adawodd am ei gartref ei hun ychydig ar ôl i'r teulu gyrraedd yn ôl o Adwy'r Nant. Roedd y ferch feichiog a'i gŵr yn byw bedair milltir i ffwrdd yn y Felinheli, a'r ferch arall mewn fflat ym Mangor.

Am saith o'r gloch fore trannoeth, bore Llun, roedd Frank yn ei guddfan nid nepell o Uwch y Fenai yn disgwyl i breswylwyr y tŷ ddeffro. Ychydig wedi wyth gwelodd y gŵr a'r mab yn gadael yn y BMW ac Anita yn ffarwelio â nhw yn nrws y tŷ. Penderfynodd eu dilyn. Parciodd y gŵr ei gar mewn llecyn a oedd wedi'i glustnodi ar gyfer y cyfarwyddwyr ym maes parcio cwmni o adeiladwyr o'r enw Copa Cyf. Roedd gan y gŵr job dda, tybiodd Frank. Daeth y bachgen allan o'r car, ac wedi cael gair sydyn efo'i dad, brasgamodd i ffwrdd yn cario bag ysgol ar ei gefn. Penderfynodd Frank ddilyn y mab, ac ymhen ugain munud roedd o wedi cyrraedd ysgol gyfun fawr. Roedd hi'n tynnu am chwarter wedi naw pan gyrhaeddodd yn ôl i gyffiniau Uwch y Fenai.

Safodd yn ddigon pell i ffwrdd er mwyn cael golwg iawn ar y tŷ. Adeilad moethus mewn man egsgliwsif, nododd Frank. Roedd drws y garej yn agored a gwelodd BMW arall ynddo – Z3 Sport oedd hwn. Digon o arian yn y fan hon felly. Yna gwelodd Anita yn nrws y garej. Wrth iddo syllu arni o bell cofiodd pa mor dlws oedd hi pan fu iddo'i gweld hi gyntaf yn y Shamrock. Cofiodd yr hwyl, y rhyw, y cyffro ac yna'r bradychiad.

Aeth Anita i mewn i'r garej, ac mewn chwinciad gyrrodd y car allan. Caeodd ddrws awtomatig y garej ar ei hôl a gyrrodd drwy giatiau'r tŷ i gyfeiriad canol y ddinas. Doedd dim pwynt ei dilyn – gan nad oedd neb arall i'w weld yn y tŷ, gwell fyddai iddo fachu ar y cyfle i fusnesa. Cerddodd o amgylch y tŷ i'r ardd fawr yn y cefn, a'r lawnt yn disgyn yn araf i gyfeiriad y Fenai. Edmygodd yr olygfa, ond daeth y profiad â rhyw gryndod bwystfilaidd a chenfigennus drosto.

Pan gyrhaeddodd yn ôl i ffrynt y tŷ, roedd fan bost yn y giât a phostman yn cerdded i'w gyfeiriad yn cario nifer o lythyrau. Aeth Frank tuag ato'n hyderus.

'Bore braf,' meddai gan wenu. 'Mi gymera i'r rheina ganddoch chi os liciwch chi. Perthynas ydw i.'

'Addo glaw yn nes ymlaen,' atebodd y postman, a rhoi'r llythyrau yn nwylo Frank.

Diolchodd Frank iddo a throi yn ôl i gyfeiriad y tŷ.

Edrychodd ar yr amlenni, a'r enwau arnyn nhw. Mr a Mrs G Davies, Mr Gerallt Davies a dau gatalog dillad wedi'u cyfeirio at Mrs Nerys Davies. Roedd catalog offer gwersylla yn enw Gwion Davies. Roedd wedi dysgu llawer mwy na'r disgwyl. Rhoddodd y llythyrau trwy'r blwch postio yn y drws ffrynt cyn gadael. Dyna roedd hi'n galw ei hun y dyddiau yma, felly: Nerys.

Roedd hi'n fore distaw a neb o gwmpas. Cerddodd i lawr y ffordd a chnocio ar ddrws y tŷ drws nesaf ond un i Uwch y Fenai. Dynes oedrannus ddaeth i'r drws, a gwenodd Frank arni'n glên.

'Ddrwg gen i'ch poeni chi. Mi wnes i gyfarfod â phobl sy'n byw yn yr ardal 'ma ar wyliau y llynedd – Gareth ac Ann Owen. Dwi yn yr ardal yn annisgwyl, ac ro'n i'n meddwl y byswn i'n cysylltu efo nhw os fedra i ddod o hyd iddyn nhw. Wyddoch chi lle maen nhw'n byw?'

Meddyliodd y wraig am rai eiliadau. 'Na, tydi'r enwau ddim yn canu cloch, rhaid mi ddeud.'

'Ro'n i'n meddwl mai "Menai" rwbath oedd enw'r tŷ.'

'Mae 'na dŷ o'r enw Uwch y Fenai drws nesa ond un, ond pobl o'r enw Davies sy'n byw yn fanno.'

'Efallai mai yn y fan honno roedd Gareth ac Ann yn byw flwyddyn dwytha.'

'Nage wir, mae Gerallt a Nerys Davies wedi bod yn byw yno ers ymhell dros bum mlynedd ar hugain.'

'O, wel, diolch i chi beth bynnag.'

Trodd Frank ar ei sawdl, a gyrru ymaith. Tŷ moethus, drud, wedi'i brynu chwarter canrif ynghynt. O ble daeth yr arian i dalu amdano, tybed? Rhedodd casineb pur trwyddo.

Yng Ngwesty Glyndŵr yn ddiweddarach y diwrnod hwnnw, cafodd Frank a'i ddynion gyfle i drafod yr hyn a ddysgwyd yn ystod y dydd. Sut oedd achosi'r mwyaf o loes i Anita? Dyna'r cwestiwn pwysicaf. A faint o sioc, tybed, gâi ei theulu bach tlws o ddysgu am ei gorffennol treisiol? Ystyriodd Frank herwgipio'r ferch oedd yn gweithio i'r gwasanaethau cymdeithasol. Na, mi fyddai hynny'n eu cymell i alw'r heddlu. Beth am y ferch feichiog? Efallai y byddai honno'n gwneud targed addas. Gawn ni weld, myfyriodd. Y gŵr? Efallai ddim. Beth am y mab pymtheg oed, Gwion? Syniad gwell. Roedd dynion Frank wedi hen arfer â throi bechgyn fel fo rownd eu bys bach a'u defnyddio i werthu cyffuriau ar hyd a lled gogledd Cymru. Efallai y byddai'r cyffuriau yn cael gafael arno – byddai hynny'n sicr yn peri loes i'w fam. Cynllun gwerth chweil.

Am ugain munud wedi wyth y bore canlynol ffarweliodd Gwion â'i dad ym maes parcio'r swyddfa fel y gwnâi bob bore, a brasgamodd yn frwdfrydig i gyfeiriad yr ysgol. Wythnos oedd tan wyliau'r haf, meddyliodd, wedyn gallai fynd i wersylla yn ei babell newydd.

Wrth iddo gerdded ar hyd ochr y ffordd fawr sylwodd y bachgen fod fan Transit wen wedi'i pharcio o'i flaen. Fel yr oedd o'n nesáu ati, agorwyd drws ochr y teithiwr a'i gau yn glep yn syth. Gwelodd Gwion becyn tua maint A4 yn disgyn allan o'r fan cyn iddi ruo ymaith. Chwifiodd Gwion ei freichiau i geisio tynnu sylw pwy bynnag oedd yn y fan, ond yn ofer. Cododd y pecyn ac edrych arno, ac i'w syndod gwelodd ei fod wedi'i gyfeirio at Samuel Deiniol Tomos.

Dyna gyd-ddigwyddiad, meddyliodd. Ei gyfaill, Sam, oedd hwn. Byddai'n ei weld yn yr ysgol ymhen chydig funudau. Rhoddodd y pecyn yn ei fag a cherddodd yn ei flaen gyda'r bwriad o'i roi iddo, er nad oedd ganddo syniad pwy a'i gollyngodd o'r fan wen. Cerddodd yn ei flaen, ond cyn cyrraedd yr ysgol neidiodd dau ddyn yn gwisgo siwtiau tywyll allan o gar a stopiodd wrth ei ochr. Roedd un yn hŷn na'r llall, gyda gwallt hir, cyrliog a barf.

'Heddlu – Sgwad Cyffuriau,' meddai'r dyn ieuengaf. 'Aros lle wyt ti.' Rhewodd Gwion. 'Be sy gen ti yn y bag 'na?'

'Gwaith ysgol,' atebodd y bachgen. Yng nghanol y cyffro, roedd wedi anghofio popeth am y pecyn.

'Gad i mi weld.'

Tynnodd Gwion y bag oddi ar ei ysgwydd a'i roi i'r dyn. Edrychodd hwnnw trwyddo.

'O? Gwaith ysgol? Be 'di hwn 'ta?' Tynnodd y pecyn allan.

'Wn i ddim, wir, syr. Newydd ei godi oddi ar y lôn ychydig funudau'n ôl ydw i.'

'Gwranda di rŵan, taswn i'n cael punt am bob tro dwi wedi clywed y stori yna, mi fyswn i'n ddyn cyfoethog. I mewn i'r car. Rŵan!' gorchmynnodd.

Ufuddhaodd Gwion, ac eisteddodd y dyn wrth ei ochr yng nghefn y car. Roedd ei nerfau'n rhacs. Nid oedd erioed wedi siarad â phlismon, heb sôn am dditectif, o'r blaen, a dyma fo, yng nghefn un o geir yr heddlu.

Agorwyd y pecyn a gwelodd Gwion fod amryw o becynnau llai ynddo. Pecynnau plastig oedd y rhain, pob un yn cynnwys rhyw fath o bowdwr gwyn.

'Cyffuriau,' meddai'r dyn wrth ei ochr. 'Tri deg pecyn o gocên.'

'Ond... tydi hyn ddim byd i wneud efo fi,' mynnodd

Gwion. 'Dwi'n deud y gwir, newydd ffeindio'r pecyn ydw i. Disgyn allan o fan wen ddaru o, ac mae enw Sam, fy ffrind, arno fo. Ylwch.' Ni allai ddeall pam roedd enw Sam arno.

'Dyna maen nhw i gyd yn ddeud, boi. Wyddost ti fod 'na ddigon o gyffuriau yn fama i dy gyhuddo di o ddelio? Carchar gei di. Oes gen ti ffôn lôn?'

'Oes,' atebodd Gwion.

'Rho fo i mi, rŵan.'

Gwnaeth Gwion hynny. Roedd yn teimlo'n sâl, fel petai ar fin cyfogi. Carchar? A hynny dim ond ychydig ddyddiau ar ôl dathlu ei ben blwydd yn bymtheg? Fyddai unrhyw un yn credu ei fod yn gwbl ddieuog?

Trodd y plismon hŷn, oedd yn eistedd yn sedd y gyrrwr, ato. 'Gwranda,' meddai. 'Mae'r awdurdod gen i i sicrhau na fyddi di'n cael dy gyhuddo. Mi wnawn ni ddêl efo chdi, ac os wnei di dy ran, mi fydd bob dim yn iawn. Dallt?'

'Ydw, syr. Mi wna i rwbath,' cytunodd Gwion yn syth.

'Isio dal y rhai sy'n ei werthu o ar hyd y strydoedd ydan ni. Dwi isio i ti fynd â rhai o'r pecynnau yma i ddyn fydd yn disgwyl amdanat ti i lawr yn y dre. Dwi isio i ti roi'r cyffuriau iddo fo, ac wedi i ti wneud hynny, ty'd yn ôl i'r car 'ma. Mi wnaiff ein bois ni mewn iwnifform fynd i'r afael â fo wedyn.'

'Ond mae'n rhaid i mi fynd i'r ysgol,' mynnodd y bachgen.

'Dim heddiw. Ond paid â phoeni. Mi ga' i air efo nhw yn yr ysgol i adael iddyn nhw wybod dy fod ti'n ein helpu ni. Na, gan mai gweithio'n gudd i'r heddlu wyt ti, mi ddeudwn ni wrthyn nhw dy fod ti'n sâl. Be ydi trefniant yr ysgol ar gyfer petha felly?'

'Mam fydd yn gyrru e-bost pan fydda i'n sâl.'

'Fedri di yrru neges o gyfrif e-bost y teulu oddi ar dy ffôn?'

'Medraf, syr.'

Gyrrwyd y neges i'r ysgol yn enw Nerys Davies. Erbyn hyn roedd Gwion yn crynu fel deilen.

Hanner awr yn ddiweddarach roedd Gwion yn cael ei ollwng allan o'r car er mwyn trosglwyddo'r cyffuriau i ddyn ifanc blêr yr olwg a oedd yn sefyll wrth ymyl y cloc yn stryd fawr Bangor. Rhoddodd y pecyn yn nwylo'r dyn, a rhoddodd hwnnw amlen i Gwion cyn diflannu'n gyflym. Dychwelodd Gwion i'r car.

'Mi roddodd o hwn i mi,' meddai, gan ddal yr amlen allan i'r dyn barfog. Agorodd hwnnw hi a thynnu ohoni fwndel mawr o arian papur – dau neu dri chan punt o leiaf. Lledodd llygaid Gwion.

'Da iawn,' meddai'r hynaf. 'Yr un peth eto rŵan.'

Aethpwyd â Gwion i Gaernarfon i wneud yr un peth yn y fan honno, ar y maes ger cerflun Lloyd George. Ar ôl hynny, gyrrwyd ef i Langefni lle'r oedd dyn yn disgwyl amdano ym mhen draw'r maes parcio a arweiniai i goedwig Nant y Pandy. Wedi iddo dderbyn yr arian, rhoddodd Gwion y tâl i yrrwr y car a datgan ei fod wedi cael digon. Cerddodd oddi wrth y car, ond gyrrodd y dynion ar ei ôl. Camodd yr ieuengaf allan.

'I mewn,' gorchmynnodd, gan afael yn ei fraich yn giaidd a'i wthio i'r sedd gefn.

Dechreuodd Gwion wylo. 'Nid plismyn ydach chi,' llefodd. 'Chi ydi'r dîlars go iawn a 'dach chi wedi 'nhwyllo i.'

'Ti'n iawn,' meddai'r hynaf o'r ddau. 'Ac mi wyt titha'n un ohonon ni erbyn hyn. Edrycha ar hwn.' Cododd gamera oddi ar lawr y car a dangos nifer o luniau iddo ar y sgrin fach. Roedd dwsinau o luniau, pob un wedi'i dynnu yn ystod y dydd. Lluniau ohono'n rhannu cyffuriau ym Mangor, Caernarfon a Llangefni, ac yn derbyn arian yn gyfnewid bob tro. 'Mae gen i waith ar dy gyfer di, lot o waith drwy wyliau'r haf. Mae 'na ddyfodol i ti yn y swydd yma, Gwion bach.'

Sut oedd hwn yn gwybod ei enw?

'Mi fyddi di'n rhannu fy nghyffuriau i drwy'r haf ac yn cael tâl da am wneud,' parhaodd, gan roi hanner canpunt ym mhoced ei grys ysgol. 'Ac fel trît bach, mi gei di beth ohono i'w ddefnyddio dy hun.'

'Na. Dwi ddim isio,' meddai Gwion, â dagrau'n rhedeg i lawr ei fochau.

'Ond mi wnei di,' atebodd y dyn. 'Os na wnei di, mi fydd 'na rwbath ofnadwy'n digwydd i dy chwiorydd di, ac i'r babi bach 'na sydd ym mol Sioned.'

'Ond mae Mam yn siŵr o ffeindio allan!'

'Mi welwn ni chdi bore fory ar y ffordd i'r ysgol, wedi i dy dad dy ollwng di yn ei waith fel arfer. Ac os na fyddi di yno, ti'n gwybod yn iawn be ddigwyddith i dy chwiorydd di. Ac arnat ti fydd y bai am hynny.'

Am bedwar o'r gloch, dringodd Gwion o'r car nid nepell o'r ysgol.

Toc wedi hanner awr wedi deg y noson honno roedd Gerallt a Nerys yn eistedd o flaen y teledu, yn gwylio diwedd prif raglen newyddion y dydd.

'Mi oedd Gwion yn ymddwyn chydig yn rhyfedd heno, ti'm yn meddwl?' gofynnodd Nerys i'w gŵr.

'Fel'na o'n innau wrth ddisgwyl am ganlyniadau arholiadau hefyd. Mi fydd o'n iawn wedi'u cael nhw 'sti,' atebodd Gerallt.

Pennod 42

'Chysgodd Gwion fawr ddim y noson honno. Ceisiodd dwyllo ei hun mai breuddwyd oedd y cwbl, a deffrodd o'i gwsg ysgafn, prin yn chwys drosto. Y bore canlynol roedd yn teimlo'n sâl, ac roedd yn gas ganddo ddychmygu beth oedd o'i flaen. Roedd wedi clywed am fechgyn ifanc yn cael eu hudo i werthu cyffuriau ar gyfer pobl eraill, gan fod straeon felly ar y newyddion ac yn y papurau newydd yn gyson. Cafodd gwers gyfan yn yr ysgol ei neilltuo er mwyn trafod y broblem, a dyma fo wedi'i ddal yn y trap. Ond pa ddewis oedd ganddo? Roedd y dynion wedi ei gornelu, wedi'i dwyllo ac yna'i fygwth i barhau i ddelio ar eu rhan. Doedd ganddo ddim amheuaeth y byddai eu bygythiadau yn erbyn ei deulu clòs yn cael eu gwireddu os na fyddai'n ufuddhau.

Edrychodd ar yr hanner canpunt roddwyd ym mhoced ei grys. Oedd ei dderbyn – neu, yn hytrach, peidio â'i wrthod – yn ei wneud o'n rhan o'u hymgyrch afiach nhw i rannu eu sothach? Mi wnâi unrhyw beth i atal niwed i'w chwiorydd – parhau i ddelio petai raid. Ond beth os fyddai'r heddlu go iawn yn darganfod ei fod yn rhan o'r ymgyrch? Efallai ei fod yn rhy ifanc i gael ei yrru i'r carchar, ond beth am yr effaith ar ei deulu, a'r cywilydd? Doedden nhw ddim yn haeddu hynny.

Clywodd lais ei fam yn galw arno o'r gegin, a llusgodd ei hun i lawr y grisiau.

'Wyt ti wedi molchi bore 'ma, Gwion? Mae 'na olwg flêr arnat ti.'

'Do.'

'Brysia, bwyta dy frecwast neu mi fyddi di'n hwyr. Ma' dy dad yn disgwyl amdanat ti ers meitin.'

'Dwi'm isio bwyd.'

'Gwion, wyt ti'n sâl?' Edrychodd ei fam arno mewn penbleth.

'Na, dwi'n iawn, Mam.' Cofleidiodd hi'n dynn gan droi ei ben oddi wrthi er mwyn cuddio'i ymdrech i ddal ei ddagrau'n ôl.

Safodd Nerys yn nrws y tŷ yn ôl ei harfer i ffarwelio â'r ddau, ond doedd y wên arferol ddim ar ei hwyneb.

Ddeng munud wedi i'w dad ei ollwng ym maes parcio ei waith, stopiodd y car wrth ochr Gwion. Agorwyd ffenestr ochr y teithiwr.

'I mewn,' gorchymynnodd Frank Murtagh. 'I'r cefn.'

Cododd y cyfog yn ei wddf.

Gwyddai Gwion beth i'w ddisgwyl heddiw. Aethpwyd â fo dros y Fenai i rannu mwy o gyffuriau yng Nghaergybi, Amlwch, Benllech a Llanfairpwll, yn ogystal â pharciau gwyliau ar hyd a lled yr ynys. Ychydig wedi tri o'r gloch y prynhawn, stopiodd y car tua hanner milltir oddi wrth ysgol Gwion.

'Plis peidiwch â 'ngorfodi fi i wneud hyn eto fory,' plediodd. 'Mae Mam yn amau bod rwbath o'i le yn barod, ac ma' hi'n siŵr o ffeindio allan.'

'Cofia be ddeudis i ddoe, Gwion. Dwyt ti ddim isio bod yn gyfrifol am unrhyw niwed i dy deulu, nagwyt? Ond os bydd dy fam yn dod i wybod am ein trefniant bach ni, rho hwn iddi.'

Gwthiodd Frank rywbeth i'w law, a'i chau yn dynn amdano. Agorodd Gwion ei ddwrn, ac yng nghledr ei law gwelodd gof bach cyfrifiadur.

'Cadw di hwnna'n saff rŵan, Gwion. A phaid â'i ddangos o iddi heblaw ei bod hi'n dod yn ymwybodol o'r hyn rwyt ti'n ei wneud i ni. Mi wela i di fory yn yr un lle.'

Ni fu Gwion mor falch o gael gadael unlle yn ei fywyd. Disgwyliodd am dipyn cyn mynd adref, a chyrhaeddodd yno tua'r un amser ag arfer. Synnodd pan welodd ei fam yn disgwyl amdano yn y drws a golwg flin arni.

'Lle ti 'di bod?' gofynnodd Nerys.

'Yr ysgol.'

'Nag wyt ti wir. Dim heddiw na ddoe. Mi ffoniodd yr ysgol chydig funudau'n ôl i ofyn i ni wneud yn siŵr fod y llyfrau gest ti eu benthyg yn cael eu dychwelyd cyn diwedd yr wythnos. Sut wyt ti'n meddwl ro'n i'n teimlo pan glywis i fod e-bost ffug wedi cael ei yrru yn f'enw i, yn deud dy fod ti'n sâl? Ro'n i ar fin galw'r heddlu.'

Teimlodd Gwion ei stumog yn troi.

'Ty'd i mewn i'r tŷ 'ma rŵan. Mae gen ti waith esbonio.'

Ni welodd Gwion ei fam wedi gwylltio cymaint erioed, ac ni wyddai ble i droi. Beth allai o ddweud wrthi? Diogelwch ei deulu oedd y peth pwysicaf iddo. Roedd y dynion yn y car yn gwybod cymaint amdanyn nhw i gyd.

Eisteddodd Gwion i lawr yn y lolfa a safodd Nerys o'i flaen, yn barod i'w holi. 'Yli, Gwion. Dwi isio'r gwir. Lle fuost ti ddoe a heddiw?'

Nid atebodd Gwion. Ni allai edrych i'w hwyneb. Dyma'r tro cyntaf iddo deimlo fel hyn ym mhresenoldeb ei fam.

'Ro'n i'n amau bod rwbath o'i le neithiwr, ac wedyn y

bore 'ma. Be sy'n mynd ymlaen, Gwion? Oes rhaid i mi alw dy dad o'i waith yn gynnar er mwyn cael ateb gen ti?'

Dechreuodd Gwion wylo. Rhoddodd ei ben yn ei ddwylo a gadael i'w emosiynau lifo drosto. Aeth munud neu ddau heibio, a phopeth arall yn ddistaw heblaw am dician y cloc mawr yn y cyntedd. Eisteddodd Nerys wrth ochr ei mab. Roedd ei llais yn dyner y tro hwn.

'Ty'd rŵan, 'ngwas ni.' Rhoddodd ei braich o amgylch ei ysgwyddau. 'Welis i mohonat ti fel hyn o'r blaen. Deud wrth dy fam be sy'n dy boeni di. Beth bynnag sy'n bod, cofia 'mod i a dy dad yn dy garu di.'

Cododd Gwion ei ben. Roedd ei lygaid a'i fochau'n goch. 'Gwneud wnes i am ei bod nhw wedi bygwth brifo Sioned a Cerys, a chitha hefyd.'

'Gwneud be?'

'Dwi 'di bod yn rhannu cyffuriau i bobl.'

'Rwyt ti wedi be?' ebychodd Nerys yn syn.

'Nhw orfododd fi i wneud, Mam. A deud y bysan nhw'n eich brifo chi i gyd os na fyswn i'n ufuddhau.'

'Pwy ydyn nhw, Gwion?'

''Sgin i ddim syniad. Dau ddyn. Jyst troi i fyny ddaru nhw pan o'n i ar y ffordd i'r ysgol ddoe. Gafael yndda i a 'ngorfodi fi i fynd i mewn i'w car nhw. Smalio mai plismyn oedden nhw i ddechrau.'

Ni wyddai Nerys ble i droi. 'Yn lle a phryd wyt ti wedi bod yn rhannu'r cyffuriau?' gofynnodd, ei hwyneb yn dadlennu'r pryder a deimlai.

'Bob man, ddoe a heddiw. Bangor, Caernarfon ac ar draws Sir Fôn. Ylwch be maen nhw'n ei roi i mi am wneud.' Tynnodd yr hanner canpunt o'i boced a'i luchio ar y llawr o'i flaen. Disgynnodd y cof bach allan o'i boced ar yr un pryd.

Erbyn hyn, roedd Nerys yn crynu cymaint â'i mab. 'Lle gest ti nhw? Y cyffuriau. Sut wyt ti'n gwybod am y fath betha?'

Dywedodd Gwion yr holl hanes wrthi, o'r dechrau hyd y diwedd, gan gynnwys y bygythiadau. A ddylai hi ffonio'r heddlu'n syth? Ond beth petai'r rheini'n arestio Gwion? Na, byddai'n rhaid iddi ffonio Gerallt cyn gwneud dim byd arall.

'Dwi'n mynd i ffonio dy dad,' meddai, a chododd ar ei thraed.

'O, Mam, dwi'n sori.' Gwelodd Gwion y cof bach wrth ei draed. 'Mi ddeudodd y dyn 'ma, tasach chi'n ffeindio allan be dwi 'di bod yn ei wneud, y dylwn i roi hwn i chi.' Cododd y cof bach oddi ar y llawr a'i roi iddi.

'Be sy ar hwn?'

'Wn i ddim.'

Aeth Nerys i'r gegin a dilynodd Gwion hi yno. Rhoddodd ei gliniadur ymlaen a chysylltu'r cof bach iddo. Gwelodd y ddau fod nifer o ffeiliau JPG arno, a dyna'r cyfan. Dim math o ddogfennau eraill. Agorodd Nerys y llun cyntaf a dewis 'creu sioe sleid'. Dechreuodd y peiriant arddangos y lluniau fesul un. Parhaodd pob llun am tua phum eiliad ar y sgrin o'u blaenau. Digon o amser i fedru'u gweld a dysgu ystyr pob un yn ei dro. Edrychodd y fam a'r mab ar ddelweddau o Gwion yn rhannu cyffuriau mewn gwahanol lefydd y diwrnod cynt. Wrth y cloc ym Mangor, ar y maes yng Nghaernarfon, a ger Nant y Pandy yn Llangefni. Nid yn unig roedd y lluniau yn ei ddangos yn trosglwyddo pacedi bach amheus, ond hefyd yn cymryd arian gan y bobl oedd yn eu derbyn. Erbyn hyn roedd dagrau'n llifo i lawr bochau'r ddau. Dyma, mae'n rhaid, oedd y dystiolaeth a oedd wedi'i baratoi gan y dynion er mwyn sicrhau ufudd-dod Gwion yn y dyfodol.

Ond roedd y sioc fwyaf i ddod.

Ar ddiwedd y sioe sleid dangoswyd y ddau lun olaf yn y gyfres. Rhewodd Nerys pan welodd lun ohoni hi ei hun wedi'i dynnu yn agos i ddeng mlynedd ar hugain ynghynt. Roedd hi'n eistedd ar fwrdd yn hollol noeth, ei choesau wedi'u croesi o'i blaen a'i breichiau wedi eu plethu. Tu ôl iddi safai Frank, oedd hefyd yn noeth, gyda'i freichiau mawr o'i hamgylch yn gariadus a'i foch yn gorwedd yn erbyn ochr ei phen. Symudodd y llun ymlaen i'r nesaf. Llun a dynnwyd ychydig yn ddiweddarach oedd hwn. Roedd hi'n hollol noeth eto, a'r tro hwn roedd ei bronnau'n llawn a dwylo Frank yn anwesu ei bol chwyddedig. Gallai Nerys gofio'r cyfnod pan dynnwyd y lluniau.

Ni wyddai Nerys beth yn union â'i tarodd y munud hwnnw. Sioc yn gyntaf, ac yna'r ofn mwyaf ofnadwy. Bellach roedd popeth yn gwneud synnwyr iddi, er na allai roi trefn ar ddim yn ei meddwl.

'Pwy oedd y bobl 'na, Mam?'

Caeodd Nerys gaead y gliniadur ar unwaith. Cododd yn gyflym a cheisio cymryd anadl ddofn i setlo'i nerfau. Clywai a theimlai ei chalon yn curo'n gyflymach a thrymach nag erioed.

'Anghofia dy fod ti wedi gweld hwnna, Gwion,' meddai. Cofleidiodd ei mab yn dynn. 'Nid dy fai di ydi hyn, dim o gwbl, Gwion bach. Cymera fy ngair i. Dwi isio i ti fynd i dy lofft, ac mi wna i ystyried be 'di'r peth gorau i'w wneud.'

'Ydach chi am ffonio Dad?'

'Nac'dw, cariad bach. Dim rŵan.' Yna, oedodd cyn parhau mewn llais crynedig. 'Paid â deud gair wrth dy dad na neb arall am hyn. Dim amdanat ti a'r cyffuriau, a dim am y lluniau 'na welaist ti rŵan chwaith. Wyt ti'n addo?'

'Ydw, Mam. Os 'dach chi'n deud. Ond dwi ddim yn dallt.'

'Nagwyt, 'nghariad bach i. Dwi ddim yn disgwyl i ti ddallt. Rŵan, dos i fyny'r grisiau 'na, a gad i mi feddwl, plis.'

Wrth orwedd ar ei wely yn nistawrwydd ei lofft, ni allai Gwion gael gwared â'r euogrwydd a deimlai. Pam na fuasai o wedi gadael llonydd i'r pecyn a ddisgynnodd o'r fan wen bore ddoe? Dyna ddechreuodd y cwbl i gyd. Roedd o wedi rhoi ei hun mewn trwbl, ac wedi ymglymu ei fam yn y miri hefyd, er nad oedd yn deall ei hymateb. A ddylai ffonio ei chwiorydd? Penderfynodd beidio – wedi'r cwbwl, gwnaeth addewid i'w fam na fyddai'n sôn gair wrth neb. Dechreuodd ei ddagrau wlychu ei obennydd.

I lawr yn y gegin, ni allai Nerys feddwl yn glir. Roedd ei nerfau hi'n rhacs a'i dwylo'n crynu. Rhoddodd y tegell i ferwi ac yna newidiodd ei meddwl. Chwiliodd yn y cwpwrdd diod. Doedd gwin yn dda i ddim heddiw. Tywalltodd fesur mawr o wisgi i wydryn a thaflodd ei hanner i lawr ei chorn gwddf. Dim ond un peth roedd hi'n ei wybod i sicrwydd. Roedd Frank Murtagh yn ôl yn ei bywyd. Wedi'r holl flynyddoedd, roedd Frank yn ei ôl. Trwy ei dagrau daeth yr atgofion yn ôl iddi, atgofion roedd hi wedi medru eu hosgoi rywsut neu'i gilydd. Y caru, y cyffro, y lladrata, y cyfoeth, y bai a gafodd ar gam ac yna'r ffordd y bu iddi ei fradychu yn y llys. Ers faint oedd Frank allan o'r carchar? Roedd hi wedi hen roi'r gorau i gyfri'r blynyddoedd, a doedd hi ddim wedi meddwl amdano chwaith. Teimlodd yr anadl yn cael ei wasgu o'i hysgyfaint gyda'r atgof am ei babi cyntaf.

Sut aflwydd oedd o wedi cael gafael ar Gwion? Ei thrysor bach hi. Nid cyd-ddigwyddiad oedd o, roedd hynny'n sicr. Cofiodd eiriau Frank, a'r arwydd a wnaeth ar draws ei wddf pan gafodd ei arestio, a'i fygythiadau yn Llys y Goron, a daeth yr ofn mwyaf dychrynllyd drosti. Roedd yn rhaid iddi gael amser i feddwl cyn i Gerallt ddod adref – allai hi mo'i wynebu fel hyn.

Ychydig wedi pump o'r gloch aeth i fyny i lofft Gwion.

'Gwion, dwi isio i ti wneud un peth bach i mi os gweli di'n dda. A rhyngthat ti a fi mae hyn. Dwi isio i ti aros yn dy stafell heno a pheidio â dod i lawr y grisiau. Mi ddeuda i wrth Dad nad wyt ti'n teimlo'n dda, ac na fyddi di'n mynd i'r ysgol fory.'

'Iawn, Mam,' atebodd. Beth arall allai o wneud ond cytuno ar ôl creu'r ffasiwn anhawster?

'Mi fydda i wedi sortio hyn i gyd erbyn fory i ti. Os ydi dy dad yn holi, deud bod gen ti fŷg stumog. Paid â phoeni. Mi fydd pob dim yn iawn. Gei di weld.'

Pennod 43

Ychydig wedi chwech o'r gloch daeth Gerallt adref o'i waith. Doedd dim arogl coginio i'w groesawu – rhyfedd, meddyliodd. Mae'n rhaid mai salad oedd i swper. Galwodd ar ei wraig a'i fab. Dim ateb. Yna, gwelodd nodyn yn llawysgrifen Nerys ar fwrdd y gegin.

Meigryn pnawn 'ma. Wedi mynd i 'ngwely. Gwion ddim yn dda chwaith, wedi bod yn taflu i fyny. Gwna rwbath i ti dy hun i swper X

Aeth Gerallt i fyny'r grisiau ac agor drws yr ystafell wely yn ddistaw. 'Wyt ti isio rwbath, 'nghariad i?' sibrydodd.

'Na, dim diolch,' atebodd Nerys mewn llais gwantan. 'Dim ond llonydd. Dos am gêm o golff neu rwbath.'

'Ia, syniad da. Mi ga' i rwbath i'w fwyta yn y clwb hefyd.'

'Iawn, atebodd Nerys. 'Paid â mynd i boeni Gwion. Mae o'n cysgu.'

Fore trannoeth, aeth Gerallt i'w waith ar ei ben ei hun a pharciodd yn ei lecyn arferol.

O bell, edrychodd Frank Murtagh arno'n diflannu trwy ddrws yr adeilad. Doedd dim arwydd o'r bachgen heddiw, ond roedd Frank yn hanner disgwyl hynny. Roedd y gath allan o'r cwd yn ôl pob golwg, ond eto roedd gŵr Anita, neu pwy bynnag oedd hi bellach, wedi mynd i'w waith yn ôl ei arfer, fel petai dim o'i le. Gwenodd Frank. Oedd Anita wedi gweld y lluniau? Y tebygrwydd oedd bod y bachgen wedi cyfaddef ei ran yn y delio, ei fod wedi rhoi'r cof bach iddi a'i bod hi wedi eu gweld nhw. Sut arall fyddai'r bachgen wedi cael aros gartref o'r ysgol? Oedd Anita wedi cuddio'r lluniau oddi wrth ei gŵr? Edrychai'n debyg nad oedd o wedi'u gweld. Y mwya'n y byd roedd Frank yn meddwl am y posibiliadau, y mwyaf sicr oedd o o hynny. Roedd ei gynllun ar waith. Ni wyddai'r teulu bach yma beth oedd yn mynd i'w taro nhw yn ystod yr oriau nesaf.

Teithiodd yn syth i gyffiniau Uwch y Fenai a chadwodd olwg ar y tŷ am dipyn. Doedd dim byd o bwys i'w weld yno, nid ei fod yn disgwyl llawer. Sut fyddai Anita'n teimlo petai'n gwybod ei fod tu allan i'w thŷ, tybed?

Treuliodd Nerys y bore cynnar mewn mwy o benbleth nag erioed. Gorfododd Gwion i aros yn ei ystafell ac i beidio cysylltu â neb. I lawr yn y gegin, agorodd y gliniadur er mwyn edrych ar yr hen luniau ohoni ei hun eto. Ni wyddai pam. Be ddigwyddodd i'w merch fach? Prin roedd hi wedi meddwl am honno dros y blynyddoedd. Roedd fel petai'r drws wedi cael ei gau ar fodolaeth y babi yn ogystal â'i bywyd yng nghwmni Frank. Cododd y cyfog o'i stumog unwaith yn rhagor. Beth oedd Frank am ei wneud nesaf? Beth ddylai hi wneud nesaf? Beth ddylai hi ddweud wrth Gerallt, a phryd? Roedd y sefyllfa'n amhosib. Sylweddolodd nad oedd datrysiad i'r broblem heb achosi poen i bawb oedd yn annwyl iddi.

Yng nghanol y bore cyrhaeddodd yr e-bost cyntaf gyfrifiadur gwaith Gerallt Davies. Synnodd o weld lluniau yn unig ynddo – doedd dim math o neges nag esboniad. Gwelodd lun ohono'i hun yn cyrraedd yn ei waith. Llun wedi'i dynnu o'r ochr arall i'r ffordd fawr y tu allan i'w swyddfa, yn ôl pob golwg, ac roedd yn gwisgo dillad heddiw. Edrychodd ar gyfeiriad e-bost y gyrrwr. Cyfeiriad Hotmail oedd o, yn perthyn i neb roedd o'n ei adnabod. Aeth allan i siarad â'i ysgrifenyddes.

'Anwen, oes 'na rywun wedi gofyn am fy nghyfeiriad e-bost i heddiw?' gofynnodd.

'Oes, fel mae'n digwydd. Rhywun oedd isio gyrru pris ryw job i chi, medda fo. Oes rhywbeth yn bod?'

'Na, dim byd.'

Aeth Gerallt allan i'r maes parcio. Edrychodd o'i gwmpas. Doedd dim byd allan o'r cyffredin. Dim ond fan Transit wen wedi'i pharcio'r ochr arall i'r ffordd. Aeth yn ei ôl i mewn.

Pan eisteddodd wrth ei ddesg gwelodd fod e-bost arall wedi cyrraedd o'r un cyfeiriad. Agorodd y cyntaf o'r ddau lun a oedd wedi'u hatodi. Tarodd y ddelwedd o fel bwled. Sylweddolodd ar unwaith mai Nerys oedd yn y llun. Yn noeth! A phwy oedd y dyn a oedd yn gafael ynddi mor gariadus? Agorodd yr ail lun. Os oedd y cyntaf wedi rhoi sioc iddo, roedd yr ail yn saith gwaith gwaeth. Roedd hi'n noeth eto, a'r un dyn y tro hwn yn anwesu ei bol mawr.

Beichiog?

Oedd Nerys wedi cael plentyn cyn iddo ei chyfarfod hi? Ni allai gredu'r fath beth, ac ni allai symud modfedd chwaith. Edrychodd o un ddelwedd i'r llall. Dyma Nerys cyn iddo ei chyfarfod hi, roedd yn sicr o hynny, ond pam ar y ddaear nad oedd hi – ei wraig, mam ei blant, ei bopeth –

wedi dweud wrtho ei bod hi wedi cael plentyn cyn iddyn nhw gyfarfod?

Cafodd nerth o rywle i godi ar ei draed.

'Dwi'n mynd adra am weddill y dydd, Anwen,' meddai ar y ffordd allan.

'Ond Mr Davies, be am eich cyfarfodydd chi pnawn 'ma?'

'Aildrefnwch nhw.'

'Ar gyfer pryd?'

'Wsnos nesa, mis nesa, dydi o ddim o bwys gen i.'

Allan yn y maes parcio, brasgamodd Gerallt i gyfeiriad ei gar ac i'w syndod gwelodd fod dyn dieithr yn eistedd ar y boned, ei freichiau ymhleth a'i droed dde ar un o'r olwynion. Dyn mawr a chadarn yr olwg oedd o, tua thrigain oed ac yn smart mewn siwt dywyll. Gwisgai ei wallt cyrliog brith yn eitha hir, ac roedd ganddo farf.

Arafodd Gerallt, yn sicr fod y dyn yn gysylltiedig rywsut â'r negeseuon e-bost. I'w syndod, cododd y dyn oddi ar ei gar wrth iddo ddynesu, a symud o'r ffordd heb ddweud gair o'i ben. Eisteddodd Gerallt y tu ôl i'r llyw a gyrru oddi yno'n gyflym. Ar y ffordd adref, fflachiodd wyneb y dyn oedd yn y maes parcio drwy ei feddwl. Ai hwnnw oedd y dyn yn y lluniau? Roedd o wedi heneiddio a thyfu barf, ond roedd rhyw fath o debygrwydd. Ai hwn oedd cariad Nerys flynyddoedd yn ôl? Ai hwn oedd tad ei phlentyn cyntaf?

Synnodd Gerallt pan welodd geir Sioned a Cerys o flaen y tŷ. Wrth iddo frysio tuag at y drws, fe'i hagorwyd gan Cerys.

'O, Dad, diolch i'r nefoedd eich bod chi wedi cyrraedd,' meddai. 'Brysiwch.'

Trodd Gerallt ei ben tuag at y ffordd fawr a gweld fan

wen yn dod i stop gerllaw. Y fan wen oedd ger ei swyddfa? Ni allai fod yn siŵr.

Be sy 'di digwydd?' gofynnodd.

'Wn i ddim, Gwion alwodd ni'n dwy yma – ma' Mam mewn cythraul o stad, yn crynu fel deilen ac yn crio. Welais i erioed mohoni fel hyn o'r blaen.'

Cerddodd Gerallt i'r lolfa. Yr unig beth a allai feddwl oedd bod y cwbl i'w wneud â'r lluniau a dderbyniodd yn ei waith a'r dyn a oedd yn eistedd ar foned ei gar. Roedd Nerys yn eistedd rhwng Gwion a Sioned ar y soffa, yn cael ei chysuro ganddynt. Pan welodd ei gŵr, sychodd Nerys ei hwyneb â hances bapur.

Ni wyddai Gerallt beth i'w ddweud. Roedd o wedi credu eu bod wedi rhannu popeth ers wyth mlynedd ar hugain, ond wyddai o ddim bellach a oedd o'n ei hadnabod o gwbl.

Edrychodd ar bawb yn eu tro. 'Be sy'n digwydd? Dwi ddim yn dallt.'

Nid atebodd Nerys. Roedd y distawrwydd yn llethol.

Gwion oedd y cyntaf i siarad. 'Mae 'na luniau ar liniadur Mam, ac maen nhw wedi'i chynhyrfu hi'n ofnadwy.'

'Pa luniau?' gofynnodd y ddwy chwaer ar unwaith.

'Yr un rhai a anfonodd rhywun i mi chwarter awr yn ôl, mae'n debyg,' meddai Gerallt.

'Pa luniau?' gofynnodd y ddwy eto.

Cododd Nerys ei phen am y tro cyntaf i edrych arno.

'Wyt ti am ddeud wrthyn nhw, Nerys, 'ta wna i?' gofynnodd Gerallt.

Ceisiodd Nerys ffurfio geiriau trwy ei dagrau. 'Flynyddoedd yn ôl, cyn i mi gyfarfod eich tad, mi ges i berthynas efo dyn arall. Mi ges i fabi.'

'Ro'n i'n meddwl mai'r lluniau ohona i efo'r cyffuriau oeddan nhw,' meddai Gwion yn ddryslyd.

'Be?' gwaeddodd ei chwiorydd.

'Reit,' meddai Nerys. 'Mi ddeuda i'r cwbl, ond cyn hynny, mae'ch tad a finna angen siarad. Ewch chi'ch tri i'r gegin.'

Ufuddhaodd y tri.

Edrychodd Nerys i fyw llygaid ei gŵr. Cymerodd anadl drom. 'Fy mai i ydi hyn i gyd. Dwi wedi bod yn dy dwyllo di, eich twyllo chi i gyd, ar hyd y blynyddoedd, ond doedd gen i ddim dewis. Ac mae'n ddrwg iawn gen i am y cwbwl. Dwi wedi bod yn onest efo chdi am bopeth heblaw fy mywyd cyn i mi dy gyfarfod di, ond mae rheswm da am hynny. Mi wnes i orfod addo na fyddwn i'n trafod y peth, byth.'

Gwelodd y syndod ar wyneb Gerallt ond wnaeth hi ddim gadael iddo ymateb.

'Nid Nerys ydi f'enw fi... nid dyna oedd fy enw pan ges i fy ngeni. Anita Hughes oeddwn i. Bu'n rhaid i mi newid fy enw, ac nid cael eu lladd mewn damwain car ddaru fy rhieni chwaith, Gerallt.' Roedd hi'n bryd cyfaddef y cwbl. 'Mi ges i fy ngeni i deulu tlawd yn Wrecsam. Yfed a merched oedd unig ddiddordebau fy nhad. Aeth Mam a'n gadael ni pan oeddwn i tua deuddeg oed, a bryd hynny dechreuodd fy nhad fy ngham-drin i yn rhywiol. Mi aeth i'r carchar am hynny a welais i mo Mam byth wedyn. Beth bynnag, mi ges i fy rhoi mewn gofal, a chael fy maethu nes o'n i'n ddeunaw oed. Roedd yn gas gen i fy mhlentyndod, ac ro'n i ar dân isio anghofio'r cwbwl. Unwaith y ces i fy rhyddid yn ddeunaw oed, penderfynais symud i Birmingham i drio creu bywyd newydd i mi fy hun. Dyna lle gwnes i gyfarfod Frank, y dyn yn y lluniau. Roeddan ni'n byw efo'n gilydd am yn agos i bedair blynedd. Mi ges i blentyn efo fo.'

'Ond mae'r math yna o beth yn digwydd bob dydd, Nerys,' mynnodd Gerallt. 'Dwi'n siŵr y byswn i wedi deall. Pam ddaru ti ddewis cadw petha mor gudd?'

'O, mae 'na lawer mwy iddi na hynny, Gerallt,' atebodd. 'Ond mae gen i ofn deud wrthat ti. Ofn na wnei di ddeall fy amgylchiadau i ar y pryd, a sut ddisgynnodd petha i'w lle yr adeg honno.'

'Mi ydw i'n siŵr o ddallt,' atebodd, gan rwbio'i braich yn dyner.

'Roedd Frank Murtagh – dyna 'i enw fo – yn ddyn ifanc poblogaidd, dylanwadol a chyfoethog yn Birmingham. Rhoddodd bopeth i mi ro'n i wedi breuddwydio amdano. Gemwaith, dillad, car, bwyta yn y llefydd gorau ac ati. Wyddwn i ddim ar y dechrau ei fod o'n un o ddynion mwya peryglus is-fyd y ddinas. Roedd o'n gysylltiedig â nifer o glybiau a thafarnau, ond daeth y sioc fwyaf pan ffeindiais i allan un diwrnod o ble roedd ei holl arian yn dod. Lleidr oedd o. Lleidr arfog, dyn a oedd yn dwyn o fanciau ac yn saethu pobl.'

Erbyn hyn roedd y syndod yn amlwg ar wyneb Gerallt. Ond roedd pryder yn gymysg â fo, yn enwedig ar ôl iddo edrych drwy'r ffenest a gweld bod y fan wen yn dal ar y lôn tu allan. Wnaeth o ddim sôn wrth Nerys.

'Wedi i mi ddarganfod hynny, roedd gan Frank ddau ddewis – cael gwared arna i neu fy ngwneud i'n un o'r gang. Fy rhoi mewn sefyllfa oedd yn sicrhau na fedrwn i achwyn arno fo na'i griw. Tria ddeall, doedd gen i ddim dewis. Mi fysa fo wedi fy lladd i. Does 'na ddim pwynt i mi ymhelaethu am fy rhan i yn y fenter, a wnes i ddim niwed i neb. Ond mae'n rhaid i mi gyfaddef 'mod i'n gymaint o ran o'r criw â'r rhai oedd yn gwneud hynny.'

Ysgydwodd Gerallt ei ben o'r naill ochr i'r llall yn araf. Ni wyddai ble i droi.

'Aeth un job ar fanc o'i le, ac arestiwyd Frank a phawb arall nad oedd wedi cael eu saethu gan yr heddlu'r bore hwnnw. Yn ôl pob golwg roedd rhywun wedi hysbysu'r heddlu, oedd yn disgwyl amdanyn nhw. Doeddwn i ddim yno gan 'mod i'n nesáu at enedigaeth y babi, a neidiodd Frank i'r casgliad anghywir mai fi oedd yr hysbyswr. Mi oedd o am fy lladd i. Ges i ddewis gan yr heddlu: cael fy nghyhuddo efo'r gweddill ac wynebu blynyddoedd yn y carchar, neu roi tystiolaeth yn eu herbyn nhw. Doedd gen i ddim dewis, nag oedd? A dyna wnes i. Rhoi tystiolaeth yn eu herbyn nhw i gyd yn y llys. Roedd y criw mor beryg fel bod yn rhaid i mi symud i ffwrdd yn syth wedyn, newid fy enw a dechrau bywyd arall, un hollol newydd. Roedd yn rhaid i mi arwyddo cytundeb yn deud na fyswn i byth yn datgelu pwy oeddwn i. Symudwyd fi i ogledd Cymru, ac ymhen blwyddyn ro'n i wedi dy gyfarfod di, Gerallt.'

'Ond pam na fysat ti wedi deud, Nerys?' gofynnodd Gerallt. 'Mi fyswn i wedi dallt.'

'Am fod y broses gwarchod tystion yr es i drwyddi yn un hynod o gudd. Doedd neb i gael gwybod manylion fy ngorffennol. Byth. Hyd yn oed efo chdi, Gerallt, doeddwn i ddim mewn sefyllfa i ddeud y gwir. Doeddwn i erioed wedi bod mewn cariad nes i mi dy gyfarfod di. Fedrwn i ddim risgio colli hynny. Maddau i mi, plis.'

Penliniodd Gerallt o'i blaen a gafael yn llaw ei wraig. Ni siaradodd am hir, ac roedd dagrau yn ei lygaid yntau bellach.

'Be ddigwyddodd i'r babi?' gofynnodd.

'Merch oedd hi. Mi aeth y gwasanaethau cymdeithasol â hi oddi arna i. Doeddan nhw ddim yn meddwl y byswn i'n gwneud mam dda, a beth bynnag, plentyn Frank oedd hi, a doedd gen i ddim math o ddymuniad i'w chadw hi. Ond dwi'n dal i feddwl amdani o dro i dro. Dwi'n meddwl mai gadael iddi fynd oedd y camgymeriad mwya wnes i erioed.' Llifodd ei dagrau unwaith eto.

'Be ddigwyddodd i'r Frank 'ma?' gofynnodd Gerallt, gan gadw un llygad ar y ffenestr.

'Mi gafodd ei garcharu am hir iawn. Ond mi dyngodd y byddai'n dial arna i un diwrnod – rheswm arall i mi guddio fy mywyd blaenorol oddi wrth bawb. Mae'n edrych yn debyg ei fod o allan erbyn hyn, ac wedi dod o hyd i mi, rywsut.'

Ni wyddai Gerallt sut i ymateb. Roedd hi'n llawer rhy fuan iddo allu prosesu'r holl wybodaeth annisgwyl. Fyddai o erioed wedi medru credu cyn heddiw y gallai bywyd rhywun newid mor sylweddol mewn amser mor fyr.

'Mae un cwestiwn yn pwyso arna i,' meddai. 'O ble ddaeth yr arian i brynu'r tŷ 'ma, Nerys? Mi ddeudist ti ar y pryd mai arian ar ôl dy rieni di oedd o.'

Ochneidiodd Nerys yn drwm cyn ateb. 'Arian wedi'i ddwyn o fanciau gan Frank a finna oedd o. Arian oedd wedi'i guddio cyn i Frank gael ei ddal.'

'O.'

Daeth cnoc ar y drws. 'Gawn ni ddod i mewn rŵan?' gofynnodd Gwion. ''Dan ni wedi gwneud te i chi.'

Daeth y tri i mewn yn cario'r cwpanau, a rhoddodd Gerallt ddarlun bras o'r ffeithiau iddyn nhw, ond nid y cwbl.

'Mae'r Frank 'ma allan o'r carchar erbyn hyn, mae'n amlwg,' dywedodd i orffen. 'Dwi'n meddwl ei fod o y tu allan i fy swyddfa i gynna. Yn amlwg, ei fwriad ydi ein bygwth fel teulu.'

'Ti'n iawn, ac mae wedi dechrau gwneud hynny'n barod,' cytunodd Nerys.

'Be ydi hyn am Gwion yn rhannu cyffuriau? Dwi'n cymryd bod hynny'n gysylltiedig â Frank?'

Cafodd Gerallt yr hanes hwnnw hefyd.

'Be taswn i'n cael fy nghyhuddo o ddelio mewn cyffuriau, Dad?' gofynnodd Gwion yn boenus. 'Dwi ddim isio mynd i'r carchar.'

Yn sydyn, clywyd cnocio trwm ar y drws ffrynt. Rhewodd pawb. Cododd Gerallt ar ei draed ac edrych trwy'r ffenestr, a gwelodd y fan wen yn cael ei gyrru ymaith. Daeth rhywfaint o ryddhad drosto. Clywodd gnoc drom arall. Wel, nid gyrrwr y fan oedd wrth y drws, beth bynnag.

'Mi a' i,' meddai Gerallt. 'Arhoswch yma a pheidiwch â phoeni.'

Daeth yn ei ôl yn syth yng nghwmni dyn dieithr, a gyflwynodd ei hun i'r teulu.

'Ditectif Sarjant Evans. CID. Hoffwn i gael gair efo chi.' Dangosodd ei gerdyn swyddogol.

Disgynnodd calon Gwion.

Pennod 44

Wedi iddo rannu'r holl wybodaeth â'r Uwch-arolygydd Irfon Jones, trefnodd Jeff i nifer o dditectifs gymryd datganiadau gan berchnogion safleoedd gwyliau ar hyd arfordir gogledd Cymru. Rhoddwyd dau blismon i guddio yn Adwy'r Nant er mwyn cadw golwg ar y garafán a logwyd i Gwarchod Cyf., rhag ofn y byddai llwyth o gyffuriau'n cyrraedd yno, gan na ellid defnyddio'r cwch ar gyfer y diben hwnnw bellach. Roedd Jeff angen mwy o dystiolaeth i wneud cyrch ar y garafán – cynta'n y byd, gorau yn y byd, yn enwedig gan ei fod yn gynyddol sicr fod y cyfan yn gysylltiedig â marwolaeth Morgan Powell. Y drafferth oedd, ni wyddai Jeff yn union sut.

Ar ôl iddo roi'r trefniadau yn eu lle, penderfynodd fynd i'r tŷ mawr ar gyrion Bangor i holi'r preswylwyr. Wedi'r cyfan, roedd y dynion yn y Mondeo wedi eu dilyn ar ôl iddynt adael Adwy'r Nant y prynhawn Sul blaenorol, ac roedd am wybod pam.

Parciodd ar y ffordd fawr y tu allan i Uwch y Fenai gan fod tri char arall eisoes yn y dreif. Gyrrodd fan Transit wen oddi yno wrth iddo gyrraedd.

Roedd Frank Murtagh wedi bod yn cadw golwg ar y tŷ o'i fan wen ers i Gerallt ddod adre'n annisgwyl o'i waith. Gwenodd pan welodd yr holl geir yno – er na wyddai'n union beth oedd yn mynd ymlaen, roedd y teulu'n amlwg yng nghanol rhyw fath o argyfwng, a hynny, gobeithiai

308

Frank, o'i achos o. Pan welodd Jeff yn cyrraedd, gwyddai'n syth mai ditectif oedd o – roedd gan hen lawiau fel Murtagh drwyn am blismyn. Rhegodd. Y peth olaf roedd o eisiau oedd heddlu'n sathru ar draws ei gynlluniau. Taniodd injan y fan a gyrru ymaith, gan ffonio un o'i gysylltiadau yn Birmingham.

'Gwranda,' meddai. 'Rhaid i ni symud yn gynt na'r trefniant. Ia, ar unwaith. Tyrd â'r arfau i lawr erbyn heno.' Oedodd i wrando cyn parhau. 'Beth bynnag fedri di gael gafael arnyn nhw, a thyrd â dau neu dri o'r bois efo chdi, rhai sy'n gwybod sut i'w defnyddio nhw.' Oedodd eto. 'Na dim i'r garafán, i'r gwesty. Dyna lle fydda i.' Diffoddodd y ffôn.

Gwenodd Frank Murtagh. Roedd o wedi bod yn hiraethu am yr hen ddyddiau.

Yn y cyfamser roedd Jeff wedi cyflwyno'i hun i'r teulu yn lolfa Uwch y Fenai. Beth ar y ddaear oedd o wedi digwydd yma, dyfalodd, wrth sylwi ar yr ôl wylo ar sawl un o'r wynebau o'i flaen.

'Be allwn ni ei wneud i chi, Ditectif Sarjant Evans?' gofynnodd Gerallt.

Ni wyddai Jeff yn union sut i ymateb. 'Mae gen i ddiddordeb mewn criw o bobl sy'n defnyddio carafán ym mharc gwyliau Adwy'r Nant,' dechreuodd. 'Mi welais i nhw'n eich dilyn chi adra bnawn Sul.'

Felly dyna sut roedd y Frank 'ma wedi darganfod Nerys, meddyliodd Gerallt. 'Wel, Ditectif Sarjant, efallai fod eich amseru chi'n berffaith.' Aeth at y ffenestr ac edrych allan. 'Oedd 'na fan wen wedi'i pharcio tu allan pan gyrhaeddoch chi?' gofynnodd.

'Oedd, ond mi adawodd hi fel ro'n i'n cyrraedd. Pam?'

'Yr un rydach chi â diddordeb ynddo fo – hwnnw oedd yn y fan. Fo sydd wedi bod yn aflonyddu arnon ni ers dydd Sul. Mae o wedi bod y tu allan yn gwylio'r tŷ am beth amser y bore 'ma.'

'Frank? Tu allan?' gwaeddodd Nerys mewn braw.

'Paid â phoeni, cariad. Mae o wedi mynd rŵan,' ceisiodd Gerallt ei chysuro.

'Frank?' meddai Jeff. 'Ydach chi'n ei nabod o?'

Dangosodd Jeff nifer o'r lluniau a dynnodd y dydd Sul cynt i'r teulu, a chadarnhawyd mai Frank oedd y dyn barfog.

'Sut ydach chi'n ei adnabod o?' gofynnodd Jeff mewn penbleth.

'Mae hon yn stori hir, a newydd ddod i wybod amdani heddiw ydw i a'r plant,' eglurodd Gerallt, 'ond dwi'n meddwl y dylen ni ddeud y cwbl wrthach chi hefyd. Wyt ti'n cytuno, Nerys?' Nodiodd hithau ei phen. 'Well i chi eistedd, Ditectif Sarjant.' Trodd at ei dri phlentyn. 'Ewch i wneud paned arall,' gorchmynnodd, gan edrych i gyfeiriad Jeff.

'Coffi, du, heb siwgr, os gwelwch yn dda,' meddai.

'Well ichi ddeud wrtho fo 'mod i wedi cael fy ngorfodi i rannu cyffuriau hefyd, Mam,' meddai Gwion. 'Mae hynny'n gysylltiedig.'

'Tydi hynny'n synnu dim arna i,' meddai Jeff. 'Ond paid â phoeni, 'ngwas i. Mi wyddwn i fod y dyn 'ma wedi bod yn hudo bechgyn ifanc i werthu cyffuriau ar ei ran o. Nid chdi ydi'r unig un.' Dangosodd Jeff fwy o luniau o'r dynion y bu'n eu dilyn, a llun arall o Murtagh.

'Ia,' cadarnhaodd Gwion, gan bwyntio at Murtagh ac un o'r dynion eraill. 'Dyna'r ddau.'

Cyn pen yr awr, roedd Jeff wedi cael darlun eitha da o'r digwyddiadau a arweiniodd at y sefyllfa y daeth ar ei thraws yn gynharach. Hebryngodd Nerys a Gerallt ef at y drws. Edrychodd Nerys yn nerfus i fyny ac i lawr y ffordd fawr.

'Mi wnaeth o fygwth fy lladd i, cofiwch, ac mae o'n siŵr o drio gwneud rwbath. Mae gen i ofn, Sarjant Evans, nid yn unig am fy mywyd fy hun ond am ein diogelwch ni i gyd.'

Yn sicr, roedd y pryder yn amlwg ar wyneb ei gŵr hefyd wrth iddo roi ei fraich amdani.

'Mi wna i drefniadau, Mrs Davies,' addawodd Jeff, 'i rywun o'r heddlu ddod yma atoch chi cyn hir, ac mi drafodwn ni sut orau i'ch cadw chi'n saff.'

Wrth yrru'n ôl i Lan Morfa, ni allai Jeff beidio â meddwl am orffennol Nerys Davies. O'r diwedd roedd wedi dysgu pwy oedd y tu ôl i Gwarchod Cyf., ac wedi dysgu peth o hanes Frank Murtagh. Byddai'r ffôn yn boeth wedi iddo gyrraedd yn ôl i'w swyddfa.

Ar ôl trefnu i blismones fynd yn syth i Uwch y Fenai, a threfnu bod ganddi gyswllt uniongyrchol â'r tîm ymateb brys, dechreuodd ei ymholiadau. Yr Asiantaeth Droseddu Genedlaethol oedd â'r cyfrifoldeb dros warchod tystion ers wyth mlynedd bellach, a doedd ganddynt ddim cofnod o'r enwau Anita Hughes na Nerys Williams. Yn ôl pob golwg roedd gwaith papur hen achosion wedi eu colli pan gafodd y cyfrifoldeb ei drosglwyddo iddynt gan amrywiol heddluoedd y wlad. Roedd yr ymholiadau a wnaeth drwy Heddlu Canolbarth Lloegr yn fwy llwyddiannus, gan iddynt rannu'r cyfan a wyddent am Frank Murtagh ag ef: yr euogfarnau yn ei erbyn, y gudd-wybodaeth, a'r amheuon na ellid erioed eu profi. Dysgodd Jeff ei fod yn delio â dyn hynod o frwnt a threisgar. Yn ôl y cofnodion, roedd Frank wedi mynnu sawl gwaith wrth gael ei ryddhau nad oedd o'n bwriadu mynd yn ôl i garchar, ac yn sicr ni fyddai'n marw dan glo. Syllodd Jeff ar y llun a yrrwyd ato o Murtagh ar ddiwrnod ei ryddhau o'r carchar, bron i dair blynedd ynghynt – fyddai o byth wedi ei adnabod o'r ddelwedd honno. Bryd hynny, roedd ei ben wedi'i eillio a doedd ganddo ddim barf.

Cododd Jeff y ffôn.

'Uwch-arolygydd Irfon Jones,' atebodd y llais yr ochr arall.

'Ynglŷn â mater y meysydd carafanau – mae 'na fwy, mae gen i ofn,' meddai Jeff wrtho, ac adrodd yr hyn a ddysgodd ers y bore hwnnw am Nerys Davies a chefndir Frank Murtagh. 'Dwi'n poeni mwy nag erioed am ddiogelwch y teulu Davies,' meddai ar ôl gorffen. 'Rhaid i ni ystyried eu symud nhw i dŷ diogel a rhoi tîm o heddlu arfog i'w gwarchod nhw, a gadael tîm arall yn y cartref.'

'Mi wna i'r trefniadau hynny, Jeff. Lle mae Murtagh'n debygol o fod rŵan?'

'Does gen i ddim syniad. Tydi o ddim yn y garafán – mae honno'n cael ei gwylio.'

'Oes gen ti unrhyw syniad arall?'

'Dwi am ddŵad â'r diawl Tegid Powell 'na i mewn.'

'Rargian Jeff, bydda'n ofalus. Ar ba gyhuddiad?'

'Mi feddylia i am rwbath.'

Ar fin gyrru o'i swyddfa oedd Tegid Powell pan gyrhaeddodd Jeff yno ychydig cyn pump o'r gloch y prynhawn hwnnw. Parciodd Jeff ei gar ar draws y fynedfa i lecyn parcio Powell er mwyn atal y cyfreithiwr rhag gadael.

'Ewch o fy ffordd i, Sarjant Evans,' meddai'n wyllt. 'Y munud 'ma.'

'Dim blydi peryg,' atebodd Jeff. 'Mae'n hen bryd i ni gael gair, Tegid Powell. I lawr yn y stesion 'cw.'

'Peidiwch â thrio'ch triciau efo fi, Evans. Dim efo ryw rapsgaliwn ar y stryd 'dach chi'n delio rŵan. Mae gen i hawliau, a dwi'n gwybod sut i'w defnyddio nhw.'

Dewisodd anwybyddu rhybudd yr Uwch-arolygydd Irfon Jones i droedio'n ofalus.

'Reit, os felly, dwi'n eich arestio chi am gynllwynio ag eraill i gyflenwi cyffuriau yn yr ardal 'ma.' Rhoddodd y rhybudd llawn iddo.

''Dach chi erioed o ddifri?' atebodd Powell yn anghrediniol.

'Ydi hyn yn cadarnhau petha i chi?' gofynnodd Jeff wrth afael ynddo, ei droi rownd, a'i ddal yn erbyn y Mercedes. Rhoddodd efynnau am ei arddyrnau, y tu ôl i'w gefn.

'Mi fydd y Prif Gwnstabl yn clywed am hyn,' sgyrnygodd Powell. 'Gewch chi weld. Mi fyddwch chi ar y dôl erbyn i mi orffen efo chi.'

Yn swyddfa'r ddalfa esboniodd Jeff yr amgylchiadau i Sarjant Rob Taylor, a oedd yn digwydd bod ar ddyletswydd yno. Wrth egluro pam ei fod yn cyflwyno'r carcharor i'r ddalfa, eglurodd fod cyffuriau caled yn cael eu cyflenwi o garafán yn Adwy'r Nant gan droseddwr o Birmingham o'r enw Frank Murtagh, ac mai Tegid Powell oedd wedi trefnu iddo ddefnyddio'r garafán honno. Roedd amgylchiadau'r trefniant rhyngddynt yn awgrymu bod Powell yn ymwybodol o'r defnydd anghyfreithlon hwnnw. Cododd aeliau Rob Taylor pan ychwanegodd Jeff fod y sefyllfa'n gysylltiedig â'r achos cyfredol o ddelio cyffuriau o gwch moethus yn y marina.

Gwrthododd Powell y cynnig o gyfreithiwr i'w gynghori. Peth od, ystyriodd Jeff, ac annoeth hefyd. Wedi'r cyfan, cyfreithiwr masnachol oedd Powell, heb fath o brofiad troseddol. Oedd rhywbeth y byddai'n well ganddo ei guddio oddi wrth gyfreithwyr eraill y dref?

'Rho fo yn y gell tra bydda i'n paratoi i'w gyfweld o,' meddai Jeff wrth Rob gan wenu. Gwenodd Rob yn ôl.

Mewn gwirionedd, doedd arno ddim angen paratoi, ond fyddai eistedd ar fatres rwber fudr yn syllu ar waliau'r gell am ychydig funudau ddim yn gwneud math o ddrwg i Tegid Powell. Fel yr oedd o'n cerdded ymaith, clywodd Jeff y carcharor yn gweiddi nerth ei ben am ei fwriad i gysylltu â'i Aelod o'r Senedd, yr Aelod Seneddol, y Prif Gwnstabl a nifer o bwysigion eraill. Yn ôl pob golwg, roedd am fod yn brysur.

Dechreuodd y cyfweliad ymhen hanner awr. Gallai Jeff weld tymer Tegid Powell yn corddi wrth iddo fynd drwy'r rhaglith.

'Chi fu'n gyfrifol am logi'r garafán i Frank Murtagh, Mr Powell?'

'Dwi'n nabod neb o'r enw yna,' atebodd.

Arwydd da, tybiodd Jeff. O leia roedd yn ateb cwestiynau yn hytrach nag aros yn fud. 'I bwy ddaru chi drefnu i osod y garafán am weddill y tymor, felly?'

'Pa dystiolaeth sydd 'na mai fi oedd yn gyfrifol am osod y garafán?' gofynnodd Tegid yn hyf.

'Gwyneth, yn y swyddfa,' atebodd Jeff. 'Roedd yn rhaid iddi newid trefniadau oherwydd hynny. Dod o hyd i garafanau eraill ar gyfer yr ymwelwyr oedd i fod i'w defnyddio hi.'

'A sut mae hynny'n fy nghysylltu i â chynllun i rannu cyffuriau?'

314

'"Efo pwy drefnoch chi i osod y garafán" oedd fy nghwestiwn i.'

'Wn i mo'i enw fo.'

Rhoddodd Jeff ei ffôn symudol o flaen trwyn Tegid a dangos llun o Murtagh iddo. 'Fo oedd o?' gofynnodd.

'Fedra i ddim deud. Ella, ella ddim.'

'Wyddoch chi fod hwn yn un o'r dynion peryclaf, mwyaf treisgar, mwyaf ciaidd a ddaeth allan o'r is-fyd yn Birmingham erioed?'

'Sut ar y ddaear ydw i, Sarjant Evans, i fod i wybod hynny? Fedra i ddim holi be ydi hanes pob ymwelydd sy'n dod i Adwy'r Nant.'

'Ar wahân i werthu cyffuriau caled, mae ganddo fo a'i ddynion fusnes arall, Mr Powell. Raced amddiffyn, yn mynnu arian gan berchnogion parciau gwyliau ar hyd a lled arfordir gogledd Cymru. Mae o'n gwneud arian mawr drwy yrru ei ddynion i greu helynt a malurio'r parciau, a pherswadio'r perchnogion i dalu iddo wedyn er mwyn atal digwyddiadau tebyg.' Gwelodd Jeff arwydd bychan o gyffro ar wyneb y dyn o'i flaen.

'Ac ...?'

'Gwneud bygythiadau fydd o, a chreu difrod mewn parciau gwyliau os nad ydi'r perchenogion yn fodlon talu. Yn union fel ddigwyddodd yn Adwy'r Nant. Ac o gwmpas yr un pryd, mi oeddach chi'n dadlau efo'ch tad ynglŷn â chyflogi rhywun i warchod y lle. Rhyw gwmni diogelwch. Canu cloch, Mr Powell?'

'Dim ond syniad oedd hynny, fel dwi wedi deud wrthoch chi o'r blaen.'

'A dyna pryd gafodd eich tad y ddamwain.'

'Be 'dach chi'n trio'i ddeud? Peidiwch chi â meiddio

cysylltu damwain fy nhad efo dim rydw i wedi bod yn gyfrifol amdano. Mi fydda i'n gwneud cofnod o'ch ymddygiad chi, a'ch cyhuddiadau disynnwyr chi, Sarjant Evans.'

'Lle medra i gael gafael ar y Frank 'ma, Mr Powell?'

'Sut aflwydd ydach chi'n disgwyl i mi fod yn gwybod?'

Parhaodd yr holi yn ofer am yn agos i awr arall. Yna, daeth cnoc ar y drws. Roedd yn gas gan Jeff gael ei styrbio yng nghanol cyfweliad, ond pan welodd ben Rob Taylor yn ymddangos, gwyddai bod rheswm da. Daeth â'r cyfweliad i ben am y tro.

Pennod 45

Treuliodd Jeff Evans ychydig funudau ar y ffôn yn ei swyddfa ar y llawr cyntaf, ac ar ôl ei ddychwelyd i'w grud eisteddodd yn ôl yn ei gadair ac ochneidio'n ddistaw ac yn araf. Ar lefel bersonol roedd yr wybodaeth a ddysgodd wedi'i siomi'n fawr – teimlai gryndod emosiynol yn llifo drwy ei gorff. Ond ar y llaw arall, fel ditectif, ymfalchïodd ei fod o gam bach yn nes at ddarganfod y gwir.

Ailymunodd â Tegid Powell yn yr ystafell gyfweld. Cododd hwnnw ar ei draed yn syth, yn barod i roi llond ceg arall i'r ditectif am ei hawliau, ond rhoddodd Jeff ei law i fyny i'w atal.

'Y tâp,' meddai. 'Dim cyn i'r tâp gychwyn.'

Rhoddodd dapiau newydd yn y peiriant a'i droi ymlaen. Roedd Powell yn amlwg ar binnau eisiau dweud ei ddweud.

'Mae'n hen bryd dod â'r lol 'ma i ben, Sarjant Evans. Rydach chi wedi cael digon o amser i fy holi i erbyn hyn, a does ganddoch chi ddim math o dystiolaeth 'mod i'n gysylltiedig ag unrhyw gynllun i rannu cyffuriau, na 'mod i'n nabod y Murtagh 'ma. Oes 'na rywun wedi'n gweld ni efo'n gilydd?' gofynnodd, yn amlwg yn pysgota am wybodaeth. 'Mae'n debyg y bysach chi wedi deud erbyn hyn tasa ganddoch chi rwbath.'

'Arhoswch am funud, os gwelwch chi'n dda, Mr Powell. Dwi isio mynd yn ôl i lle oeddan ni cyn ein hegwyl. Sôn am fusnes diogelwch Murtagh oeddan ni – neu, yn hytrach, ei raced amddiffyn o. Ymosod ar fusnesau'r rhai oedd yn gwrthod talu iddo fo i'w hannog i newid eu meddyliau.'

'Dwi wedi ateb hynny, fwy nag unwaith. Wn i ddim byd am y peth.'

'Roedd Murtagh yn fodlon difrodi eiddo neu frifo pobl er mwyn cael ei ffordd ei hun.'

Ceisiodd Powell ddychmygu beth oedd ar feddwl y plismon. Oedd gwadu ei fod o wedi cyfarfod â Murtagh yn gamgymeriad? Wedi'r cyfan, doedd ganddo ddim rheswm i gredu mai rhannu cyffuriau o'r garafán oedd ei fwriad. Dyna, wedi'r cyfan, oedd y cyhuddiad yn ei erbyn.

'Dwi angen i chi feddwl am y noson pan anafwyd eich tad.' Roedd Jeff yn benderfynol o beidio â defnyddio'r gair 'damwain' y tro hwn. 'Chi gafodd hyd iddo fo, yntê?'

'Wel, ia, ond mi wyddoch chi hynny'n barod. Be ydi pwynt mynd dros yn un hen dir unwaith eto, Sarjant?'

'Y pwynt ydi hyn, Mr Powell. Ydach chi'n cofio pa mor dywyll oedd hi yn yr hen sied y noson honno? A sut roedd y planciau wedi cael eu tynnu oddi ar y pydew?'

'Ydw siŵr. Sut fedra i anghofio peth felly? Mi gofia i hynny am weddill fy oes.'

'Y tywyllwch sy'n bwysig, Mr Powell, y tywyllwch.'

'Ia, doedd 'na ddim bylb yn y nenfwd, os dwi'n cofio'n iawn. Dim rhyfedd bod y creadur wedi baglu a disgyn.'

'Mi oedd y bylb yn ei le chydig cyn y digwyddiad, Mr Powell. Mi wn i hynny gan fod Meic wedi bod yno awr neu ddwy ynghynt. Mi oedd popeth yn iawn efo'r golau pan oedd o yn y sied, a'r planciau yn eu llefydd priodol dros ben y pydew. Mae Meic yn cofio cloi'r drws yn saff ar ei ôl.'

'Ac fel y deudis i o'r dechrau, ma' raid bod 'na blant wedi mynd i chwarae yno.'

'Na, nid plant, Mr Powell. Mi fyddai'n rhaid i blant fod wedi torri i mewn i'r adeilad. A doedd dim arwydd bod hynny wedi digwydd.'

'Fedra i mo'ch ateb chi. Do'n i ddim wedi bod yn agos i'r sied ers tro.'

Roedd Jeff Evans yn hen law ar ddarllen pobl. Sylwodd ar y symudiadau lleiaf ar wyneb Powell: ei drwyn yn crychu, ei lygaid yn aflonydd a'r chwys a oedd yn ymddangos ar ei dalcen.

'Y bylb,' meddai Jeff. 'Dyna lle gawn ni'r ateb. Y bylb. Wyddoch chi fod Meic wedi dod o hyd iddo fo? Lwc mwnci oedd hynny, ond mi welodd Meic rwbath yn sgleinio yn y llystyfiant ger y sied. Mi roddodd o i mi rai dyddiau'n ôl.'

Dechreuodd Tegid aflonyddu.

'Yn y cyfamser, mae o wedi cael ei archwilio'n drylwyr yn y labordy. Newydd gael canlyniad yr archwiliad ydw i rŵan, a dyna pam y bu'n rhaid i mi stopio'r cyfweliad gynna. Doedd dim byd yn bod ar y bylb, dim byd o gwbl. Cafodd ei dynnu allan o'r soced yn bwrpasol, er mwyn cadw'r sied yn dywyll.'

Parhaodd Powell yn fud. Gwyddai fod mwy i ddod.

'Mae olion bysedd a DNA Frank Murtagh ar y bylb, Mr Powell. Fo oedd yn gyfrifol am ei dynnu o'r nenfwd, ac am farwolaeth eich tad.'

Daeth yr wybodaeth fel ergyd i Powell.

'Mi ddeudodd eich tad wrth eich mam cyn iddo farw fod rhywun arall yno ar y pryd. Mi wn i rŵan be oedd o'n feddwl. Roedd 'na rywun arall yn y sied efo fo, ac mae'n amlwg erbyn hyn pwy yn union oedd hwnnw.'

Gwelodd Jeff gryndod yn nwylo Tegid Powell a ymledodd i weddill ei gorff. Taflodd ei ddyrnau'n galed yn erbyn y bwrdd o'i flaen a dechrau wylo. Bachodd Jeff ar y cyfle.

'Mae'n bryd i chi ddeud y cwbl, Mr Powell, 'dach chi ddim yn meddwl? Er lles eich mam.'

Ar ôl tawelwch hir, dechreuodd Tegid siarad. 'Ydw, mi ydw i'n nabod Frank Murtagh, ond dim ond ers tua mis. Wnes i erioed feddwl y bysa petha'n dod i hyn. Dwi wedi bod yn gobeithio ers y noson honno nad oedd yr hyn ddigwyddodd i 'Nhad yn fwriadol. Ond rŵan, dwi'n sylweddoli 'mod i, drwy fy nghysylltiad â Frank, wedi cyfrannu at ei farwolaeth o. Ma' hi'n stori hir, Sarjant Evans, ac mae 'na fwy o fai arna i nag y medrwch chi ddychmygu. Dyna pam nad o'n i isio siarad efo chi. Dwi'n euog o bob math o betha, o fod yn ffôl ac yn farus, ond wnes i ddim cynllunio i wneud niwed i 'Nhad.'

'Dwi angen gwybod y cwbwl.'

'Fi roddodd allwedd y sied i Frank yn gynharach y diwrnod hwnnw. Ar ôl i 'Nhad ddod i fy swyddfa i 'mygwth i.'

'Eich bygwth chi, Mr Powell? Ym mha ffordd?'

'Gadwch i mi ddechra o'r dechra, Sarjant Evans.' Oedodd am ennyd. 'Rydach chi'n iawn. Mi wrthodais i gynnig Frank i warchod Adwy'r Nant, a chydig ddyddiau'n ddiweddarach y cawson ni'r difrod acw. Mi ddaeth Frank i 'ngweld i i'r swyddfa, nid i Adwy'r Nant, ar y dydd Llun wedyn, a'r noson honno mi ges i swper efo fo yng Ngwesty Glyndŵr. Mae o'n ddyn sy'n fodlon mynd yn bell iawn i gael ffordd ei hun.'

'Gwesty Glyndŵr? Oedd Frank yn gwybod am y broblem fu efo llif arian eich cwmni chi pan brynodd Mr Smart y gwesty?'

'Oedd, siŵr iawn. Dyna pam y rhoddodd wahoddiad i mi i fynd i fanno yn hytrach na rwla arall. Ei arf mwyaf oedd yr wybodaeth 'mod i'n barod i groesi'r llinell o safbwynt gonestrwydd. Cynigiodd warchod Adwy'r Nant am ddim petai o'n cael defnyddio cyfrifon fy musnes i guddio ei arian budr.'

'Arian budr?'

'Ia. Yr arian parod roedd o'n ei gael drwy fygwth perchnogion parciau gwyliau, ac arian cyffuriau hefyd, fel dwi wedi dod i ddysgu.'

'Wnaethoch chi ystyried i be oedd o'n defnyddio'r garafán?'

'Naddo, dim bryd hynny. Wyddwn i ddim byd am unrhyw gyffuriau, wir i chi. Ond roedd gen i broblem wedyn – sut allwn i symud arian budr Frank heb i 'Nhad ddod i wybod? Erbyn iddo fo ddysgu be oedd yn mynd ymlaen roedd miloedd o bunnau o arian budr wedi mynd trwy gyfrifon Adwy'r Nant ac i mewn i fy musnes i.'

'Pam wnaethoch chi beth mor wirion, Mr Powell?'

Ysgydwodd Powell ei ben. 'Am fy mod i'n cael pump y cant o bob swm ro'n i'n ei symud, Sarjant Evans, ac mi oedd hynny'n swm sylweddol.'

'A be ddigwyddodd pan ddaeth eich tad i ddallt be oedd yn mynd ymlaen?'

'Mi wylltiodd yn gacwn a martsio i mewn i'r swyddfa 'cw, gan fygwth dod â busnes y cyfrifon i'r amlwg. Rhoddodd tan y bore wedyn i mi gywiro petha, ac os na fyddwn i'n sortio petha allan, mi ddeudodd y bysa fo'n fy ngadael i allan o'i ewyllys, ac ewyllys Mam hefyd. Felly roedd yn rhaid i mi ddod â'r trefniant efo Frank i ben, yn doedd?'

'Be ddigwyddodd wedyn?'

'Mi ffoniais i Frank a deud hynny wrtho fo. Fysa 'Nhad ddim wedi meddwl ddwywaith cyn mynd i'r banc efo'r wybodaeth, na galw'r heddlu chwaith. Dywedodd Frank bod rhaid i ni gyfarfod. Ro'n i ofn trwy 'nhin ac allan – roedd o wedi deud y noson honno yng Ngwesty Glyndŵr nad oedd neb a oedd yn gwneud cytundeb â fo yn cael mynd yn ôl ar ei air.' Rhwbiodd Powell ei ddwylo drwy ei wallt mewn arwydd o anobaith cyn parhau. 'I'm syndod, pan ddaru ni gyfarfod y prynhawn hwnnw, roedd Frank i weld yn eitha synhwyrol, hapus hyd yn oed. Mi ddeudodd fod bob dim yn iawn, ac y byddai'n chwilio am le arall i gadw ei arian. Ond tasa Duw yn fy lladd i'r munud 'ma, doedd gen i ddim syniad be oedd ar ei feddwl o. Deud ei fod o isio lle saff i gadw rwbath wnaeth o, a doedd gen i ddim rheswm i beidio'i goelio fo. Dyna pam rois i allwedd y sied iddo fo.'

'Pam na ddaru chi ddeud hyn i gyd wrtha i'n gynt, yn enwedig pan oedd cysylltiad mor gryf â marwolaeth eich tad? Mi gawsoch chi ddigon o gyfle.'

'Do, ond fedrwn i ddim, am fy mod i wedi ymddwyn yn anghyfreithlon fy hun. Dyna pam dwi'n deud y cwbl wrthach chi rŵan. Dwi wedi glanhau miloedd o bunnau o arian budr Frank yn barod. Mae'r cwbl ar ben rŵan, yn tydi? Dwi wedi bod yn wirion, mi wn i hynny. Gwirion ofnadwy. Mi fysa'n well taswn i wedi gwrando ar fy nhad. Sut all Mam faddau i mi, wn i ddim wir.

Arhosodd Jeff yn fud. Edrychodd ar Powell, dyn a oedd wedi torri'n llwyr o flaen ei lygaid, dyn a allai fod wedi profi llwyddiant mawr petai o ddim mor farus.

'Wyddwn i ddim i sicrwydd be oedd ffynhonnell yr

arian budr ar y pryd,' parhaodd Powell. 'Wnes i ddim sylweddoli'r holl oblygiadau tan heno.' Cododd ei ben i edrych ar Jeff drwy lygaid cochion, gwlyb.

'Mae'n anodd gen i'ch coelio chi, Mr Powell. Yn gyntaf, mi ydach chi'n gwrthod gwasanaethau Frank. Yna, wedi'r difrod ar y nos Wener mae Frank yn dod atoch chi eto, ac rydach chi'n newid eich meddwl. Doedd Frank ddim isio arian, dim ond y modd i lanhau ei arian. Yn y cyfamser, mi fuoch chi'n dadlau efo'ch tad ynglŷn â chyflogi cwmni diogelwch yn Adwy'r Nant. Ond er hynny, mi wnaethoch chi fwrw mlaen er lles eich hun. Pan aeth y cwbwl yn ffliwt mi ddeudoch chi wrth Frank Murtagh mai eich tad oedd yn gyfrifol am eich penderfyniad chi i dynnu'n ôl o'r trefniant.'

'Cywir,' atebodd Powell.

'Wedyn, mae Frank yn gofyn am allwedd y sied a chitha'n ei rhoi hi iddo fo. Ydach chi'n disgwyl i mi goelio nad oeddech chi'n amheus o hynny? Wnaeth o ddim croesi'ch meddwl chi y bysa Frank isio dial?'

'Wyddwn i ddim be oedd ar ei feddwl o, Sarjant Evans, dyna'r gwir i chi.'

'Sut ydach chi'n disgwyl i mi goelio hynny, a finna'n gwybod mai'r unig beth sydd wedi bod ar eich meddwl chi ers blynyddoedd ydi cael eich bachau ar Adwy'r Nant er mwyn adeiladu bragdy yno? Doeddach chi ddim yn medru disgwyl i'ch tad farw, dyna'r gwir. Oeddach chi yn y sied efo Frank pan anafwyd eich tad, Mr Powell?' Cododd Jeff ei lais i ofyn y cwestiwn.

'Fedrwch chi na neb arall brofi bod gen i unrhyw gysylltiad â'i farwolaeth.'

'Mi fydd yn rhaid i mi eich cadw chi yn y ddalfa tra byddwn ni'n gwneud mwy o ymholiadau.'

323

'Dwi'n dallt hynny, Sarjant Evans, ac o, mae'n ddrwg gen i am f'ymddygiad gynna.' Plygodd ei ben i edrych i lawr ar ei ddwylo.

'Mae un peth arall pwysig dwi angen ei wybod, Mr Powell. Lle mae Frank Murtagh yn debygol o fod heno?'

'Yng Ngwesty Glyndŵr fydd o'n aros pan fydd o yn yr ardal 'ma. Triwch fanno.'

Dyna gyd-ddigwyddiad, meddyliodd Jeff.

'Pryd ga' i weld Mam?' gofynnodd Powell.

'Mi ddeuda i wrthi eich bod chi yma. Ond nid heno.'

'Digon teg,' atebodd Powell, wrth iddo gael ei arwain yn ôl i'w gell.

Roedd yn anodd gan Jeff gredu nad oedd Tegid Powell yn gwybod mwy am lofruddiaeth ei dad. Tybed oedd Murtagh wedi ei holi am arferiad Morgan o edrych o gwmpas y fferm yn hwyr bob nos?

Pennod 46

Ceisiodd Jeff benderfynu beth fyddai ei gam nesaf. Roedd teulu Gerallt a Nerys Davies yn ddiogel, a dylai'r tîm o blismyn arfog fod yn gwarchod eu cartref bellach. Roedd Jeff bron yn sicr erbyn hyn mai Frank Murtagh oedd yn gyfrifol am lofruddio Morgan Powell, ac roedd â'i fryd ar wneud rhywbeth tebyg i Nerys. Gwarchod Uwch y Fenai oedd y flaenoriaeth felly, ac o ganlyniad doedd ganddo ddim llawer o obaith o gael tîm arall o blismyn arfog i gyffiniau Gwesty Glyndŵr.

Penderfynodd fynd i Westy Glyndŵr beth bynnag, i gael golwg o gwmpas. Os oedd Frank Murtagh yno, byddai'n ddigon hawdd iddo alw am gefnogaeth. Roedd hi'n tynnu am un ar ddeg y nos pan gyrhaeddodd, a pharciodd ei gar ar y lôn fawr tua thri chan llath o'r gwesty a cherdded y gweddill o'r ffordd yno. Doedd dim arwydd o fan wen tu allan, nac ym meysydd parcio'r gwesty. Ni welodd olwg o'r Mondeo chwaith.

Y tu mewn i'r gwesty roedd y bar wedi dechrau gwagio. Hanner dwsin o yfwyr oedd ar ôl yno, a doedd 'run ohonyn nhw'n edrych yn debyg i Murtagh. Gan fod y cyntedd yn wag, aeth at y dderbynfa – roedd y cyfrifiadur ymlaen a throdd Jeff y sgrin i'w wynebu. Wrth iddo geisio darganfod enwau'r gwesteion, clywodd lais o'r tu ôl iddo.

'Fedra i'ch helpu chi?' Safai Bertie Smart ychydig lathenni oddi wrtho.

'Mr Smart, sut ydach chi?' Fel pob ditectif da, roedd yn adnabod pob deiliad trwydded gwerthu alcohol yn ei ardal.

'Sarjant Evans,' atebodd y dyn. 'A be mae'r heddlu'n ei wneud yn ysbïo mewn llefydd preifat?' gofynnodd gyda hanner gwên ar ei wyneb.

Defnyddiodd Jeff un o'i esgusodion arferol. 'Chwilio am ddwy ddynes ydw i – Pentecost a Davies ydi'u henwau nhw, ond ella'u bod nhw wedi cofrestru dan enwau ffug. Mae'r ddwy yn teithio o gwmpas y wlad yn dwyn ac yn diflannu o westai heb dalu. Petha reit flêr ydyn nhw, canol oed.'

'Na, does neb o'r disgrifiad yna'n aros yn fama.'

'Cadwch eich llygaid yn agored, Mr Smart. Rhag ofn.'

'Mi wna i, Sarjant Evans. Gymerwch chi ddiod fach cyn i chi fynd?'

'Na, dim diolch. Dwi am drio'r gwestai eraill, rhag ofn.'

Gadawodd y gwesty, yn ddim callach a oedd Murtagh a'i ddynion yn aros yno ai peidio. Wyddai o ddim hyd yn oed oedden nhw'n dal i fod yn yr ardal. Ond wrth iddo gerdded yn ôl at ei gar clywodd rhywun yn galw arno o'r tywyllwch.

'O, chdi sy 'na, Pat?' Gwelodd Jeff Patrick Bevan, yr hynaf o'r tri brawd, yn sefyll yn y cysgodion. Roedd y ddau yn hen gyfarwydd â'i gilydd ar ôl i Jeff arestio Patrick ddwywaith neu dair am gwffio dros y blynyddoedd, cyn iddo ddechrau paffio'n broffesiynol. 'Mi glywis i dy fod ti wedi cael dipyn o stid 'chydig yn ôl,' ychwanegodd.

'Mi glywsoch chi'n iawn, Sarjant Evans. Roddodd y diawl ddim cyfle i mi – fy nharo i o'r cefn efo rwbath caled, yr uffern slei. Ylwch be wnaeth o i mi.' Dangosodd ei ddwy law a oedd yn dal mewn rhwymau. 'Ond mi ga' i o'n ôl ryw dro, mae hynny'n saff i chi. Chwilio amdano fo o'n i heno. Mae o'n aros yn y Glyndŵr o dro i dro, a dyna pam y gwnes i alw arnoch chi pan welis i chi. Mi oedd o yma gynna, a dwi'n siŵr ei fod o wedi trefnu rwbath mawr heno.'

'O?'

'Wel, fydda i ddim yn gwneud arferiad o sbragio i'r heddlu, ond cyn belled ag y mae'r boi 'na yn y cwestiwn mi wna i rwbath i ddial arno fo am be wnaeth o i mi. Fedra i byth baffio eto ar ôl y niwed wnaeth o i 'nwylo i.'

'Trefnu rwbath mawr, medda chdi?'

'Ia. Sefyll yn fanna o'n i, jyst i weld be oedd yn mynd ymlaen. Mi oedd y boi wedi parcio'i fan – un fawr wen – tu allan i'r Glyndŵr pan gyrhaeddodd Range Rover a pharcio tu ôl iddi hi. Daeth tri boi allan o'r Range Rover, ac mi ddaeth y boi roddodd stid i mi allan o'r gwesty. Roeddan nhw i gyd wedi'u gwisgo mewn du, ac mi symudon nhw fagiau hir o'r Range Rover i'r Transit. Ar f'enaid i Sarjant, 'swn i'n taeru mai gynnau oedd yn y bagiau.'

'Faint yn ôl oedd hyn?' gofynnodd Jeff.

'Chydig funudau cyn i chi gyrraedd. Dim ond jyst eu methu nhw ddaru chi.'

'Gwranda, Pat. Dwi'n falch iawn dy fod ti wedi deud hyn wrtha i. Mi edrycha i ar dy ôl di.'

'Does dim rhaid, Sarjant. Gwnewch rwbath ynglŷn â'r bastad ac mi fyddwn ni'n sgwâr.'

Doedd dim angen llawer o ddychymyg i ddyfalu ble'r oedd Murtagh a'i ddynion wedi mynd.

Tynnodd ei ffôn o'i boced a chysylltodd ag Irfon Jones. 'Lle ydach chi?' gofynnodd.

'Ddim yn bell o Uwch y Fenai,' atebodd hwnnw. 'Meddwl sefyll hanner y tîm i lawr am y noson o'n i, deud y gwir wrthat ti, gan ei bod hi mor ddistaw yma.'

'Plis peidiwch,' plediodd Jeff. 'Mae Murtagh a'i ddynion ar eu ffordd. Cyn belled ag y gwn i, mae 'na bedwar ohonyn nhw, efallai mwy, ac maen nhw'n arfog. Mi fyddan nhw yna o fewn hanner awr neu lai, yn gyrru fan Ford Transit wen a Range Rover. Wn i ddim mwy na hynny.'

'Dwi'n dallt,' atebodd Irfon Jones.

Mewn amgylchiadau fel hyn, doedd Jeff Evans ddim yn un am gael ei adael ar ôl. Anelodd y car i gyfeiriad Bangor a rhoi ei droed yn galed ar y sbardun.

Ugain munud yn ddiweddarach, am ddeng munud i hanner nos, cyrhaeddodd Jeff lannau'r Fenai. Roedd pobman yn dywyll gan fod goleuadau'r ffordd fawr a'r strydoedd o amgylch wedi'u diffodd yn bwrpasol. Gadawyd un neu ddau o oleuadau ymlaen yn Uwch y Fenai a'r tai gwag o'i amgylch. Diffoddwyd goleuadau llawr isaf y tŷ am un ar ddeg, a gadawyd un golau ymlaen mewn llofft a oedd i'w gweld o'r ffordd fawr.

Roedd dau blismon arfog yn y tŷ a phedwar y tu allan, yn cadw golwg o bob cornel. Cuddiai pump arall yn yr ardd: dau yn y cefn a thri o flaen y tŷ. Roedd pob un o'r plismyn arfog yn gwisgo cyfarpar i allu gweld yn y nos. Disgwyliai'r Uwch-arolygydd Irfon Jones, y Comander Aur, yng ngharafán reoli'r heddlu oedd wedi'i chuddio chwarter milltir i ffwrdd. Hefo fo roedd y Comander Arian, y Prif Arolygydd, a phennaeth y tîm arfog. Un o'r plismyn oedd yng ngardd ffrynt y tŷ oedd y Comander Efydd. Fo oedd yn gyfrifol am roi gorchmynion i'r heddweision arfog ar y llawr pan fyddai'r digwyddiadau'n dechrau datblygu.

Ni fentrodd Jeff yn agos i'r tŷ – roedd yn ddigon hapus i adael y gwaith caled i'r arbenigwyr. Cuddiodd ei gar ar lecyn o dir dri chan llath i ffwrdd a dod allan ohono. Roedd hi'n noson dawel er bod glaw mân wedi dechrau disgyn. Disgwyliodd yn amyneddgar, yn union fel pawb arall. Roedd Frank Murtagh a'i ddynion wedi cael digon o amser i gyrraedd, ond doedd dim arwydd ohonyn nhw hyd yma. Dechreuodd Jeff amau ei hun – oedd o wedi dadansoddi'r hyn a ddywedodd Patrick Bevan wrtho yn gywir? Roedd hi'n chwarter wedi hanner nos erbyn hyn. Oedd Murtagh yn bwriadu sleifio'n ddistaw at Uwch y Fenai, ynteu taro'n gyflym a swnllyd, gwneud ei waethaf a dianc yr un mor gyflym, fel y gwnaeth yn y parciau gwyliau ac mewn banciau yn yr wythdegau? Roedd Jeff yn fodlon rhoi bet mai dyna fyddai o'n ei wneud heno.

Roedd yn llygad ei le.

Yn sydyn, clywodd sŵn injan modur yn cylchdroi'n uchel ac yn nesáu'n gyflym yn y fagddu. Pasiodd y fan wen o fewn hanner can llath i'w guddfan wrth rasio i gyfeiriad Uwch y Fenai. Doedd 'run cerbyd arall – rhaid bod y Range Rover wedi'i barcio yn rhywle arall, a bod Frank wedi ymuno â'i ddynion yn y Transit. Clywodd Jeff y Transit yn stopio ac yna, ymhen dim, daeth sŵn taro mawr. Yna, gweiddi a sŵn ergydion.

Rhedodd pedwar dyn arfog o'r Transit drwy ardd ffrynt dywyll Uwch y Fenai tuag at y tŷ. Yn ôl eu cynllun, aeth dau at y ffenestri ffrynt a dau at y drws. Dechreuodd dau ohonynt falu'r drws gyda rhywbeth mawr trwm tra oedd y ddau arall yn malu'r ffenestri er mwyn cael mynediad. Neu, dyna oedd y bwriad.

Ffrydiodd goleuadau llachar ar y dynion, a chlywyd lleisiau'n gweiddi. 'Plismyn arfog! I lawr ar y ddaear RŴAN!' Trodd y pedwar dyn oddi wrth y tŷ gan ddechrau tanio gynnau dwbl-baril i gyfeiriad y goleuadau. Diffoddwyd y rhan fwyaf o'r goleuadau, a newidiwyd ongl y gweddill. O fewn ychydig eiliadau, dechreuodd yr heddweision arfog danio'n ôl. Diffoddwyd y goleuadau i gyd fel bod y plismyn yn gallu defnyddio'u cyfarpar i weld yn y nos. Roedd tri dyn gwaedlyd yn gorwedd ar y lawnt o'u blaenau, un wedi marw a dau wedi'u hanafu, un yn ddrwg.

Lle'r oedd y llall? Y pedwerydd dyn?

Yn yr hanner tywyllwch ganllath i ffwrdd safai Jeff, ei galon yn curo'n drwm. Rhewodd wrth sylweddoli fod rhywun yn symud yn y llystyfiant wrth ei ochr.

'Jeff? Chdi sy 'na?' daeth y llais annisgwyl.

Yna, i'w syndod, gwelodd Jeff wyneb cyfarwydd Emyr Huws o'r *Daily Post*.

'Emyr, myn uffarn i. Chdi eto! Be ddiawl ti'n wneud yma?'

'Chwilio am stori 'de, Jeff. Nid dy ddilyn di ydw i y tro yma. Paid â meddwl mai chdi ydi'r unig un o gwmpas y lle 'ma sydd efo hysbyswyr. Mi glywais i oriau'n ôl fod yr heddlu wedi symud pobl allan o'u cartrefi yn yr ardal 'ma, ac mi oedd hi'n amlwg fod rwbath mawr ar droed. Edrych yn debyg 'mod i'n iawn. Be 'di'r stori?'

'Ar f'enaid i, Emyr, wyt ti'n gall, dŵad? Gwranda arna i, a phaid â dadlau. Fel ti'n gweld mae 'na uffar o sefyllfa beryg ar waith yn fama, a dwi'n gorchymyn i ti fynd i guddio tu ôl i'r wal 'na yn fan'cw, ac aros yno nes y bydda i'n deud ei bod hi'n saff i ti ddod allan.'

'Ond, Jeff ...'

'Ond dim byd, Emyr. Dos rŵan. *Rŵan*,' ychwanegodd yn gadarn.

Doedd dim mwy nag eiliad neu ddwy wedi mynd heibio pan glywodd Jeff sŵn traed ac anadlu brysiog yn dod yn nes. Ni chafodd amser i feddwl. Gwelodd amlinell dyn mawr yn hanner cerdded a hanner rhedeg yn gloff tuag ato, yn cario gwn dwbl-baril wedi'i lifio'n fyr. Gwyddai Jeff fod gwn o'r fath yn un o'r arfau mwyaf peryglus mewn lle cyfyng, a doedd dim mwy nag ychydig lathenni rhyngddynt. Daeth wyneb y dyn i'r golwg a gwelodd Jeff ei wallt cyrliog hir a'i locsyn llawn.

Frank Murtagh!

Roedd y ddau ddyn wyneb yn wyneb. Y ditectif profiadol a'r troseddwr oes. Roedd gwaed yn llifo i lawr boch dde Murtagh, ac roedd yn amlwg ei fod wedi cael ei saethu yn ei goes chwith.

Gwyddai Murtagh hefyd pwy oedd yn sefyll o'i flaen – hwn oedd y plismon a welodd yn mynd i dŷ Anita yn gynharach y diwrnod hwnnw. Hwn, yn ôl pob golwg, oedd yn gyfrifol am chwalu ei gynllun i ddifa Anita unwaith ac am byth. Hwn oedd yn mynd i'w atal rhag dial ar y ddynes a'i bradychodd.

Edrychodd Jeff i lawr y barilau byr, yn sicr fod ei fywyd ar ben.

Y foment honno, daeth fflach ddisglair o'r ochr dde iddo, ac yna dwy a thair arall yn syth ar ôl ei gilydd, i gyd wedi'u hanelu at Murtagh. Rhuthrodd Jeff yn isel ac yn gyflym tuag at y troseddwr, gan geisio osgoi a chodi barilau'r gwn yr un pryd, a disgynnodd y ddau i'r ddaear yn bendramwnngl. Byddarwyd Jeff yng nghanol y sgarmes pan daniwyd y gwn deuddeg bôr, a theimlodd nerth yr ergyd yn erbyn ei gorff. Sylweddolodd ar unwaith nad oedd symudiad na nerth yng nghorff y dyn oddi tano. Roedd gwaed du yn pwmpio dros y ddau, y rhan fwyaf ohono'n llifo allan o hanner uchaf corff Murtagh.

Cododd Jeff ar ei bengliniau ac edrych i lawr ar wyneb Murtagh, oedd yn anadlu'n ysgafn ac yn fyr. Syllodd Murtagh arno yntau.

'Wyt ti yn fy nghlywed i?' gofynnodd Jeff.

Nodiodd Murtagh ei ben ddigon i Jeff gadarnhau ei ymwybyddiaeth.

'Ac yn fy neall i?'

Cadarnhaodd Murtagh eto.

'Dwi'n dy arestio di, Frank Murtagh, am lofruddio Morgan Powell, Adwy'r Nant, Glan Morfa.' Ni wastraffodd Jeff ei amser yn rhoi'r rhybudd angenrheidiol iddo. Beth oedd y pwynt? 'Mi wyt ti ar fin marw yn fy nghystodaeth i,' meddai'r cythraul ynddo. Doedd ei gyfaill Morgan Powell yn haeddu dim llai.

Dyna'r geiriau olaf a glywodd Frank Murtagh. Anadlodd ei anadl olaf gan besychu gwaed. Disgynnodd ei ben i'r ochr, ei lygaid agored yn syllu i'r ebargofiant tanllyd oedd o'i flaen.

Edrychodd Jeff i'w ochr dde, lle'r oedd Emyr Huws yn sefyll efo'i gamera yn ei ddwylo, yn crynu fel deilen.

'Wyt ti'n iawn, Jeff?'

'Ydw, diolch i ti, Emyr,' meddai, er ei fod yn crynu drwyddo. 'Am goblyn o amser i ddechra tynnu lluniau, ar f'enaid i.'

Daeth lleisiau eraill o'r fagddu. 'Heddlu arfog. Arhoswch lle ydach chi.'

''Dach chi'n rhy hwyr, hogia,' datganodd Jeff.

Dim ond wrth iddo godi ar ei draed gyda chymorth y ddau heddwas y sylweddolodd Jeff fod ei ysgwydd ar dân.

Roedd rhywfaint o'r hyn a ffrwydrodd o farilau'r gwn yn amlwg wedi ei niweidio yntau hefyd.

'Fydd hwn ddim trwbl i chi,' meddai, gan amneidio at Murtagh. 'Edrychwch ar ôl y gŵr bonheddig yma,' ychwanegodd, yn cyfeirio at Emyr Huws. 'Mae o newydd achub fy mywyd i efo'i gamera.' Trodd i wynebu'r gohebydd, 'Wel, Emyr,' meddai, 'mi wyt ti newydd helpu i roi hwb fawr i ddiwydiant twristiaeth gogledd Cymru heno. Ty'd i 'ngweld i yn ystod y dyddia nesa 'ma, ac mi gei di'r stori gen i. Egsgliwsif. Ti'n haeddu dim llai.'

Pennod 47

Ychydig wythnosau'n ddiweddarach roedd yr anaf i ysgwydd dde Jeff Evans wedi hen wella. Roedd Jeff yn dal i amau fod gan Tegid fwy i'w wneud â llofruddiaeth ei dad nag yr oedd o'n fodlon ei gyfaddef, ond heb y dystiolaeth angenrheidiol ni chafodd ei gyhuddo.

Dechreuodd y teulu Davies ddod i delerau â gorffennol Nerys. Cawsant wybod am yr hyn y bu'n rhaid iddi ei ddioddef pan oedd hi'n blentyn, a daeth Gerallt i ddeall pam y bu'n rhaid iddi gadw ei chyfrinach rhagddo ef, o bawb.

Un prynhawn, eisteddai Nerys a Gerallt ar y soffa ym mreichiau ei gilydd.

'Wyt ti'n siŵr y byddan ni'n iawn ar ôl hyn i gyd, Gerallt?' gofynnodd Nerys yn boenus.

'Byddan, siŵr,' atebodd ei gŵr, gan afael ynddi'n dynnach fyth.

'Ond beth petai'r heddlu'n dechrau holi be ddigwyddodd i arian Frank?'

'Paid â phoeni am hynny, cariad. Tydi Frank ddim mewn sefyllfa i holi amdano fo, a chyda lwc, wneith neb arall chwaith. Ti'n haeddu dipyn o iawndal am yr hyn ddigwyddodd i ti.'

Stopiodd y sgwrs pan gerddodd Gwion i mewn i'r lolfa, a'i chwiorydd yn dynn ar ei sawdl. Roedd golwg fel petai o'n cuddio rhywbeth arno.

'Be sy matar arnat ti rŵan?' gofynnodd Nerys gyda gwên.

'Dim byd, Mam.' Eisteddodd y bachgen ar y soffa wrth eu hochrau.

'Mae 'na rwbath yn bod. Dwi'n dy nabod ti'n rhy dda. Genod, be mae o wedi'i falu tro yma?'

Anwybyddodd Cerys ei chwestiwn. 'Mam,' meddai, 'mae'n ddrwg gen i, ond 'dan ni wedi bod yn gwneud ymholiadau y tu ôl i'ch cefn chi.'

'Pa ymholiadau?' gofynnodd Nerys yn siarp, wrth edrych ar yr wynebau o'i blaen.

'Ymholiadau efo'r gwasanaethau cymdeithasol ar hyd a lled Prydain. Ynglŷn â'ch babi cynta chi.'

Llamodd calon Nerys. 'Ddaethoch chi o hyd iddi?' gofynnodd yn awchus.

'Do. Sarah oedd yr enw roddwyd iddi, ac yn fwya diweddar roedd hi'n byw yn yr Alban, mewn tref fach hanner can milltir o Glasgow. Roedd hi'n fam sengl.'

'A lle mae hi rŵan?'

'Newyddion drwg sgin i, mae gen i ofn, Mam. Mi gafodd hi ei lladd mewn damwain chwe wythnos yn ôl.'

Lloriwyd Nerys gan y newyddion, ond parhaodd Cerys i siarad.

'Mi oedd ganddi fab bach sy'n ddyflwydd oed. Alistair ydi ei enw fo, ac ar hyn o bryd mae o yng ngofal y gwasanaethau cymdeithasol yn yr Alban. Does neb yn gwybod pwy ydi ei dad o, ac mae'r awdurdodau angen trefnu iddo gael ei fabwysiadu.'

'Fy ŵyr i,' meddai Nerys yn syn. 'Dwi'n nain yn barod felly?'

'Ydach, Mam.' Dangosodd Cerys lun o'r bachgen iddi.

'Maen nhw wedi gofyn fysan ni'n lecio ei gyfarfod o, gan mai ni ydi'r unig deulu sydd ganddo fo.'

'Pryd? Fory?' gofynnodd yn eiddgar.

'Na, mae petha fel hyn yn cymryd amser, ond dwi'n siŵr na fydd yn rhaid i ni aros yn rhy hir,' atebodd Cerys.

'Beth am i ni i gyd fynd,' cynigiodd Gerallt, gan gofleidio'i wraig.